디지털폴리스와 포스트-정의

디지털폴리스와 포스트-정의 : 포스트휴먼 도시공동체를 위하여
Digitalpolis and Post-Justice : For Posthuman Urban Communities

엮은이
이현재

글쓴이
김재인 · 이현재 · 현남숙
홍남희 · 김은주 · 이혜정
박여리

펴낸이
조정환

책임운영
신은주

편집
김정연

디자인
조문영

홍보
김하은

종이
타라유통

인쇄 · 제본
영신사

라미네이팅
금성산업

초판 인쇄
2025년 7월 17일

초판 발행
2025년 7월 31일

ISBN
978-89-6195-391-7 93300

도서분류
1. 디지털 사회
2. 도시사회학
3. 포스트휴머니즘
4. 기술철학
5. 페미니즘

카테고리
카이로스총서 116 Mens

값
22,000원

펴낸곳
도서출판 갈무리
1994. 3. 3. 등록
제17-0161호
서울 마포구 동교로18길 9-13 2층
T. 02-325-1485
F. 070-4275-0674
www.galmuri.co.kr
galmuri94@gmail.com

이 저서는 2019년 대한민국
교육부와 한국연구재단의
지원을 받아 수행된 연구이며
(NRF-2022S1A5C2A02093521),
서울시립대학교도시인문학총서
31권으로 출판되었습니다.

일러두기

단행본, 전집, 정기간행물, 보고서, 언론사에는
겹낫표(『 』)를, 논문, 논설, 기고문, 기사, 텔레비전
이나 유튜브 방송의 제목, SNS 포스팅 제목 등에는
홑낫표(「 」)를, 단체, 학회, 협회, 연구소, 유튜브 계정,
텔레비전 프로그램 이름, 전시, 공연물에는
가랑이표(〈 〉)를 사용하였다.

차례

엮은이 서문 :
디지털폴리스와 포스트휴먼 도시공동체의 가능성　6

1부　디지털 대전환과 공간 패러다임의 전환

1장　디지털 대전환과 인간 경험의 변화
　　　— 초연결과 디지털퍼스트, 그리고 스마트파워
　　　김재인　　　　　　　　　　　　　　　　16

2장　디지털 도시화와 탈/재물질화
　　　— 신유물론으로 읽는 관계적 공간
　　　이현재　　　　　　　　　　　　　　　　64

2부　포스트휴먼 도시공동체와 포스트-정의

3장　다종 간 도시를 위한 정의의 모색과 실천
　　　— 너스바움의 다종 공동체와 해러웨이의
　　　테라폴리스에서의 다종 간 정의를 중심으로
　　　현남숙　　　　　　　　　　　　　　　　104

4장　디지털폴리스와 포스트-정의
　　　— 저월하는 비체들의 연대
　　　이현재　　　　　　　　　　　　　　　　137

디지털폴리스와 포스트-정의

3부 디지털폴리스와 새로운 정치의 가능성

5장 얼굴-데이터-액티비즘
　　― AI 시대 얼굴성과 젠더 정치
　　홍남희　　　　　　　　　　　　　　　　182

6장 페미니즘 생태 정치와 급진적 타자성인 행성적인 것
　　김은주　　　　　　　　　　　　　　　　215

4부 포스트휴먼 도시공동체의 상상과 실천

7장 김초엽 SF에 나타난 자연과 파국의 상상력
　　―『지구 끝의 온실』,『파견자들』을 중심으로
　　이혜정　　　　　　　　　　　　　　　　242

8장 돌봄 윤리의 관점에서 본 기술 매개 노인 돌봄
　　박여리　　　　　　　　　　　　　　　　277

수록 글 출처　　　　　　　　　　　　　　　315
엮은이·글쓴이 소개　　　　　　　　　　　　317

:: 엮은이 서문

디지털폴리스와 포스트휴먼 도시공동체의 가능성

이 책은 서울시립대 인문학연구소의 인문사회연구소 사업 '디지털폴리스의 인문적 비전'을 마무리하는 마지막 총서이다. 이 책에서 우리는 디지털폴리스digitalpolis 즉 디지털 시대 포스트휴먼 도시공동체가 어떻게 가능한지에 대한 담론을 종합하고자 했다.

'디지털 시티'digital city와 달리 '디지털폴리스'라는 개념은 해외 학자들로부터 가져온 것이 아니라 사업단에서 연구 과제를 제안하면서 자체적으로 개발한 조어이다. 2007년도에 시작한 인문한국사업을 통해 '글로벌폴리스'globalpolis라는 개념을 제안했듯이, 2018년도에 시작한 인문사회연구소 사업을 통해서 우리는 '디지털폴리스'라는 개념을 제안했던 것이다. '글로벌폴리스'가 지구화 시대의 도시공동체의 가능성을 모색하려는 개념이었다면, '디지털폴리스'는 디지털 대전환 시대의 도시공동체의 인문적 가능성을 탐색하려는 개념이다. 더 정확히 말하자면, '디지털폴리스'는 디지털 시대의 인문적 조건하에서 발생하는 도시 병리를 비판적으로 분석하기 위한 개념이자 디지털 시대로 인해 가능해질 수 있는 새로운 도시공동체의 가능성을 적극적으로 모색하기 위한 개념이다.

그동안 우리는 1단계(2018~2021)에서 디지털 시대와 더불어 변화되는 인간존재의 조건, 도시문화, 도시 병리에 대해 비판적으로 살펴보았다. 우리는 디지털 시대의 인문적 조건의 변화를 포스트휴먼 논의들을 통해 개념화하고, 디지털 시대에 이르러 본격화된 하이퍼-리얼리티hyper-reality의 도시 문화를 분석한 후, 그 공간 안에서 발생하는 인식편향 및 사이버폭력 등과 같은 디지털 도시 병리를 비판하였다.

이러한 비판을 토대로 2단계(2022~2025)에서 우리는 디지털 시대 새로운 도시공동체의 가능성을 탐색하는 데 집중하고자 했다. 먼저 우리는 기술 발전을 토대로 하는 과거의 유토피아 공동체 담론, 스마트시티, 트랜스휴머니즘의 논의들을 비판적으로 검토하였다. 그리고 이러한 논의들에 내재한 성장중심주의, 기술중심주의, 생산중심주의, 인간중심주의의 문제점을 공유한 후 저성장 시대, 재생산, 비인간, 지구까지도 포용하는 정의로운 도시공동체가 어떻게 가능할지를 모색하였다.

이러한 작업의 성과는 2025년 3월에 열린 마지막 국내학술대회의 발표에서 집약되었다. 이 자리에서 우리는 디지털 행성 도시화, 디지털퍼스트Digital First와 스마트 파워smart power, 얼굴-데이터-액티비즘, 다종 간 정의multispecies justice, 비체화abjection, 페미니즘 생태 정치, 인간-비인간 도시공동체, 포스트휴먼 기술 매개 돌봄과 같은 키워드를 제안하면서 디지털폴리스의 인문적 비전을 제시하고자 하였다. 이 책은 이 발표들에서 제안한 개념들을 엮어 총서로 만든 것이다.

이 책의 저자들은 세부적으로는 다양한 입장을 갖고 있지만 디지털 도시공동체의 가능성이 세 가지 인문적 전환 즉 포스트휴먼으로의 전환, 돌봄으로의 전환, 정동 전환의 과정에서 마련될 수 있다는 것에는 대체적으로 동의한다.

먼저 휴먼에서 포스트휴먼 도시론으로의 전환을 살펴보자. 디지털 도시에 이르기까지 도시이론에서 도시화의 과정은 인간에게 특수한 문제로 파악되었지만, 인간이 기계나 세균 등 비인간과 얽혀 있는 존재임이 확인된 오늘날 도시이론은 포스트휴먼으로의 전환을 감행할 필요가 있다. 이에 포스트휴먼으로의 전환을 제안하는 이 책의 저자들은 얼굴 데이터를 인간의 정체성과 연결시키고, 비인간을 민주적 도시공동체의 일원으로 초대하고자 한다. '전지구적 도시'global city 대신 '행성 도시'planetary urbanism를 언급하는 이유 역시 도시화를 인간을 넘어 인간과 연결된 행성 지구까지도 포괄하는 문제로 보려 하기 때문이다.

포스트휴먼으로의 전환과 더불어 저자들은 돌봄으로의 전환을 요청한다. 기존의 도시 이론은 생산을 중심으로, 경제를 중심으로 분석되고 비판되는 경향이 강했다. 그러나 이러한 접근법은 도시의 생산과 경제가 재생산과 돌봄에 의해 구축되고 있다는 점을 보지 못하게 만든다. 도시의 정의 역시 분배의 문제를 넘어 돌봄과 재생산의 문제를 함께 포괄적으로 다루어야 한다는 점을 망각시킨다. 성장 중심적 도시경제가 인간 재생산뿐 아니라 생태 돌봄을 파괴하고 있음을 보기 위해서 저자들은 돌봄 정의로의 전환을 시도한다.

마지막으로 저자들은 정동의 전환을 통한 정치적 윤리적 실천을 모색할 필요가 있음에 뜻을 같이한다. 휴머니즘에서 인간들 간의 규범적 관계는 공감empathy과 같은 감정적 동일성identity에 기반하여 주장되었다. 민주주의는 보편 이성을 갖는 인간들의 동등한 권리 관계라는 이념을 토대로 발전하였고, 연대는 인간이라면 누구나 느낄 수밖에 없는 고통에 대한 공감을 토대로 요청되었다. 그러나 포스트휴먼 도시론의 관점에서 볼 때 인간과 비인간, 자아와 타자는 서로 얽혀 있으며, 따라서 동일성에 기반한 감정이 공동체의 기반이 될 수는 없다. 이에 저자들은 늘 타자를 자아 안에서 마주할 수밖에 없는 존재들이 갖게 되는 우울함, 기이한 낯섦^{uncanny} 등을 새로운 도시공동체를 위한 정동으로 제안한다.

이러한 내용들이 저자들의 글 속에서 각각 어떤 방식으로 변주되는지를 순서대로 살펴보자.

1부에서 김재인과 이현재는 디지털 시대 도시인문학의 패러다임 변화를 철학적으로 논의한다. 먼저 김재인은 디지털 대전환을 물리적 존재인 아톰^{atom}보다 정보의 단위인 비트^{bit}의 비중이 확대되는 디지털퍼스트의 흐름으로 설명하고, 디지털 대전환을 통해 우리는 상시적으로 연결되는 초연결의 시대를 맞이하게 되었다고 본다. 나아가 그는 이러한 시대에 인간 존재에게 중요한 것은 물리적 실재가 아닌 "콘텐츠"라고 주장한다. 물리적 힘이 아니라 스마트 파워를 가지는 것이 권력의 핵심이 된다.

김재인이 '전환'을 강조했다면 2장에서 이현재는 '얽힘'을 강조하는 가운데 디지털 도시화 과정에 대한 신유물론적 설명을 제시한다. 이현재는 디지털 도시화를 신유물론의 시·공간론을 통해 설명하면서, 디지털 시대에는 도시 공간 역시 영토와 같은 물리적 공간으로 파악되기보다 물질과 비물질, 실재와 상상, 오프라인과 온라인, 기억과 미래, 계급과 문화, 생산과 재생산 등이 중첩되어 내부-작용하는 "관계적 공간"으로 파악될 필요가 있음을 주장한다.

2부에서는 본격적으로 디지털폴리스와 포스트-정의의 방향이 모색된다. 먼저 2부 3장에서 현남숙은 너스바움의 "다종 공동체"와 해러웨이의 "테라폴리스" 논의를 참고하면서 인간과 비인간의 얽힘을 고려하는 도시공동체의 비전은 다종 간 정의를 실현할 필요가 있음을 주장한다. 현남숙은 다종 간 정의는 인간과 비인간 타자의 동일성을 인식하는 것이 아니라 타자의 다름을 알아챌 때 가능하며, 이 과정에서 비인간 타자의 역량과 인간의 역량을 모두 고려하는 함께 되기를 실천해야 한다고 본다.

4장에서 이현재는 "저월하는 비체들의 연대"를 새로운 도시공동체의 방향으로 제안한다. 이현재는 티머시 모턴을 참고하면서, 농업로지스틱스에 내재하는 강한 상관주의, 외파적 전체론, 비모순율, 알고리즘의 원리로 인해 주체와 객체, 인간과 비인간이 단절되었다고 분석한다. 그리고 비인간과의 공생 및 타자와의 연대를 위해서는 주체가 되기 위해 부정했던(비체화) 것과의 공생을 인정하면서 자신과 타자의 틈새로 나아가야 한다고 주장한다. 나아가 이러한 저월이 가능하기 위해서 기이한 낯섦의 정동을 견딜 것을 제안한다.

3부에서는 디지털폴리스에서 출현하는 새로운 정치의 가능성이 논의된다. 먼저 3부 5장에서 홍남희는 "얼굴-데이터-액티비즘"이라는 신조어를 통해 디지털 시대 정체성은 얼굴-데이터와 밀접한 관계를 맺게 되었다고 본다. 기계는 백인 남성을 잘 식별하지만 흑인 여성 식별에는 상대적으로 오류가 많으며, 얼굴 식별 알고리즘은 인종적 젠더적 편향성을 보이기도 한다. 딥페이크 사태처럼 얼굴-데이터가 당사자로부터 완전히 소외되는 경우가 발생하기도 한다. 이에 홍남희는 히토 슈타이얼의 논의를 도입하면서 카메라에서 안 보이게 하기, 시야에서 안 보이게 하기, 이미지 되기 등의 대항 실천이 일어나고 있음을 주장한다.

6장에서 김은주는 스피박이 말하는 행성적인 것의 급진성에 주목하면서, 에코페미니즘의 논의를 토대로 정치적이기 위한 '생태들'을 재구축하고자 한다. 기후위기를 극복하기 위해서는 급진적 타자성들이 함께 거주할 수 있는 다원적 세계로서의 '생태들'의 구축이 필요하다는 것이다. 이 글은 생태정치를 '협상'이 필요한 것이자, 인간 그리고 비인간이 마주치고 부딪치는 경계 침범을 통해 공통적인 것을 확인하는 집합성 형성으로 제안한다.

마지막 4부는 포스트휴먼 도시공동체를 위한 문학적 상상과 윤리적 실천의 방식을 제안한다. 먼저 이혜정은 7장에서 김초엽의 장편소설 『지구 끝의 온실』과 『파견자들』을 분석하면서 도시공동체를 인간과 비인간의 행위자성이 얽힌 지점으로 설명한다. 그에 따르면 두 소설은 모두 지구와 도시를 파국의 지점으로 묘사하기도 하지만 기이한 낯섦과 어둠 속에서 생동하는 장소로도 묘사한다. 이혜정은 이러한 상상력을 티머시 모턴의 '어두운 생태'의 개념을 통해 해석하고자 한다.

8장에서 박여리는 돌봄 도시에 대한 포스트휴먼적 관점을 제시한다. 박여리는 디지털 시대에 이르러 돌봄이 디지털 기술과 접목되고 있음에 주목한다. IoT와 AI 기반 어르신 건강관리사업과 장애인 응급안전안심서비스는 바로 디지털 매개 돌봄의 사례라고 할 수 있다. 여기서 그는 〈더 케어 컬렉티브〉의 논의를 도입하면서 기술 매개 돌봄이 인간적인 돌봄에만 한정될 것이 아니라 인간뿐 아니라 공동체를 유지하는 데 필요한 모든 종류의 돌봄을 향해 나아가야 한다고 주장한다.

디지털 행성 도시화의 시대에 접어들었다고 한다. 이는 단순히 건조 환경이 집약된 물리적 공간이 늘어난다는 것을 넘어, 디지털 연결망 속에서 언제 어디서든 도시적 삶에 접속하게 된다는 것을 의미한다. 디지털폴리스의 인문적 비전을 제시하는 이상의 논의들이 이러한 시대에 응답하는 새로운 정책과 실천으로 이어지기를 진심으로 바란다.

2025년 어느 봄날
저자들을 대신하여 엮은이 이현재

1부 디지털 대전환과 공간 패러다임의 전환

1장 디지털 대전환과 인간 경험의 변화
— 초연결과 디지털퍼스트, 그리고 스마트파워 | 김재인

2장 디지털 도시화와 탈/재물질화
— 신유물론으로 읽는 관계적 공간 | 이현재

1장 디지털 대전환과 인간 경험의 변화

초연결과 디지털퍼스트, 그리고 스마트파워

김재인

I. 서론 : 디지털 혁명

코로나19가 전 세계로 확산한 2020년은 아톰과 비트, 아날로그와 피지컬의 관계가 급격하게 변한 중요한 전환점으로 보인다. 디지털이 작동할 수 있는 물질적 조건들을 비롯해 사회적 조건까지 갖추어지면서[1] 지금은 디지털이 전에 없던 '자율적 회로'를 창출하면서 독자적 위상을 확보하게 되었다. 디지털은 융합의 수단을 넘어 사회와 문화, 역사를 변화시키는 기능을 더해갈 것이다. 그러나 시대적, 역사적 대전환으로서의 디지털 대전환Digital Transition과 관련된 논의는 찾아보기 어렵다. 기껏해야 그 전 단계인 디지털 전환Digital Transformation까지의 논의가 대부분이다. 이 글은 새로운 담론의 제안으로서 디지털 대전환을 논한다.

디지털 혁명의 핵심으로 두 가지를 꼽을 수 있다. (1)

---

1. ITCandor 2017, ITCandor 2020, 볼 2021, 크로포드 2022, 김미경 외 2022, 이광석 2022, 남혁우 2022, 김재인 2023, Statista 2024, 김병권 2025, TeleGeography 2025에 따르면, '비트, 정보, 디지털'은 비물질적이라기보다 물질에 고도로 의존한다. 그것은 자원, 물, 에너지, 서버, 디지털기기, 인프라, 통신망, 물류망 등이 갖춰진 뒤에야 비로소 작동할 수 있기 때문이다. 이 글은 그러하다는 점을 받아들이는 동시에, 물질적 조건이 갖춰지고 나서 성립한 새로운 기술적, 사회적 상황을 분석하는 데 집중한다. 물질 조건과 관련된 많은 문제점은 방금 언급한 학자들의 논의를 참조하면 좋다.

디지털 미디어를 통해 인간과 세계가 인터넷에 조밀하게 상시 연결always online되어 있다는 초연결Hyperconnectivity. (2) 디지털이 세계의 배경(인프라)이자 세계를 만들어가는 실질적 힘이 되었고, 이제는 디지털에서 출발해 세계가 형성된다는 디지털퍼스트Digital First. 초연결과 디지털퍼스트가 아직 작동하지 않는 영역도 있지만,[2] 세계가 그 방향으로 전환하고 있다는 점은 점점 분명해지고 있다.

이 글은 디지털 혁명을 논하는 데 중요한 용어인 아톰/비트, 물질/정보, 아날로그(피지컬)/디지털, 초연결을 재규정하고(II절), 그것의 가장 중요한 측면인 디지털퍼스트(III절)를 철학적으로 고찰한 후, 이러한 새로운 상황에서 중요한 것은 기술보다는 콘텐츠, 즉 마음을 끄는 '스마트파워'라는 점을 주장한다(VI절). 이를 통해 디지털 혁명에서 가장 중요한 것은 결국 '가치'라는 점이 드러날 것이다.

II. 개념 정리 및 정의 : 아날로그(피지컬)/디지털, 물질/정보, 아톰/비트, 초연결

---

2. 이 글은 디지털 인프라가 갖춰진 선진국을 분석 대상으로 삼고 있다. 하지만 남반구를 비롯한 개발도상국과 미개발국에서도 같은 추세가 관찰되고 있다는 점에서, 그곳들의 가까운 미래를 다루고 있다는 점도 확인하고자 한다.

1. 개념들

우선 주요 개념을 명료하게 정의하면서 시작하겠다. 정보통신기술ICT은 발전 속도가 아주 빨라서, 용어가 등장한 후에 의미가 변하거나 폐기되는 일이 잦다. 따라서 현 수준에서 개념과 문제를 분명히 정의함으로써 앞으로의 논의를 위한 공동의 담론적 토대를 확보하려 한다.

세부적으로는 엄밀한 의미 차이가 있지만, '물질'matter, material, '피지컬'physical, '아날로그'analog, '아톰'atom을 한 묶음으로, '정보'information, '디지털'digital, '비트'bit를 다른 묶음으로 서로 호환해서 사용할 수 있는 용어로 사용한다. 각 용어의 관계는 다음 도식을 참조할 수 있다.

개념	정의	관련	특징
아톰 (atom, 나눌 수 없음)	'물질'의 단위	피지컬 혹은 아날로그 (정보가 **연속적인** 변수로 코드화되는 아날로그 신호)	시공간을 점유하는 세계, 연속적
비트 (bit, 이진 숫자)	'정보'의 단위	디지털 (디지털 데이터 = 보통 이진수를 사용해 표상되는 **이산적** 데이터)	순수 수학의 세계, 컴퓨터 파일, 이산적

표 1. 아톰과 비트

초기 디지털 혁명을 주도했고 이론적으로도 훌륭한 분

석과 전망을 제시한 디지털 이론과 실천의 선구자, MIT 미디어랩 소장이자 『디지털이다』의 저자 네그로폰테^{Nicholas Negroponte}의 구분법을 따르는 것은 지금도 충분히 의미가 있다. 그에 따르면, "정보고속도로는 무게 없는 비트를 빛의 속도로 세계에 전달한다"(네그로폰테 1999). 먼저 비트에 대한 설명을 보자.

> 비트는 색깔도, 무게도 없다. 그러나 빛의 속도로 여행한다. 그것은 정보의 디엔에이를 구성하는 가장 작은 원자적 요소다. 비트는 켜진 상태이거나 꺼진 상태, 참이거나 거짓, 위 아니면 아래, 안 아니면 바깥, 흑이거나 백, 이들 둘 가운데 한 가지 상태로 존재한다. 이해를 쉽게 하기 위해 우리는 비트를 1 혹은 0으로 간주한다. 1의 의미, 혹은 0의 의미는 별개의 문제다. 컴퓨팅의 초창기에 비트열^{a string of bits}은 대개 수치 정보를 가리켰다. (같은 책)

문자, 그래픽, 소리, 동영상 등을 디지털화하면 데이터 압축과 에러 수정 기능을 통해 적은 수의 비트만 사용해도 되므로 전송 효율을 혁명적으로 높인다. 또한 오디오, 비디오, 데이터 등을 쉽게 혼합할 수 있다. 다음으로 아날로그를 보자.

우리가 경험하는 세계는 아날로그의 공간이다. 우리 눈으로 볼 때 세계는 디지털이 아닌 연속성의 세계다. 아날로그의 세계에서는 갑자기 켜지거나 꺼지는 일, 검정에서 흰색으로 바뀌는 일, 단계적 변환 없이 어떤 한 상태에서 다른 상태로 급변하는 일은 있을 수 없다. 그러나 마이크로의 단계로 다가서면 이러한 현상은 진실이 아닐 수도 있다. 전선을 흐르는 전자나 우리 눈으로 들어오는 광자의 차원에서는 사물이 불연속적으로 존재하기 때문이다. 우리가 대개 연속적인 것으로 생각하는 수많은 사물은 사실 수많은 독립 구성 요소로 이루어진다. (같은 책)

디지털 세계의 유연성은 어마어마하다. 디지털은 아날로그 시스템과는 다른 방식으로 성장·변화할 수 있다. 가령 아날로그 세계라면 옛 텔레비전 수상기를 새것으로 교체해야 한다. 반면 컴퓨터에서는 새로운 하드웨어 일부와 소프트웨어를 업그레이드하면 충분히 새것으로 바뀐다. 또한 디지털 세계는 복제(재생산)가 쉬울뿐더러 복제판이 원본과 완전히 같다. 아날로그 세계라면 재생산에 필요한 만큼의 물질(아톰)이 더 있어야 한다. 디지털은 공간의 개념도 바꾼다. "디지털 삶은 시간과 공간에 대한 의존도를 점차로 줄이며, 장소 자체까지 전달할 수 있는 경지에 이르렀다"(같은 책). 심지어 주소의 개념까지 바꾼다. 이메일 주소를 생각해 보라. 이제 주소는 개인 본인이지 장소가 아니다.

네그로폰테는 장엄한 예언으로 『디지털이다』를 마무리한다. 이 글은 이런 통찰과 전망에 크게 힘입고 있다.

> 비트는 먹을 수 없다. 비트는 배고픔을 멈출 수 없다. 컴퓨터는 도덕이 아니다. 컴퓨터는 삶과 죽음의 권리와 같은 복합적 문제를 풀 수 없다. 그렇지만 디지털 세상을 낙관할 만한 이유는 많다. 자연의 힘과 마찬가지로 디지털 시대는 부정할 수도, 멈출 수도 없다. 탈중심화decentralizing, 세계화globalizing, 조화력harmonizing, 분권화empowering, 이 네 개의 강력한 특질이 궁극적인 승리를 얻을 것이다.(같은 책)

이상의 구분법, 그리고 몇몇 최근 저자(글릭 2017 ; 김재인 2017 ; 아우어바흐 2021 ; 플로리디, 2022)의 구분법을 따라 아날로그와 디지털, 아톰과 비트의 특징은 아래와 같이 요약된다.

△ '아날로그' 혹은 '아톰'
① 물질세계의 단위로, ② '디지털'이 독립된 위상을 갖

기 전까지, 즉 인류사의 대부분 시기 동안, '세계' 자체와 거의 같은 의미로 쓰였으며, ③ 3차원 공간을 차지하면서 존재하고 기능하는 거의 모든 것을 가리키고(3차원+시간 좌표로 표시 가능), ④ 전자적이기보다 기계적인(메카닉) 방식으로 작동하고, ⑤ 대체로 가시적이고 만질 수 있다.

△ '디지털' 혹은 '비트'

① 정보의 단위로 ② 컴퓨터 파일 형태로 존재하며 ③ 컴퓨터(하드웨어)를 기반으로 작동하는 프로그램(소프트웨어) 및 ④ 프로그램의 결과로 생산된 제품(콘텐츠 포함)과 서비스(플랫폼, 검색, 지식 유통, 마켓 등 포함)를 가리키며, 나아가 ⑤ 오늘날 고립된 채로 기능하기보다 유무선 통신망 및 미디어(대중매체, 소셜미디어 포함)를 매개로 ⑥ 네트워크를 이루어 작동하며, ⑦ 사람, 물질, 정보를 융합하고 있다.

2. 역사

디지털 대전환에 이르는 전기·전자 시대의 역사는 다음과 같이 구분된다. 이 시간 흐름은 아톰 우위의 세계에서 비트의 비중에 점차 확대되는 과정으로 이해할 수 있다.

① 단계1(1950년대~1970년대) : 처음에 '디지털'은 '물

단계	소분류	기술	시기
0	전기 시대	전신, 전화, 라디오, 텔레비전	1844년 ~
1	전자화	메인프레임 컴퓨터	1950년대 ~
2	정보화	PC	1980년대 ~
3	지능화	PC, 스마트폰, 태블릿	2010년대 ~
4	디지털 대전환	상시 연결(always online)	2020년 ~

표 2. 디지털의 역사적 단계

질' 세계를 보조하는 역할을 했다. 제조업, 과학(학술), 전쟁 등에 관여했고, '메인프레임 컴퓨터'로 상징된다.

② 단계2(1980년대~2000년대) : 시간이 지나면서 '디지털'은 물질세계를 보조하는 인프라 혹은 도구 역할을 했다. 개인 컴퓨터의 등장 및 유선 인터넷의 성장 시기와 맞물린다. 정보 검색, 전자상거래, 워드프로세서, 스프레드시트, 프레젠테이션, 채팅, 콘텐츠 경험 등, 인터넷의 발달과 성장의 궤를 같이한다.

③ 단계3(2010년대) : 인공지능 기술이 비약적으로 발전했고, 모바일로의 급속한 변경이 이루어졌다. 이 시기 후반에는 스마트폰, 태블릿 등 개인 장비 보급이 확산했고 초고속 이동 통신 서비스가 개시되었다. 단계2의 인터넷

경험이 모바일로 확장되고, 모바일 인터넷 비중이 유선 인터넷을 능가했다.

④ 단계4(2020년~) : 코로나19로 아날로그 물질세계가 멈추거나 최소화되고, 인류 차원의 디지털 실험과 디지털 역량 학습이 이루어졌다. 현재 '디지털'은 '아날로그'를 조직·구성·제어하는 역할을 하고 있다. 개별적으로는 단계3에서 시작된 것도 있지만, 그것이 통합된 형태를 취하게 된 것은 단계4에 이르러서다.[3] 또한 물리적 접촉이 어려워지면서 디지털 연결에 대한 의존이 비약적으로 늘고(회의, 교육, 상거래, 배달 등), 어느덧 인류는 인터넷에 상시 연결된 상태에까지 이르렀다. 뒤에서 다루겠지만, 현재 진행되고 있는 대전환은 역사상 유례를 찾을 수 없다.

이러한 이행에 있어 먼저 물질 인프라가 구축되었다는 점을 놓쳐서는 안 되겠지만, 일단 그것이 구축된 후부터 디지털은 상당한 자율성을 얻어 자신만의 논리로 증식하고 있다는 점에 주목해야 한다. 물질 측면에 대해서는 여러 연구가 있지만(볼 2021, 크로포드 2022, 이광석 2022, 김병권

---

3. 몇 가지 사례를 보자. 포켓몬고 게임이 사람을 이동시켜 명소를 만들고, 소셜미디어를 조작함으로써 대중을 동원해 트럼프가 당선되었으며('케임브리지 아날리티카' 스캔들), 2003년 미국의 이라크 침공 장면이 대중매체인 텔레비전을 통해 생중계되었던 것과 비교하면 2022년 러시아의 우크라이나 침공은 현지로부터 소셜미디어를 통해 보도되었다.

2025), 자율성을 획득한 수준의 디지털에 대한 연구는 거의 없다. 이 글은 여기에 초점을 맞추었다.

디지털과 물질(아날로그)의 관계는 극적으로 변했고, 이제 돌이킬 수 없게 되었다. 인간관계의 구성 방식에도 역사에 없는 변화가 찾아왔다. 누구나 동의할 수밖에 없는 사건이 이미 벌어졌다. 조만간 비트 우위를 고려해 아톰과 비트의 관계를 재정립해야 하는 단계로 이어질 것이다.

3. 초연결 개념의 재해석

디지털 대전환의 물질적 조건 중 하나는 '초연결'이다. 물론 지금까지도 '초연결'이라는 용어는 여러 맥락에서 사용되었다.[4] 즉, 인간과 인간, 인간과 사물, 사물과 사물이 클라우드, 사물인터넷, 5세대 이동 통신 등의 '기술'을 통해 조밀하게 연결된다는 의미로 이해되었다. 하지만, 지금까지 간과되어 왔지만, 더 중요한 계기는 우리가 항상 온

---

4. 초연결에 관한 몇몇 연구는 다음을 참조. 김현중 2012; 김혜경 2015; 우찬제 2015; 이호영·김희연·김사혁·최항섭 2015; 이호영·김희연·장덕진·김기훈·백종원·박윤중·강동현 2015; 이호영·김사혁·김희연·김예란·문상현·이항우·최항섭 2015; 이호영·이시직·이재현·김영생 2016; 손상영·이시직·조성은·김희연·양수연·오태원 2017. 이 연구들은 모두 인간과 인간, 인간과 사물, 사물과 사물의 초연결에 초점을 맞추고 있다. 이를 위한 기술로 클라우드, 사물인터넷, 5세대 이동 통신을 꼽는 점은 이 글의 방향과 같지만, 상시 연결이라는 특징은 강조되고 있지 않다.

라인에 접속해 있게 된 상황이 있다. 상시 연결이라는 의미에서 초연결이다. 우리가 스마트폰을 들여다보지 않더라도 각종 앱을 통해 계속 울리는 알람은 이미 우리가 온라인에 있다는 것을 뜻한다. 정부의 서비스 상당 부분이 스마트폰 메시지(카카오톡, 네이버, 패스, 문자메시지, 이메일 등)를 통해 진행되고 있으며, 교육, 의료 등 공공 서비스 및 금융, 쇼핑, 교통, 엔터테인먼트 등 기업 서비스도 마찬가지 상황이다.

상시 연결을 필수로 만든 역사적 사건은 코로나19의 발발이다. 코로나19로 인해 아톰 물질세계가 멈추거나 최소화된 상황에서 비로소 초연결이 실질적 의미를 획득했다. 말하자면, 그전까지의 초연결은 흉내에 불과했거나 기술적 차원에 머물렀다. 코로나19로 인해 아톰 세계의 최소화를 겪으며 생긴 새로운 국면의 연결이 중요하다. 이 시기 생존과 생활을 위해서라도 개인별 스마트 장비가 보급되고 모바일 연결이 촘촘해졌으며 지역·국가·연령·성별·직군을 막론하고 새로운 상황을 학습하고 적응해야 했다. 이런 변화는 이제 돌이킬 수 없는 삶의 조건이 되었다.[5] 누구라도 온라인에 머물 수 있고 또 온라인의 호출에 응답

---

5. 코로나19가 끝나고 다시 대면 만남이 이루어졌지만, 유사시 언제든 온라인 만남이 이루어지고 있는 작금의 현실을 뜻한다.

해야 하는 시절이다.

따라서 초연결의 진짜 의미는 '상시 연결'이다. 즉, 인류와 세계가 항상 인터넷에 접속되어 있다는 것이 초연결이다. 초연결은 기술의 문제가 아니라 '인간관계'의 문제다. 더욱이 태어날 때부터 스마트폰과 이동 통신이 자연스러웠던 '디지털 네이티브', 이른바 Z세대와 알파 세대는 이미 성인이 되었고, 새로운 세상을 예고하고 있다.

따라서 긴밀한 연결이라는 기술적 상황에 덧붙여, 더 중요한 것은 인간이 늘 온라인 상태로 있게 되었다는 점이다. 그전까지 연결은 다소 느슨한 수준에 머물러 있었다. 이 점에서 영국의 정보철학자 루치아노 플로리디의 다음과 같은 말은 의미심장하다.

지금 더 나이 든 세대는 아직도 정보 공간을 로그인하고 로그아웃하는 그 무엇으로 여기고 있다. 우리의 세계관(우리의 형이상학)은 여전히 근대적 혹은 뉴턴적이다. 그 세계는 상호작용하지 않고, 응답하지 않고, 대화나 학습이나 기억을 할 수 없는 '죽어 있는' 자동차, 건물, 가구, 옷으로 이루어져 있다. 그러나 우리가 아직은 오프라인으로 경험하고 있는 세계도 진보한 정보 사회에서는 온 세상에 빠짐없이 분포하여 무선으로 이어진 소위 'a2a'(만물에서 만물로 anything to anything)의 정보 과정들이, 'a4a'(언제 어디서나 anywhere for anytime) 실시간으로 작동하는 그야말로 완벽하게 상호작용하고 더 즉각적으로 반응하는 환경이 되어갈 수밖에 없다. 그런 세계는 처음에는 그것을 'a-live'한(인공적으로 살아 있는 artificially live) 무언가로 이해할 것을 우리에게 점잖게 권유할 것이다. (플로리디 2022, 37)[6]

실제로 플로리디가 묘사한 세계는 5세대 이동 통신이 서비스되며 비로소 구현되기 시작했고, 코로나19를 겪으며 실현되었으며, 인간은 늘 온라인에 있게 되었다.

이런 변화는 시작에 불과하다. 현재까지 진행되어 온 정보통신기술은 과거와 현재의 모든 존재물을 재구성하고 재편해 버렸다. 제조, 유통, 소비에 이르기까지 디지털이 먼저고, 물질과 인간은 디지털이 구성한 길을 따라간다.[7]

---

6. 플로리디의 책은 더 진전된 논의로 이어지지 않기 때문에, 이 글의 논의에 실질적으로 도움을 주지는 않는다.
7. 앞에서도 언급했지만, 디지털이 작동하기 위한 물질적 인프라가 전제되어야 함은 말할 것도 없다. 이 글은 그 후에 벌어지는 일들에 대한 논의에 집중한다.

III. 디지털퍼스트 : 플라톤을 거쳐 니체로

디지털 시대의 가장 큰 특징은 아톰 물질세계에 대해 비트 정보 공간이 우위를 점하게 되었다는 점이다. 이는 세상을 움직이는 힘의 균형이 비트로 기울었다는 점을 가리킬 뿐 아니라, 더 중요하게는 실질적으로 비트가 아톰 세계보다 먼저 구성되고 그것이 아톰 세계를 형성하고 변형한다는 뜻이다. 이를 '디지털퍼스트'라고 명명한다. 이 점에서 '아날로그퍼스트'Analog First였던 아톰 시대가 디지털로 단순하게 바뀌는, 즉 물질 세상이 디지털 가상공간에 재구성되는 '디지털 전환'Digital Transformation은 과도기에 불과하며, 결국 '디지털 대전환'Digital Transition으로 이행할 수밖에 없다.

1. 디지털 대전환과 디지털퍼스트

디지털 대전환은 최근 몇 년 동안 거론됐던 디지털 전환transformation과 근본을 달리한다. 디지털 대전환은 긴 문명의 역사 속에서 맞이한 대전환Transition과 관련된다.[8] 문

---

8. 용어에 대한 비교 연구가 많지 않지만, 지금까지의 용법(박안선 2022)에 따르면 대전환(Transition)은 주로 디지털화(digitization, digitalization)로 이해되고, 더 깊은 디지털 변화를 전환(Transformation)으로 이해한다. 하지만 이런 구분은 변화의 시대사적 규모를 반영하지 못하고 있기에, Tran-

명의 역사는 신석기혁명, 산업혁명, 정보혁명 같은 굵직한 전환을 거쳐 지금에 이르렀다. 정보혁명의 마지막 단계이자 그다음 단계로의 전환을 디지털 대전환이라 규정할 수 있다.

'디지털 전환'이라고 하면 아직은 Digital Transformation을 떠올린다. 이는 아날로그로 존재하던 것이 디지털로 바뀌는 기술 전환을 가리키는 용어다. 혹자는 "컴퓨터 네트워크 통신의 발달로 인하여 변화하고 있는 우리의 생활 방식(일하는 방식, 소통하는 방식, 휴식하는 방식, 구매 및 서비스 방식 등)에 대한 변천 과정의 특징을 설명하는 용어"라고 설명한다(박성순·조광섭 2021). 그러나 이는 '디지털화'digitization, digitalization의 연장에 불과하며, 현재 시점에서 굳이 이를 강조하는 건 큰 의미가 없다. 그런 의미의 디지털화라면 '시작' 단계가 아니라 이미 '성숙' 단계이기 때문이다. 이런 용법은 유행에 편승한 호들갑일 뿐이다.

진짜 '디지털 대전환'은 이제 막 시작되고 있다. 그래서 Digital Transition이다. '대전환'은 되돌릴 수 없는 시대 변화를 뜻한다. 예를 보자. 디지털 전환 시기를 대표하는 기술이 '디지털 트윈'digital twin이다. 가상공간에 실물과 똑같은 물체를 만들어 다양한 시뮬레이션을 통해 검증하는 기

---

sition을 '대전환'으로 이해하자고 주장하겠다.

술이다. 가령 비행기가 있다면 그와 똑같은 가상 비행기를 만들어, 여러 위급 상황을 가정해 시험할 수 있으며, 이를 통해 비행기를 더 안전하게 관리할 수 있다. 다른 예는 조선소다. 조선소는 워낙 넓고, 다양한 기계와 자재가 배치되고 이동된다. 따라서 가상공간에 조선소를 건설해서 자재 적재와 이동, 기계의 위치, 건조 순서 등을 최적화해 실제에 적용한다. 디지털 트윈의 적용 범위는 분명하다. 먼저 사물이 있고, 다음에 가상의 쌍둥이가 만들어진다. 결국 디지털 트윈은 디지털 거울digital mirror에 불과하다. 이는 명백히 '아날로그퍼스트'다. 거울에 비칠 물체가 있어야 상이 맺힐 수 있다. 반면 '디지털 대전환'은 '디지털퍼스트'다. 디지털이 먼저고, 물체는 후행한다. 그래서 돌이킬 수 없는 대전환이다.

변화의 핵심은 무엇일까? 디지털이 먼저 만들어지고 물리 세계가 그에 따라 변한다. 아날로그퍼스트가 디지털퍼스트로 바뀐다. 정보통신 인프라, 디지털 기기(PC, 스마트폰, 태블릿 등), 물류망 등 물질적 인프라의 구축이 먼저지만, 어느 정도 촘촘하게 구축된 후에는 이제 디지털이 우선권을 갖게 되었다. 지난 몇십 년 동안 경험한 예를 통해 상황을 이해해 보자.

1990년대까지만 해도, 해외여행을 하려면 두툼한 여

행 가이드북, 지도, 열차 시각표 같은 것이 필요했다. 숙박업소(호텔, 호스텔, 민박 등)가 다른 여행자로부터 새로운 정보를 업데이트할 수 있는 거의 유일한 허브였다. 지금은 어떤가? 모든 것이 스마트폰 하나로 해결된다. 디지털 관점에서 물리적 거리는 덜 중요하다. 실시간 상호 업데이트되는 시간 거리, 가격 거리가 더 중요하다. 더 엄밀히 말하면, 디지털은 '물리+시간+가격 거리'를 통합해서 우리에게 제시한다. 이것을 '정보 거리'라는 말로 불러도 될 것이다. 과거에 중요한 역할을 했던 물질적 거점이나 도구 등은 필연적으로 변형된다. 비슷한 조건이라면 숙박업소에 중요한 것은 중계 사이트에 얼마나 충실한 정보를 등록했느냐, 와이파이를 비롯한 인프라 장비를 얼마나 잘 갖추었느냐, 숙박객의 후기에 얼마나 잘 대응했느냐 등이다. 과거에는 덜 중요했지만 이제는 필수가 된 이들 요인을 관리하는 일이 관건이다. 심지어 공실로 하룻밤을 보내기 전에, 적절한 시점에 할인을 제시해야 한다. 혹은 성수기에 다른 업소보다 터무니없는 가격으로 싸게 방을 내놓는 실수를 범해서도 안 된다. 정보가 물질세계를 지배한다.

유사한 예로 차량 내비게이션이 있다. 인공지능이 처리한 추천 경로는 물리-시간-가격을 최적화해서 표시된다. 예전이라면 목적지를 잘 아는 사람, 주요 이정표를 담은 경로 약도와 지도, 지도를 보며 운전자에게 알려주는 보조인 등이 있어야 미지의 목적지에 안착할 수 있었다. 디지털 대전환 덕분에 이 모든 과정은 불필요해지고 사라졌다. 물질세계는 정보를 중심으로 재편되며 정보에 종속한다. 이제 지도 정보에 없는 곳은 없는 장소가 되고 있다.

흥미로운 점은, 일본이 디지털 전환조차 따라오지 못해서 퇴락했다는 사실이다. 일본은 메카트로닉에서 멈췄다. 이 점은 코로나19 시기 일본의 무력한 대응에서 잘 드러난 약점이기도 했다. 네그로폰테의 다음과 같은 진단은 예언자적이기까지 하다.

> 팩시밀리가 일본의 유산인 까닭은 일본인들이 비디오 레코더를 개발한 것과 같이 팩스를 다른 사람들에 비하여 잘 표준화하고 생산할 수 있을 만큼 똑똑해서가 아니라 일본의 문화, 언어, 사업 관습이 극히 이미지 지향적이기 때문이다. 최근 10년 전까지만 해도 일본의 사업은 문서로 이루어지지 않고 말과 직접 만나는 face to face 것으로 이루어졌다. 사업가들은 대부분 비서가 없었고, 종종 통신문 correspondence을 손으로 쓰는 고통을 감수해야 했다.… 일본에서는 한자의 도형적 요소 때문에 팩시밀리를 자연스럽게 받아들였다. 그 당시까지는 일본 글자를 읽을 수

있는 컴퓨터가 거의 없었기 때문에 손해 보는 것도 없었다.…컴퓨터에 팩스 모뎀이 장착되어 있어 중간 단계의 종이 전환 과정을 피할 수 있거나 팩시밀리가 보통 용지와 컬러 용지를 함께 쓸 수 있다 하더라도 팩시밀리는 여전히 지능적인 매체가 아니다. 그 이유는 팩시밀리는 수신자로 하여금 자동으로 메시지를 저장하고, 다시 읽고, 재편집할 수 있도록 해주는 컴퓨터의 가독성을 없애버리기 때문이다. (네그로폰테 1999)

한편 도쿄대 교수이며 도쿄대의 새로운 도서관 프로젝트를 진행한 정보기호학자 이시다 히데타카石田英敬는 2016년 출간한 책에서 이렇게 진술하고 있다.

고도 경제 성장기 이래 일본의 기간산업이었던 전자제품 메이커는 카메라도, 비디오도, TV도 모두 아날로그 기기 산업 중심이었다. 아날로그 테크놀로지가 가능하게 했던 일본의 산업적 우위가 흔들리고 거품이 붕괴하면서 찾아온 '잃어버린 10년' 동안 소니나 파나소닉과 같은 메이커는 세계시장에서 패배해 갔다.…그러니까 일본의 20세기 말 아날로그 자본주의는 부활한 미국의 정보자본주의에 의해 축출된 것이다. 소니와 파나소닉의 아날로그 미디어 기술은 마이크로소프트, 애플, 구글 등이 견인하는 미국의 정보자본주의에 적응하지 못해 물러났다. 소니나 샤프의 아날로그 정밀 기기가 애플이나 삼성의 부품이 되는 등, 아날로그 시대의 승자가 디지털 기업의 하청 기업으로 전락해갔다. 지금은 바로 그러한 역사적 단계에 서 있다고 할 수 있다. (이시다 2017, 214~216)

한편, 한국 사회가 여전히 디지털 대전환의 의미를 좁게 해석하고 있다는 점은 안타까운 일이다. 디지털 대전환은 아날로그를 디지털로 전환해 문제를 풀어보려는 시도, 곧 디지털 전환이 아니다. 이는 디지털 거울에 불과하다. 디지털 대전환은 디지털에서 출발해 물질세계를 조직하고 바꾸는 보다 근본적인 변화다. 디지털퍼스트의 의미가 그것이다.

디지털 전환보다 더 나아간 디지털 대전환은 '정보의 통합'에서 시작해서 '정보를 통한 인간과 물질세계 제어'에서 완성된다. 세계는 아직 디지털 전환 수준에 머물러 있다. 디지털 대전환을 선도해야 하고, 잘 인식해야 하고, 대응해야 한다.

2. 아마존과 정보 물류 혁명

디지털 대전환기 산업의 변동을 가장 극명하게 보여준 아마존 혁명을 통해 변화된 세상을 살펴보자. 이 변동은 산업의 모든 분야, 즉 제조업, 유통, 서비스, 소비 등을 관통하는 하나의 전형이라 평가할 수 있기 때문이다.

미디어학자 다이고쿠의 진단에 따르면, 아마존 혁명은 "지금까지 생산이 주도해온 물류 개념을 해체하고 정보 주도하에 유통을 축으로 상품경제 자체를 재편하는 원대한 기획"(다이고쿠 2016, 30)이다. 다른 기업들에 비해 아마존은 이 영역에서 가장 선도적이다. 요컨대 아마존 혁명이 곧 디지털 대전환의 핵심일 수 있다.

아마존은 "구매행위의 기본값을 바꾸어 놓았"으며, "정보 사회 단계에 이른 자본주의"에서 "유통 개념의 변용과 이에 따른 사회 구조 재편의 길을 보여" 주었다(같은 책, 36~37). 아마존의 독자성은 물류망의 재편 전략에 있는데, 아마존은 소비자와 고객을 축으로 삼았으며 생산자나 물건의 주인이 여기에 종속하도록 했다. 아마존은 고객 한 사람까지 닿는 모세혈관과도 같은 배송 시스템과 전 지구적인 물류 네트워크를 구축했다. 이 일의 핵심은 고객이 원하면 언제라도 '물건'을 제공할 수 있게 되었다는 데 있다. 물론 여기까지는 아톰 물질세계에서의 인프라 구축이며, 대전환을 가능케 한 물질적 조건이다.

다음 단계로, 이것이 아마존이 구축해 놓은 비트 정보 시스템과 결합하면 사정은 급변한다. 고객은 이제 상품에 대한 '정보'를 먼저 접하고 원하는 시점까지 '배송' 받으면 충분하다. 따라서 고객이 온라인에서 정보를 접하는 시각에 상품이 물리적 형태로 존재하지 않아도 상관없다. 이렇게 해서 물건보다 정보가, 아톰보다 비트가 앞서는 일이 발생한다. 그런 점에서 "아마존의 이른바 '구색 갖추기'는 반드시 물리적·물질적 재고를 의미하지 않는다. 그것은 오히려 고객이 다면적이고 범용적인 정보를 바탕으로 상품을 사전에 자원으로 구성할 수 있게 다양한 선택지를 최대한 제공하는 '정보 풀'"(같은 책, 43)이다. 신속한 반품이나 교환 시스템은 고객이 안심하고 정보를 믿을 수 있게 해주는 장치다.

이것은 사실상 "유통과정 자체의 소거"이자 '물류의 매체화' 혹은 '물류의 미디어화'라 할 수 있다(같은 곳). 아마존 네트워크에서 장소와 공간과 이동 개념은 소거된다. 이 점에서 아마존은 물건이 아닌 정보의 물류망을 구축했다. 정보 사회에서 유통이란 사전에 정보로 구성된 물건을 나중에 실질적으로 충당하는 활동이 되었다는 것이다.

결론적으로 다이고쿠는 생산, 유통, 소비에 발생한 혁명을 다음과 같이 기술한다.

지금까지는 과정이 생산자의 시점에서 생산, 유통, 소비라는 세 국면으로 나뉘어 있었다. 생산은 물건의 생성을, 유통은 물건의 이동을, 그리고 소비는 물건의 소진을 각각 실행하는 장면, 다시 말해 과정은 물건이 주도하는 시공간적 장면 전환으로 상징된다. 그러나 정보 자본주의의 최전선에서는 이런 관점이 실효성을 잃고 소비자(고객)의 관점에서 모든 과정이 재편된다.… 소비자 관점의 과정에서는 고객이 개별적으로 담은 상품 정보가 물건(=상품)의 존재에 앞서(이 점이 중요하다!) 전 과정을 주도한다. 이때 생산, 유통, 소비는 시공간적으로 분리된 세 개의 장면이 아니라 정보(형식)로서의 물건에 실질을 공급함으로써 상품을 물건으로 완성시켜 주는 세 개의 질료적 '계기=매체'로 바뀐다.… 우리는 이 일체화된 질료적 세 가지 계기가 매체이자 형식인 정보를 만족함으로써 잠재태에 불과한 정보로서의 물건이 현실태인 본래의 물건으로 완성되는 과정, 이를 정보 사회의 고유한 유통으로 파악할 수 있다. (같은 책, 51~52)

이제 모든 것은 유통 혹은 소통communication의 과정에 속하게 되었다. 다이고쿠는 킥스타터Kickstarter로 상징되는 크라우드펀딩을 예로 들며, "현 상황은 과도기이며 장기적으로는 생산 또한 유통의 한 계기로 들어갈 것"이라고 전망한다(같은 책, 52). 그는 또 넷플릭스나 훌루로 대표되는 VOD가 등장하고 또 스마트폰이나 태블릿을 통해서도 감상할 수 있게 됨으로써 우리가 영화관에 가는 대신 "영상에서 물성의 잔재를 불식해 완전한 정보재로 바꾸어 결국 이동이나 장소성을 일소"(같은 책, 54)했다고 정확히 관찰한다. 이런 변화를 이끈 것 역시 아마존이다.[9]

3. 플라톤의 이데아 세계

비트의 우위는 플라톤Platon의 사상과 흡사하다. 플라톤은 이 세계가 더 완전하고 더 좋은 세계를 본떠 만들어졌다고 본다. 그 세계를 '이데아'idea 혹은 '형상'形相이라고 한다. 이 개념을 쓰기 전에는 '~ 자체'라는 표현을 선호했다. 이 내용을 조금 더 들여다보자.

세상에는 많은 동그란 것이 있다. 그런데 이것들은 완전하게 동그랗지는 않다. 완전히 둥근 것은 '원'이다. 동그란 것들은 원이라고 인정하기에는 뭔가 모자라다. 세상의

---

9. 아마존 혁명에 대해 부정적 영향을 간과한 것이 아니냐는 의문이 있을 수 있는데, 이 글은 변화의 깊이와 폭이 크다는 의미에서 '혁명'이라는 표현을 썼을 뿐 그것의 긍정성과 부정성에 대한 평가까지 가지는 않았다. 이에 대해서도 논의할 내용이 많지만, 분량의 제약 때문에 더 깊게 다루지는 못했다.

모든 동그란 것은 '원'을 기준으로 완전한 정도를 평가할 수 있다. 그것들을 동그랗다고 할 수 있는 까닭은 어느 정도까지는 원을 닮았기 때문이다. 모든 동그란 것과 관련해 '원'이 바로 '동그란 것 자체' 혹은 '동그라미의 이데아'다. 플라톤은 기하학을 모범으로 삼아 이데아를 착상했다. 기하학은 현실에 존재하는 점, 선, 면, 입체를 다루되, 현실에 없는 완전한 대상을 상정한다. 요즘 용어를 쓰자면, 이데아 혹은 완전한 대상은 가상공간에 있다. 현실에서 기하학이 맞아떨어지기 위해서는, 우선 현실을 초월한 이데아 세계에서 계산이 성립해야 한다.[10]

플라톤 철학의 한계와 문제에 대해서는 많은 논의가 있었다. 지금 초점은 거기에 있지 않다. 오히려 '플라톤 철학의 의의'와 '이런 접근법을 통해 도달할 수 있는 것'에 초점을 맞추려 한다. 플라톤이 이데아의 우선성과 우위를 말할 때 설명력을 지녔던 수학적 세계 말고도 오늘날 현실에서도 이런 관점이 통할 수 있게 되었기 때문이다. 디지털 퍼스트의 철학적 연원은 바로 여기서 찾을 수 있다.

디지털 대전환을 맞이해서 플라톤 철학은 화려하게 부활한다. 디지털퍼스트는 이데아의 우선성과 우위에 맞닿는다. 디지털 세계가 먼저 건설되고, 아날로그 물질세계가

---

10. 플라톤 2020, 72e-78b. 김재인 2017, 5장 참조.

후행한다. 디지털이 물질을 지배한다. 비트가 아톰을 지배한다.

이것이 가능하게 된 것은 정보통신기술의 발전 덕이다. 앞서 제시한 사례들은 모두 고도의 정보통신 인프라가 갖춰진 조건을 전제한다. 흥미롭게도 한국이 이 인프라를 가장 앞서 갖췄고, 또 한국인의 급한 성격이 이 인프라를 고도로 활용하고 있다. 정보통신기술 활용의 첨단 실험실이라 할 만하다.

그러나 정보통신기술의 가장 깊은 곳에 디지털 혹은 비트가 있다는 점이 중요하다. 정보통신기술은 비트를 제어할 수 있게 도와주는 역할을 한다. 말하자면, 과거에는 비트를 제어하고 싶어도 기술이 없었다. 이제 비트를 실현할 수 있는 기술이 존재하므로 비트가 최고의 힘을 발현할 수 있게 되었다.

정보화 시기의 비트가 했던 역할과 디지털 대전환기 사이에 달라진 점은 무엇일까? 가장 큰 차이라면 정보화 시기의 비트는 아톰 물질세계에서 수집된 것이기에 아톰이 출발점이었던 데 반해, 지금의 비트는 아톰보다 먼저 형성되고 조직되며 이어서 아톰을 지배한다는 점에서 찾을 수 있다. 이 점을 놓치면 디지털 대전환과 플라톤 철학의 결합을 이해하지 못할 것이다.

플라톤은 좋은 현실을 만들기 위해 이데아에서 출발해야 한다고 보았다. 디지털 대전환기 우리의 출발점은 디지털퍼스트에 의해 만들어지는 비트 세계다. 정보 세계의 설계와 조직과 실행이 물질세계를 크게 좌우하는 시대다.

아톰 세계에도 자기 자리가 있을 것이다. 하지만 과거와는 많이 달라진 자리일 것이다. 정보 세계가 재편하거나 손 대기 어렵고, 자체로 존재감이 생생할 수 있을 물질세계란 어떤 모습일까? 이 세계의 경험적·경제적 가치는 어떻게 될까? 이런 물음은 앞으로 더 생생하게 다가오고 중요할 것이다. 한편 비트가 만드는 새 세계는 어떻게 펼쳐질까? 어떤 부문이 중요하게 영향을 받을까? 이 점에서 디지털 대전환기의 철학이 필요하다.

4. 니체와 가치의 창조

플라톤의 이데아 단독으로는 부족하다. 플라톤은 '참과 진실'과 관련해 예술을 비판했다. 예술이 가짜라는 점 때문이었다. 마찬가지로 플라톤은 현실도 비판했다. 이데아에 비하면 현실은 가짜라는 것이다. 반면 니체Friedrich Nietzsche는 진짜(참)와 가짜(거짓)의 관계를 뒤집는다. 세계는 단 한 순간도 똑같지 않다. 생성이 세계의 참모습이다. 생성만이 존재한다. 그래서 고정불변의 진리란 없다. 전통 철학의 참은 가짜다. 현실에서는 가짜가 바로 참이다. 예술이야말로 가짜의 권력을 실천하는 활동이다(Deleuze, 1962, 116~117, 김재인, 341~343).

니체는 '창조의 미학', '피그말리온의 미학'을 요구한다. 키프로스의 왕 피그말리온은 아름다운 여인의 조각상을 만들어 갈라테이아라 이름 붙이고 연인처럼 사랑했는데, 결국 아프로디테는 그 조각상을 진짜 여인으로 변화시켜 주었다. 결국 피그말리온의 미학이란 자신의 객체를 창조하고 산출하는 예술가의 작업을 가리킨다. 스스로 연인을 만들어낸 활동, 이것이 예술가의 활동이다.

진실은 미리부터 있는 것이 아니라 예술 창조의 순간에 시작된다. 예술가의 작업은 그저 개인적 작업인 것이 아니다. 그것은 세계와 우주 전체의 본질을 알려주는 존재론적 작업이다. 세계의 모델은 예술가의 작업이다. 예술가의 창작 작업과 마찬가지로, 세계는 정태적靜態的이지 않으며, 항상 차이를 빚어내는 방식으로, 매번 창조되는 방식으로 존재한다. 즉, 생성한다.

이 지점에서 플라톤의 한계가 드러난다. 들뢰즈Gilles Deleuze가 잘 지적했듯, 플라톤의 '이데아'는 플라톤의 창조물이다. 이데아가 먼저 있었던 게 아니라 플라톤이 그 개념을 창조함으로써 비로소 있게 되었다. 이데아 개념의 기저에는 예술적 창조 작업이 있었다. 플라톤 자신은 이를 간과했다. 이제 중요한 것은 이데아를, 정보를, 비트를, 아이디어를 창조하는 일이다. 그것은 무엇보다 가치의 창조다. 니체는 보석이 가치가 있는 것은 인간이 거기에 가치를 부여했기 때문이라고 말한다. "평가한다는 것은 창조한다는 것이다. 이 말을 들어라, 너희 창조자들이여! 평가한다는 것 자체가 모든 평가된 사물에겐 보물이고 보석이다."("천 개의 목표와 한 개의 목표에 대해"[니체 2017]) 의미와 가치를 부여하는 일이 가장 먼저다. 그렇다면 어떤 가치를 발명할 것인가? 이 물음에서 출발해야 한다.

5. 물건보다 콘텐츠

따라서 이 글은 다이고쿠의 아마존 분석에 동의하면서도 그가 '물건'과 '콘텐츠'를 분명하게 구별하지는 않았다는 점에 주목한다. 콘텐츠는 태생부터 정보다. 음악, 영화, 미술 같은 콘텐츠를 체험하기 위해 그동안 몸을 움직일 수밖에 없었던 건, 콘텐츠를 재생하는 기술이 물리 공간에 제약되었기 때문이다. 경험을 위해서는 그곳에 가야만 했다. 기술의 발전은 물리 공간의 제약을 점차 없애는 방향으로 향했고, 모바일은 물리 공간의 제약을 거의 완전히 없앴다. 아마 혼합현실 기술이 발전하면 이제 물리 공간은

우리의 콘텐츠 체험을 구속할 수 없을 것이다.[11]

우리는 이런 상황을 상시 연결이라는 의미의 초연결이라고 규정했다. 물건에는 아톰의 속성이 있다. 따라서 자원의 제약을 많이 받으며, 너무 많이 생산하면 재고를 관리할 공간과 비용에 문제가 생긴다. 다이고쿠가 제시한 사례는 아이러니하게도 아톰 시대의 한계를 넘어서지 못한 듯하다. 비트의 경우, 클라우드나 개별 저장소 같은 물리적 제약이 있을지라도, 생산은 그런 제약을 쉽게 뛰어넘고 유통과 소비도 자유롭다. 이를 '비트의 확장성'으로 개념화할 수 있다.

다음 절에서는 디지털 대전환이 가져올 몇 가지 귀결을 논할 것이다. 비트의 확장성 덕에 디지털 대전환의 핵심에는 기술을 넘어 콘텐츠가 올 것이다. 나아가 소비를 이끄는 힘, 즉 소프트파워가 앞으로의 산업 경쟁력임은 물론 나아가 인류의 미래를 이끄는 가치 프레임워크다.

VI. 아톰, 비트, 아트 : 디지털의 본질은 기술이 아니라 콘텐츠다

---

[11]. 그렇다고 해서 몸과 관련된 직접 체험의 중요성이 약해지는 건 아니다. 그 영역은 별도로 의미를 더해야 할 텐데, 지면의 제약 때문에 다른 논의에서 발전시킬 것이다.

1. 기술의 시대에서 콘텐츠의 시대로

디지털 초연결 사회에서 온라인 경험은 몰입immersion을 강화한다. 사이트와 사이트, 페이지와 페이지, 앱과 앱을 오가기 때문에 몰입보다 분산이 일어난다는 이들도 있다. 하지만 그런 잦은 이동은 '지금 그곳'에 대한 흥미와 재미가 떨어졌다는 증표다. 지루함을 참을 수 없다는 것이 온라인 경험의 중심에 있다. 온라인 경험은 인간의 행동 양식을 바꾼다. 인간은 더 자극적인 경험을 원한다. 초연결 사회에서 인류는 몰입과 흥미, 지루함과 벗어남, 다시 몰입과 흥미를 추구하는 존재로 거듭난다. 초연결 기술로 인해 생긴 인류의 진화다. 지금 인류는 속도감을 즐기는 종種이다.

근대 이래로 인류가 속도를 추구했던 건 사실이다. 그러나 더 이상 빨라질 수 없는 국면에 다다르자, 인류는 속도 대신 속도감에 빠져들었다. 속도감은 속도의 변화, 즉 가속도다. 속도감을 느낄 수 있게 해주는 요인은 무엇일까? 바로 콘텐츠다. 속도는 기술의 문제지만, 속도감은 콘텐츠의 몫이다. 디지털 대전환기, 기술의 시대에서 콘텐츠의 시대로 전환되었다는 말의 진짜 의미가 이것이다.

디지털 기술 논의는 '기술'의 문제에 갇혀 있어서는 안 된다. 특정 기술이 인간에게 어떤 경험을 가능케 하는지,

특정 기술을 통해 인간이 어떤 의미와 가치를 이룰 수 있는지 끝없이 물어야 한다. 이 상황에서 반드시 짚어야 할 것이 '인간의 경험 자원은 유한'하다는 점이다. 주목 경제에 대한 논의에서 이 문제를 짚어보자.

2. 인간의 유한한 자원 : 주목과 경험

노벨상 수상자인 미국 경제학자 허버트 사이먼은 정보가 무한할 때 결국 소중한 건 인간의 '주목'attention이라는 점을 잘 포착했다(데이븐포트·벡 2001).[12] TV 채널이 3개밖에 없던 1970년대의 통찰이니 미래를 보는 안목이 놀랍다. 오늘날 기술은 중독을 의도적으로 설계한다. 뇌의 도파민을 자극하도록 설계해 제품이나 서비스에 중독되게 만드는 것이다. 이 점에서 오늘날 기술은 '중독addiction 경제'에 기초해 작동한다고 말할 수도 있다.

주영민은 기술이 설계한 중독 상황을 극복하기 위해 다음과 같이 제안한다.

인류의 가장 귀한 자원이 고갈되기 전에 우리는 기술이 우리 삶을 지배하는 적정 시간Appropriate Time Spent에 대한

---

12. 이 책의 번역자처럼 '관심 경제'라고 부르기도 하지만, '주목 경제'라는 표현이 더 정확하다고 본다.

논의를 시작해야 한다. 얼마나 오랫동안 기술기업의 제품과 서비스를 사용하는 것이 올바른지에 대한 연구와 담론이 필요해질 것이다. 이것은 우리 시대의 새로운 적정 기술Appropriate Technology 운동이 될 것이다. (주영민 2019, 144)

그러나 이런 제안은 실효성이 떨어질 수밖에 없다. '적정 시간'을 제시한다고 해서 사람들이 이를 따를 이유가 없다. 2020년 발표된 다큐멘터리 영화 〈소셜 딜레마〉는 이 상황을 잘 폭로한다. 거기서는 청소년의 중독이 중심으로 다뤄지지만, 실은 현대인 모두가 중독되어 있다. 따라서 이 문제는 쉽게 풀리지 않을 것이다. 다만, 한 중독이 다른 중독으로 대체될 여지는 남는다.

그런데 흥미로운 것은 인간의 주목과 마찬가지로 인간의 경험도 한정된 자원이라는 점이다. 인간은 지각하고 생각하면 지친다. 그래서 쉬어야만 한다. 즉, 경험 자체가 일정한 한도를 가질 수밖에 없다. 기술은 경험의 가능성을 제공하지만, 경험의 본성상 어떤 기술은 더 발전될 필요가 없다. 바퀴나 가위가 지금 형태에서 더 발전할 필요가 없고 종이책은 지금 형태를 바꿀 이유가 없다. 마찬가지로 어떤 경험 기술이 더 발전할 여지가 있더라도 굳이 기술 개선에 힘쓸 이유가 없는 경우가 많다.

디지털 기술이 아무리 발전해도, 인간의 오감은 대체로 일정한 해상도 이상을 소화하지 못한다. 즉, 감각의 문턱threshold을 넘어가면 경험 내용은 모두 같아진다. 인간의 감각기관은 일정한 범위 안에서만 작동하기 때문이다. 인간은 가시광선만 볼 수 있고, 어지간한 크기의 화면에서는 4K와 8K 해상도 차이를 지각하지 못한다. 인간의 가청주파수 역시 약 20Hz~20,000Hz이기 때문에 이 범위를 벗어나는 음파를 처리하는 기술은 경험에 도움이 되지 않는다.

심지어 지각의 해상도가 떨어지더라도 몰입 정도는 더 클 수 있다. 인간 뇌는 흥미와 재미를 느끼는 것에 집중할 때 더 큰 구성 능력을 발휘한다. 가령 망막에 포착되는 외부 세계의 시각 정보는 뻗은 팔의 엄지손톱 정도의 양에 불과하다. 나머지 세계는 뇌가 기존 정보를 바탕으로 창작했다는 의미다. 뇌의 관점에서 인간은 이미 가상현실을 살고 있다. 따라서 기술을 통해 지각을 강화하려는 노력보다는 기술을 통해 어떤 경험을 제공하느냐가 훨씬 중요한 과제다. 기술 진보에 대한 투자는 자칫 쓸데없는 과잉 기술excessive technology을 낳을 수 있다. 기술 자체를 위한 기술은 경험의 관점에서 의미 없다.

이 점에서 콘텐츠의 시대가 되었다는 진단이 나올 수

있다. 콘텐츠는 경험의 많은 부분을 차지한다. 콘텐츠에는 과학 지식, 사회 현상, 뉴스 등과 더불어 음악, 영화, 드라마, 웹툰, 웹소설, 게임 등 디지털로 구현할 수 있는 거의 모든 경험 내용이 포함된다. 어떤 콘텐츠는 기술이 보완되면 더 나은 경험을 제공하지만, 대부분은 '현존하는 수준의 기술'로도 구현할 수 있다. 기술 자체보다 콘텐츠에 집중해야 할 이유다.

더욱이 디지털 콘텐츠는 확장성이 무한에 가깝다. 즉, 한 번 제작되면 복제와 전송에 거의 비용이 들지 않는다. 이에 반해 부품이나 하드웨어 장비는 많이 복제할수록 원재료 가격에 연동되어 비용이 증가한다. 2022년에는 전 세계인들에게 K 콘텐츠가 전년보다 훨씬 더 인기를 끌었다는 점을 볼 때,[13] 콘텐츠의 산업적 전망은 크다. 실제로

---

13. 산업적인 측면을 잠깐 살펴보자. 문화체육관광부의 자료에 따르면(문화산업정책과 2024), 2022년 기준 11개 산업(출판, 만화, 음악, 게임, 영화, 애니메이션, 방송, 광고, 캐릭터, 지식정보, 콘텐츠솔루션)의 수출액은 132억 4천만 달러로 2021년 124억 5천만 달러 대비 6.3% 증가해 17조 3,800억 원을 기록했다. 이는 이차전지(99억 9천만 달러), 전기차(98억 3천만 달러), 가전(80억 6천만 달러) 등 주요 품목을 넘어선 수치다. 또한 한국문화(케이) 콘텐츠 수출이 1억 달러 증가할 때, 화장품, 식품 등 'K의 매력'과 연동된 소비재 수출도 1억 8천만 달러가 함께 증가하는 것으로 분석('24년 발표)됐다. 콘텐츠 산업은 코로나19 장기화와 세계 경제 저성장 기조에도 불구하고 전체 산업 대비 높은 성장률을 기록해 경기침체를 돌파할 주요 산업으로 역할을 할 수 있다는 점을 입증한 것이다. 나아가 K의 매력이 관광에 끼칠 영향도 어마어마하다는 점을 덧

반도체와 자동차 정도를 제외하면 콘텐츠가 수출 효자임이 확인된다. 이는 잘 갖춰진 디지털 인프라 덕분에 가능해진 사건이며, 디지털 제조업에 보태 디지털 콘텐츠 산업이 새로운 미래 먹거리라는 점이 입증되고 있는 과정이기도 하다.

3. 스마트파워

이런 상황에 어울리게, 이 글은 스마트파워Smart Power라는 개념을 제안한다. 스마트파워는 경제력과 군사력 중심의 하드파워Hard Power와 자발적으로 따르고 싶은 매력을 뜻하는 소프트파워Soft Power를 대신할 수 있는 디지털 시대의 새로운 권력 개념이다. 각각 독립된 맥락에서 '소프트파워'라는 용어를 사용했던 하버드대 교수 조지프 나이Joseph Nye와 미국의 인권변호사 수잔 노셀Suzanne Nossel은 국제관계에서 하드파워와 소프트파워의 결합이라는 뜻으로 스마트파워 개념을 사용하기도 했다. 하지만 이 글이 제안하는 스마트파워 개념은 의미가 전혀 다르다.

스마트는 두 가지를 가리킨다. 첫째로 스마트는 디지털 기술력이다. 비트 공간을 건설하고 이용하는 능력을 뜻

붙일 수 있다. 콘텐츠 관련 영역의 최신 흐름에 대해서는, 노가영·김봉제·이상협 2022 참조.

한다. 스마트폰이라고 할 때의 그 스마트를 떠올리면 된다. 물론 이때는 '똑똑하다'는 뉘앙스가 강하지만, 지금은 똑똑한 기술력 전반을 지칭하는 용어가 되었다. 둘째로 스마트는 비트 공간에서의 주목도, 즉 마음 점유율$^{mind share}$이다. 한국어로 '멋진' 혹은 영어로 '쿨'^{cool}한 것을 가리킨다. 주로 콘텐츠를 묘사할 때 사용되지만, 거기에 한정되지는 않는다. 제품이나 서비스라도 그에 수반되는 매력이 있어야 구매로까지 이어질 수 있다. 비트 공간은 무한하지만, 인간의 주목은 유한하다. 비트 공간에서도, 주목받지 못하면 존재하지 않는 것과 같다. 주목을 끄는 힘이 스마트다. 두 가지 의미의 스마트 중에서 후자가 더 중요하다. 기술은 그 자체로 목적이 아니기 때문이다. 기술은 마음을 사로잡는 데로 수렴해야 한다.

비트가 아톰을 선도하는 시대에, 스마트파워는 권력의 중심이 되었다. 마음 점유율을 좌우하는 것이 스마트파워다. 과거 브랜드파워라고 불렸던 것도 여기로 수렴된다. 애초 브랜드는 기업에 뒤따르는 용어였지만, 지금은 개인에서 국가나 초국가 단체에 이르기까지 모든 것이 브랜드로 대표된다. 이제는 브랜드를 넘어 콘텐츠도 지칭할 수 있는 개념이 필요하다. 그것이 스마트파워다. 음악, 영화, 드라마, 웹툰, 웹소설 등을 즐기는 것은 그 콘텐츠가 스마트파워를 지니고 있기 때문이다. 그걸 즐기는 일은 멋지고 쿨하다.

4. 아톰, 비트, 아트

나아가 스마트함은 '가치 프레임워크'value framework의 측면에서 해석할 수 있다. 기술과 산업에 더해 철학적 관점이 덧붙는 대목이다.

일찍이 백범 김구는 「나의 소원」에서 자신의 소원이 "세계를 무력武力으로 정복하거나 경제력經濟力으로 지배하려는 것이 아니"며 "오직 사랑의 문화, 평화의 문화로 우리 스스로 잘 살고 인류 전체가 의좋게, 즐겁게 살도록 하는 일을 하"려는 것임을 분명히 한다. 물론 생활 측면에서 허덕이지 않을 만큼의 경제력과 남의 침략을 막을 만큼의 군사력은 이를 위한 필수 전제다. 그가 내세운 것은 '문화의 힘'으로, 그것은 인류의 미래 가치를 선도하는 '스마트파워'라고 해석할 수 있다. 더 흥미로운 것은 스마트파워는 이미 기술과 산업의 능력도 포괄한다는 점이다.

가치 프레임워크를 주장하는 까닭은 콘텐츠가 지닌 오락성뿐 아니라 인류가 함께 지향해야 할 가치 정립도 중요하기 때문이다. 대중매체의 시대에 콘텐츠는 중심에서 주변으로, 할리우드에서 전 세계 영화관과 TV로 배달되었다. 선택의 여지가 별로 없었고, 미국식 대중문화의 영향력과 매력은 압도적이었다. 미국은 군사력과 경제력 말고도 콘텐츠의 매력으로 인류의 마음을 사로잡음으로써 패권을 유지할 수 있었다. 이것이 문화산업이다.

할리우드 영화산업의 융성은 그 전형적 사례인데, 거대한 설비를 사용하여 인간 의식을 대량 생산하는 체계가 여기에서 시작되었다. 나아가 영화뿐만 아니라 라디오, TV 등도 사람들의 의식을 대량 생산하기 시작했다. 이들 문화산업은 의식과 욕망을 생산한다. 아름다운 부인과 두 아이로 이루어진 핵가족이 잔디 깔린 정원과 수영장이 있는 하얀 집에서 살며, 아버지는 저녁이 되면 자가용 자동차로 집으로 돌아오는 즐겁고 행복한 가정을 꾸린다는, '미국식 생활'American way of life이라 불리는 모던한 생활의 이미지가 영화나 TV에 의해 만들어지고, 그를 통해 시청자 대중의 꿈, 즉 욕망과 의식이 생산된다.… 자동차를 만드는 것만이 산업은 아니다. 자동차를 만들기보다 의식을 만들어내는 것이 훨씬 효율이 좋다. 자동차를 갖고 싶다는 의식을 만들어내면 모두가 자동차를 사게 되기 때문에 자동차 산업도 발달한다. 사회가 의식 산업에 의해 성립되는 것이다.… 의식의 시장은 메타 시장(시장의 시장),

즉 시장을 결정하는 힘을 가진 시장이다. 그것은 상품이 실제로 매매되는 시장보다 상위에 위치한다. 광고로 사람들의 의식에 작용하는 것은 실제 시장에서 상품을 선전하는 것보다 훨씬 효과가 있다. (이시다 2017, 85~85, 92, 116)

소셜미디어 시대에 콘텐츠는 어디서나 생산되며 사방으로 그물처럼 연결된다. 유튜브 같은 플랫폼과 넷플릭스 같은 OTT 서비스를 통해 디지털 파일로 구현할 수 있는 모든 콘텐츠가 유통된다. 앞서 지적했듯, 인간의 주목과 경험은 유한한 자원이다. 수많은 콘텐츠 중에서 주목과 경험을 사로잡을 수 있는 것만이 진화한다. 진화의 선택압으로 작용하는 것은 인간의 가치관이다. 무엇이 재미있는지는 물론 무엇이 좋고, 아름답고, 옳고, 의미 있는지가 종합적으로 고려될 수밖에 없다.

이는 무엇을 의미하는가? 수면시간을 제외한 하루 24시간 중에서 노동에 종사하는 시간을 제외한 나머지 시간을 놓고 무수한 디지털 콘텐츠가 경쟁한다는 뜻이다. 전통적인 콘텐츠인 책, 미술관, 음악회, 박물관, 과학관, 전시회, 공연 등도 일정한 경험 지분을 유지할 것이다. 사교와 연애 등 인간관계를 위한 시간, 교육과 재교육을 위한 시간도 디지털 콘텐츠 바깥의 경쟁 요소다.

무수한 콘텐츠 중에서 자기 마음에 드는 것만 골라 수용하기도 바쁘다. 디지털 대전환이라는 기술 조건 덕분에 콘텐츠의 제작과 배포와 소비가 전 지구적 수준에서 긴밀하게 이루어지면서, 비로소 소비자가 콘텐츠를 마음대로 취사선택할 수 있게 되었다. 알고리즘의 유혹에 빠지는 것도 극복하는 것도 소비자의 몫이다. 그래서 더더욱 가치 있는 콘텐츠가 중요할 것이다.

가치 있는 콘텐츠는 재미뿐 아니라 의미도 갖춰야 한다. 인류는 과거와 현재의 많은 문제를 깨닫는 중이다. 이들 문제는 근대 식민주의와 제국주의를 통한 수탈, 인종차별과 성차별 등 각종 차별, 공동체적 기반을 소거한 원자적 개인주의, 가치를 경제적 가격으로 환원한 시장만능주의, 협력과 연대의 본성을 거스르는 개인 자유주의, 기후 위기를 낳은 자연 착취, 확대되는 격차와 불평등 등 역사적·사회적으로 형성된 것들이다. 문제들이 의식 표면에 떠오른 건 이미 오래지만, 인류 수준에서 보면 부분적 각성에 불과했고, 초연결에 가까워지면서 누구라도 정보를 접할 수 있게 되었다는 점이 중요하다. 이들 문제의 희생자 혹은 약자는 정치·외교·사회적으로 굳이 가해자가 생산한 콘텐츠를 즐길 이유가 없다.

한류 혹은 K컬처 연구자인 미디어학자 홍석경은 한국

의 콘텐츠가 세계적으로 유행하는 현상과 관련해 의미심장한 견해를 밝힌다. "이제 한국은 과거 식민 시절의 착취에 시달렸던 나라도 문화적 역량을 지닐 수 있고, 자력으로 쟁취한 민주화를 통해 개화한 문화적 내용으로 다른 나라를 매혹할 수 있는 문화적 주체가 될 수 있음을 보여줬다"(정진우 2023에서 재인용).14 요컨대, 콘텐츠는 스마트파워의 높이를 보여준다. 그것은 서양 근대의 가치 목록을 비판적으로 점검하고 재구성하며 인류 보편의 가치를 창조한다는 의미를 지닌다.

서양의 근대를 건설한 아톰, 디지털 대전환을 이끈 비트, 그리고 새로운 기술·사회 조건에서 소비되는 아트. 이제 다시 가치의 인문학이 비트를 매개로 아톰을 재편하고 있다. 가치 프레임워크가 힘을 발휘할 수 있는 시대가 된 것이다.

VI. 결론

---

14. 한류 혹은 K컬처가 과연 소프트파워의 긍정적 사례인지 의문이 있을 수 있다. 이에 대해서는 논란이 있을 수밖에 없고 길고 자세한 논의가 필요하다. 지면의 제약으로 충분히 다루지 못한 점은 아쉽다. 다만, 서양 제국주의 패권의 상징인 할리우드의 쇠락과 맞물려 식민지 경험을 했던 나라 사람들의 공감대를 끌어내고 있다는 점은 K컬처를 평가하는 출발점이 된다고 본다.

지금까지 디지털 대전환의 의미를 초연결과 디지털퍼스트 개념을 통해 살폈다. 일단 정보통신 인프라가 구축되고, 개인 디지털 기기가 보급되고, 물류망이 확보되는 등 물질적 조건이 갖추어진 후, (1)모든 개인이 온라인에 상시 연결되었다는 의미의 초연결 상황, 그리고 (2)아톰 세계에서 출발하는 아날로그퍼스트가 아니라 비트 세계에서 출발해 아톰 세계를 건설하는 디지털퍼스트가 디지털 대전환의 핵심이었다.

나아가 디지털퍼스트는 얼마나 가치 있는 비트를 구성하느냐는 과제를 남기는데, 여기에서 플라톤 철학에서 니체 미학으로의 전환이 요청되었다. 그렇게 가치 있는 비트는 결국 인간 경험의 유한성과 주목으로 수렴한다. 이는 스마트파워라는 개념을 낳는다.

이 글은 디지털 대전환의 특성과 의미를 파악하고, 기술이 가치에 의해 제어되어야 한다고 제안했다. 앞으로 펼쳐질 세계가 디지털 대전환에 의해서만 규정될 수는 없다. 그렇긴 해도 디지털 대전환이 최근의 중요한 이슈라는 점을 부인하긴 어렵다. 그런 점에서 다소 제한된 범위에서이긴 하지만 이 글은 주제 바깥으로 벗어나지 않으려 하면서 논의를 전개했다.

여전히 해명해야 할 중요한 주제들도 많다. 디지털 시

대에 인간 몸은 어떤 자리에 놓이게 될까, 디지털 기술이 해결할 수 없는 문제들은 무엇일까, 소셜미디어나 플랫폼의 등장으로 확대된 분열된 공동체와 공론장을 어떻게 되살릴 것인가, 디지털 기술로 인해 확대되는 불평등과 탈세, 소유권 등 경제적 문제를 어떻게 풀어야 하나, 자원과 물과 에너지의 착취적 채굴을 어떻게 막을 것인가, 학습 데이터 전처리와 위해 데이터를 솎아내는 일에 종사하는 노동 착취를 어떻게 막아야 하나 등의 문제는 많이 지적되고 있고, 또 풀어야 할 과제로 남아 있다. 이 글은 이런 문제들을 다룰 작은 토대로서 디지털 대전환의 특징을 밝히려 했다. 지면상 이런 문제들은 다른 논의 자리에 넘길 수밖에 없다.

:: 참고문헌

글릭, 제임스. 2017.『인포메이션 — 인간과 우주에 담긴 정보의 빅히스토리』. 박래선·김태훈 역. 동아시아.
김구. 2002.『백범일지』. 도진순 편. 돌베개.
김대한. 2023년 1월 6일.「콘텐츠 수출액 사상 최대, 124억 달러 돌파」.『한韓문화타임즈』. http://www.hmhtimes.com/news/articleView.html?idxno=9492.
김미경 외. 2022.『세븐 테크 — 3년 후 당신의 미래를 바꿀 7가지 기술』. 웅진지식하우스.
김병권. 2025.『AI와 기후의 미래』. 착한책가게.
김재인. 2017.『인공지능의 시대, 인간을 다시 묻다』. 동아시아.
_____. 2021.「들뢰즈 — 생각에 대한 새로운 상과 예술가적 배움」.『이성과 반이성의 계보학』, 철학아카데미 지음, 319~356. 동녘.
_____. 2023.『AI 빅뱅』. 동아시아.
김현중. 2012.『초연결 시대로의 변화와 대응 방향』. 정보통신산업진흥원.
김혜경. 2015.『초연결사회 도래와 사이버물리시스템(CPS)』. 한국정보화진흥원.
남혁우. 2022년 12월 20일.「구글데이터 센터, 美 댈러스 물 4분의 1 쓴다」.『ZDNET Korea』. https://zdnet.co.kr/view/?no=20221220081329#_enliple.
네그로폰테, 니콜라스. 1999.『디지털이다』. 백욱인 역. 커뮤니케이션북스.
노가영·김봉제·이상협. 2022.『2023 콘텐츠가 전부다 — 광고 품은 OTT부터 K-예능과 웹툰 소셜 메타버스의 세계까지 최신 콘텐츠 트렌드 완전정복』. 미래의창.
니체, 프리드리히. 2015.『차라투스트라는 이렇게 말했다』. 김인순 역. 열린책들.
다이고쿠 다케히코. 2016.『정보사회의 철학 — 구글. 빅데이터. 인공지능』.

최승현 역. 박영스토리.

_____. 2022. 『가상사회의 철학 — 비트코인·VR·탈진실』. 최승현 역. 산지니.

데이븐포트, 토머스·존 벡. 2001. 『관심의 경제학 — 정보 비민과 관심 결핍의 시대를 사는 새로운 관점』. 김병조·권기환·이동현 역. 21세기북스.

문화산업정책과. 2024년 1월 5일. 「'22년 콘텐츠 수출액 역대 최대, 132억 달러 돌파 : 2022년 기준 콘텐츠산업조사[2023년 실시] 결과 발표」(문체부보도자료). 〈문화체육관광부〉. https://www.mcst.go.kr/kor/s_notice/press/pressView.jsp?pSeq=20764.

박성순·조광섭. 2021년 6월 16일. 「Digital Transformation의 성공적 시작」. 『Samsung SDS 인사이트 리포트』. https://www.samsungsds.com/kr/insights/dta.html.

박안선. 2022. 「디지털 전환 개념 연구」. 『한국콘텐츠학회 종합학술대회 논문집』, 3~4.

볼, 제임스. 2021. 『21세기 권력 — 인터넷을 소유하는 자 누구이며 인터넷은 우리를 어떻게 소유하는가』. 이가영 역. 다른.

손상영·이시직·조성은·김희연·양수연·오태원. 2017. 『초연결사회의 지속가능성을 위한 사회문화적 조건과 한국사회의 대응(Ⅲ) 총괄보고서』. 정보통신정책연구원.

아우어바흐, 데이비드. 2021. 『비트의 세계 — 프로그래머의 눈으로 본 세상』. 이한음 역. 해나무.

올롭스키, 제프. 2020. 〈소셜 딜레마〉. 넷플릭스 제작. (영화)

우찬제. 2015. 『초연결사회의 소통 상황에 대한 인문학적 성찰과 감성 교육 방안 연구』. 경제·인문사회연구회.

이광석. 2022. 『디지털 폭식사회』. 인물과사상사.

이시다 히데타카. 2017. 『디지털 미디어의 이해 — 플랫폼과 알고리즘의 시대 읽기』. 윤대석 역. 사회평론아카데미.

이호영·김사혁·김희연·김예란·문상현·이항우·최항섭. 2015. 『케넥티드 사회의 구조변동』. 정보통신정책연구원.

이호영·김희연·김사혁·최항섭. 2015. 『초연결사회의 지속가능성을 위한 사회문화적 조건과 한국사회의 대응(Ⅰ) 총괄보고서』. 정보통신정책연구원.

이호영·김희연·장덕진·김기훈·백종원·박윤중·강동현. 2015. 『스마트모바일의 전면화 경향과 초연결사회로의 길』. 정보통신정책연구원.

이호영·이시직·이재현·김영생. 2016. 『초연결사회의 지속가능성을 위한 사회문화적 조건과 한국사회의 대응(Ⅱ) 총괄보고서』. 정보통신정책연구원.

정진우. 2023년 1월 16일. 「한국, 신냉전 뚫을 무기는 한류…미·중에 다 통할 '기회의 창'」. 『중앙일보』. https://www.joongang.co.kr/article/25133864.

주영민. 2019. 『가상은 현실이다 — 페이스북, 알파고, 비트코인이 만든 새로운 질서』. 어크로스.

크로포드, 케이트. 2022. 『AI 지도책』. 노승영 역. 소소의책.

플라톤. 2020. 『파이돈』. 전헌상 역. 아카넷.

플로리디, 루치아노. 2022. 『정보 철학 입문』. 석기용 역. 필로소픽.

Deleuze, Gilles. 1962. *Nietzsche et la philosophie*. Paris : PUF.

ITCandor. June 17, 2020. "Cloud Computing – 18% Growth to $260b in the Year to March 2020." *ITCandor*. https://www.itcandor.com/cloud-q1-2020/.

_____. November 21, 2017. "Cisco, HP, Dell – Cloud Serviece Laggards, Falling Enterprise IT Market Shares." *ITCandor*. https://www.itcandor.com/cloud-suppliers/.

Statista. n.d. "Number of Internet Users Worldwide from 2005 to 2021." *Statista*. https://www.statista.com/statistics/273018/number-of-internet-users-worldwide/.

TeleGeography. n.d. "Submarine Cable Map." *TeleGeography*. https://www.submarinecablemap.com/.

2장 디지털 도시화와 탈/재물질화

신유물론으로 읽는 관계적 공간

이현재

1. 디지털 도시화와 공간/물질 개념의 혼란

에드워드 소자Edward W. Soja는 디지털 매체의 도입 및 정보화 등과 함께 완전히 새로운 도시화 과정이 나타나며 이를 제대로 분석하기 위해서는 공간에 대한 완전히 새로운 이해방식이 필요하다고 보았다. 그러나 디지털 도시 공간에 대한 학자들의 논의는 여전히 혼란스럽다. 한편에서는 디지털 매체의 도입과 함께 도시공간이 탈영토화되었다고 하고, 다른 한편에서는 재영토화 또는 재물질화되었다고 표현하기도 한다. 그렇다면 각각의 과정은 무엇을 의미하는가? 디지털 도시화는 영토를 잃고 부유하는 가상적인 세계가 되었음을 의미하는가? 영토의 재배치와 재물질화는 어떻게 다른가? 새로운 도시화 과정이 탈/재영토화와는 다른 새로운 물질성을 갖는다면 그것은 어떤 '물질'을 의미하는 것인가?

이러한 물음들에 답하기 위해 필자는 이 글에서 우선 소자와 함께 디지털 도시화 과정을 "실재적이자상상적인 것의 뒤얽힘과 혼란의 증가"growing confusion and fusion of the realandimagined 과정으로 정의하고자 한다. 그리고 그가 말하는 탈/재영토화가 궁극적으로는 '영토'라는 물질성을 넘어서는 탈/재물질화 과정을 포함한다는 것을 주장할 것이다. 다음으로 필자는 데이비드 하비David Harvey와 함께 절대적·상대적·관계적 공간 개념을 살펴보고, 디지털 도시화는 관계적 공간 개념을 통해서야 제대로 파악될 수 있음을 보여줄 것이다. 나아가 필자는 '관계적 공간'이 영토를 중심으로 하는 공간의 물질성을 넘어서는 '새로운 물질성'을 전제로 할 때 제대로 분석될 수 있음을 밝히고, 새로운 물질과 그 정치적 의미를 캐런 버라드Karen Barad의 신유물론에 나타나는 새로운 물질 및 공간 개념을 통해 설명하고자 한다. 버라드의 신유물론을 적용하여 보면, 디지털 도시는 물리적·사회적·가상적 공간들, 인간과 비인간 그리고 계급·젠더·인종 등의 물질들이 서로 얽혀 회절적으로 내부작용하는 자기-조직적 시공간물질화로 파악될 수 있다. 이는 궁극적으로 어떻게 디지털 도시화 과정에서 정치적 변화와 저항이 가능한가를 설명하는 실마리를 제공한다.

2. 디지털 도시화와 재물질화

일반적으로 도시란 "시장의 법칙에 따르는 사람들이 물리적 또는 상징적으로 만나는 공간"(Balibar and Wallerstein 1991, 64)이다. 지리학이나 사회학에서 도시는 물리적 공간, 즉 정치경제적 만남을 위한 건조 환경이 집약된 영토로 이해되는 경향이 강했다. 가령 자본의 흐름과 인구의 이동을 강조하는 '세계 도시'나 '글로벌 시티', 지구화 시대의 도시공동체성을 모색하는 '글로벌폴리스'globalpolis [1] 담론에서 도시는 로스엔젤리스나 서울 등 어떤 지도 위의 고정된 좌표로 나타낼 수 있는 지역이나 영토였다.

그러나 정보 도시론을 제시한 마누엘 카스텔Manuel Castells에 따르면 디지털 시대 정보혁명과 함께 우리는 영토라기보다는 네트워크 속에서 살게 되었다. 도시는 이제 고정된 물리적 장소 개념만으로는 설명될 수 없는 상징적 접점 또는 정보흐름의 결절점이 된 것이다. 카스텔은 정보도시 이론을 개진하면서 장소에 기반한 공동체가 "상호작용을 조직화하는 중심형태로서의 네트워크로 대체" 되고 있다고 주장한다(Castells 2001, 127). 이러한 네트워크는 "가상의 공동체, 즉 로스N. Rose가 말하는 '개개의 성원이 활동가의 언사, 문화적인 생산물, 미디어 이미지라는 비지리적인 공간(필자의 강조)에 의해 구축된 동일화를 통해서 하나로 연결되는 경우에 한해 존재하는' 공동체"(나오키

---

1. '글로벌폴리스'(globalpolis)라는 개념은 서울시립대 도시인문학연구소의 HK 사업(2007년 11월~2016년 8월) 아젠다 "글로벌폴리스의 인문적 비전"에서 제안한 것으로, 고립된 개인들이 자신의 이익을 최대화하기 위해 만나 형성되는 '글로벌 시티'가 정치공동체로서의 폴리스가 가졌던 공동체의 성격을 결여하고 있음을 비판하고 미래 도시공동체의 가능성을 마련하기 위해 고안된 개념이다.

2008, 71)다.

에드워드 소자는 『포스트메트로폴리스』 2부 도입 부분에서 이러한 새로운 도시화 과정을 '포스트메트로폴리스'로의 전회로 명명하는데, 여기서 포스트메트로폴리스는 웹, 인공지능, 넷스케이프, 디지털 커뮤니티 등으로 나타나는 정보혁명과 깊게 관련된다. 소자는 셀레스테 올랄퀴아가Celeste Olalquaga의 말을 인용하면서 오늘날 도시와 몸 그리고 정체성은 "컴퓨터 화면과 비디오 모니터의 지형"에 점점 더 깊이 얽혀가고 있다고 한다(Soja 2000, 151).

소자는 실재 영토에서 네트워크로 전환되는 포스트메트로폴리스를 "영토적 와해" 또는 "탈영토화"deterritorialization가 일어나는 곳이라고 표현한다(같은 곳). 그에 따르면 탈영토화는 오늘날만의 현상은 아니지만 그 영향이 오늘날처럼 강렬하고 광범위했던 시대는 아마도 없었다(같은 책, 152). 지구화 담론에서 탈영토화가 발전된 교통과 통신을 통해 지리적 한계를 극복하는 것을 의미했다면, 포스트메트로폴리스의 "탈영토화"는 디지털 매체가 탄생시킨 사이버공간을 채우고 있는 "시뮬레이션"이나 "이미지"의 흐름과 관련되어 있다. 가령 소자는 『포스트메트로폴리스』의 마지막 장에서 "심시티"sim city를 서술하는데 여기서 사이버공간은 장 보드리야르가 말했던 지시체가 없는 시뮬레이션의 공간이다. 우리는 디지털화와 함께 궁극적으로 실재의 재현도, 모사도 아닌 그 자체가 기원이 되는 시뮬레이션의 세계에 살게 되었다는 것이다. 즉 네트워크로서의 도시에서는 "현실의 기호와 시뮬레이션이 실재 그 자체를 대체하게 된다"(같은 책, 329).

시뮬레이션은 더 이상 하나의 영토도, 지시되는 존재도, 실체도 아니다. 이는 기원이나 실체가 없는 현실, 하이퍼리얼의 모델들에 의해 만들어진 것이다. 영토는 더 이상 지도에 선행하지도, 그것을 견뎌내지도 않는다. 따라서 지도가 영토에 선행한다. 시뮬라크라의 선행, 즉 지도가 영토를 만들어낸다. (Baudrillard 1983, 1~2 : 소자 2019, 311에서 재인용)

크리스틴 보이어M. Christine Boyer 역시 마이클 베네딕트가 편집한 『사이버공간 — 첫걸음』에서 "지리학의 새로운 에테르화"(Soja 2000, 337)라는 문구를 가져와 시뮬레이션을 새로운 도시화 과정의 핵심으로 표현한다. 보이어에 따르면 "이러한 혁명적 전환은 말 그대로 전통적인 서구의 기하학적 공간, 노동, 도로, 건물, 기계를 새로운 형태의 도해로 대체"(Boyer 1996, 14~15)했다. 보이어는 이러한 전환이

"한때 우리의 아이콘과 이미지를 저장했던 공간적 용기를 궁극적으로 돌이킬 수 없는 방식으로 삭제하는지…우리의 기억이 한때 깊이 감동을 받던 밀랍이 탈물질화되는 것인지…상징적으로 폭발하여 사이버공간이라는 희생적 영역, 무의 영역이 되는 것인지"(Soja 2000, 244)를 묻는다. 그리고 디지털 도시화의 과정에서 "도시공간의 딱딱한 물질성은 증발"한다고 본다. 그는 이 전환을 탈영토화로 보고 이에 냉소적인 태도를 취한다.

그러나 소자는 보이어와 달리 새로운 도시화 과정에 "재영토화"가 진행되고 있음에 주목한다. 소자는 디지털 시대 도시적 삶이 경계가 모호한 탈영역적 네트워크에 의해 영위된다고 하더라도 영토적 도시가 완전히 없어지는 것은 아니며 단지 "장소에 대한 밀착성이 약화"the weakening attachments to place(같은 책, 251)될 뿐이라고 본다. 그리고 장소 밀착성이 약화됨에 따라 도시의 영토는 다른 양태로 "재영토화"된다고 본다.

여기서 그가 말하는 "재영토화"란 도시의 재배치 즉 다중심화를 의미한다. 가령 디지털 도시화와 함께 우리는 플랫폼의 이미지를 통해 소비하는 일이 잦아졌지만, 플랫폼에서 팔리는 상품 역시 생산과 유통 그리고 저장을 위한 물리적 공간을 필요로 한다. 인터넷 플랫폼을 가동시키기 위해서는 라인과 저장고와 같은 물리적 공간이 필요하다는 것이다. 물론 영토의 배치 양상은 과거와 다르다. 상품이 가게가 아니라 온라인 플랫폼을 통해 유통되는 시대에, 도심은 슬럼으로 변모하는 반면 도시의 외곽에는 창고업체 및 택배사가 들어선다.[2] 이것은 하나의 중심을 갖는 도시권이 아니라 다양한 중심을 갖는 분산적 도시 영토의 재현을 의미한다. 즉 도시의 영토는 "다중심적"으로 변해 간다. 이에 소자는 다음과 같은 체임버스의 문구를 인용한다.

> 기존의 도시는 경계가 뚜렷한 경제적, 정치적, 사회적 단위로서 농촌 공간과 쉽고도 명확히 구분될 수 있었지만, 오늘날 서양의 메트로폴리스는 그 '다른 곳들'elsewhere을 자기 자신의 상징적 구역 속으로 끌어들이고 있다. 시골과 교외는 전화, 텔레비전, 비디오, 컴퓨터, 기타 대중매체 등을 통해 연결되어 있으며, 이 결과 많은 사람들이 공유하는 세계들이 분산적으로 들어서는 곳이 되어가고 있다. 도시들은 조밀한 메트로폴리스 네트워크 속에서 점차

---

2. 2장의 이 부분까지는 Hyun-Jae Lee, "Digitalpolis and 'Safe' Feminism: Focusing on the Strategies of Direct Punishment and Gated Community", *Journal of Asian Sociology*, Vol. 52, Number 1, March 2023, pp. 85~90을 재구성한 것이다.

교차점, 정거장, 결절점으로 변해가고 있고, 이러한 네트워크의 경제적, 문화적 리듬과 그 유연적 중심감은 더 이상 유럽이나 북아메리카에 그 토대를 두는 것이 아니다. (Chambers 1990, 53 : 소자 2019, 28~9에서 재인용)

그러나 필자는 한 발 더 나아가 소자가 새로운 도시화 과정을 설명할 때 재영토화(다중심화) 외에도 "재물질화"rematerialization(다공적 물질화)를 언급하고 있음에 주목하고자 한다. 소자에 따르면 포스트메트로폴리스는 "탈영토화deterritorialization와 재영토화reterritorialization의 동시적 상호작용"(Soja 2000, 151) 속에 있는데, 이 과정 속에서 도시공간은 영토적 공간과 시뮬레이션 공간이 뒤엉켜 상호작용 하면서 실재와 상상의 경계가 모호한 "다공질"의 물질로 변모하게 된다. 새로운 도시화 과정에서는 영토로서의 도시와 시뮬레이션된 도시, 시골과 도시, 내부와 외부의 구분이 흐릿해질 뿐만 아니라 서로의 관계 속에서 각각의 항은 변화하게 된다. 사이버공간을 통한 접속은 도시의 삶이 가능한 시골을 만들어 낸다. 시뮬레이션된 도시는 현실 도시의 건설, 운영 등에도 영향을 미치면서 어느 것이 더 원본인지를 헷갈리게 만든다. 여기서 공간의 물질성은 사라지는 것이 아니라 다공질의 물질로 재구성된다. 소자는 새로운 도시화에서 특징적으로 나타나는 이러한 "실재적이자 상상적인 것의 뒤얽힘과 혼란의 증가"growing confusion and fusion of the realandimagined(같은 책, 325)를 하이퍼리얼리티hyperreality라고 명명한다.

이로써 분명해지는 것은 디지털 도시화가 딱딱한 물질성과 뚜렷한 경계를 갖는 영토로서의 도시 공간을 넘어 실재와 상상이 구멍을 통해 뒤엉켜 있는 새로운 하이퍼리얼리티의 공간으로 우리를 데려간다는 것이다. 여기서 띄어쓰기가 되어 있지 않은 "실재적이자상상적인 것"the realandimagined은 서로 분리되었다가 관계를 맺는 존재가 아니라 처음부터 서로 엉켜있다. 이는 실재이긴 하지만 가상/실재, 사회/영토와 같은 이분법 안에서의 실재나 영토와는 다른 존재의 양식이다. 이는 단순히 가상만을 의미하지도 않는다. 가상은 실재와 얽혀 새로운 물리적 경관을 만들어내기 때문이다. 따라서 "영토"나 "탈영토"의 개념만으로는 이분법을 넘어서는 뒤엉킨 공간의 양식을 충분히 표현할 수 없다. 딱딱한 물질성이나 뚜렷한 경계로서의 영토성을 넘어서는 이러한 새로운 도시 공간을 우리는 어떻게 이해할 수 있을 것인가? 그것은 어떤 의미에서 공간이며, 또 어떤 의미에서 여전히 "물질"인가? 이에 필자는 이러한 뒤엉킴의 "재물질화" 과정을 데이비드 하비의 관계적 공간 개념과 캐런 버라드의 물질-공간이론을 통해서 좀 더 자세히 살펴보고자 한다.

3. 관계적 공간으로서의 디지털 도시

"실재적이자 상상적인 것의 뒤얽힘과 혼란의 증가"가 일어나는 디지털 도시는 어떤 공간인가? 디지털 도시화가 영토의 재배치나 재구조화 이상의 재물질화를 수반한다면, 이는 여전히 어떤 '물질'을 의미하는가? 실재와 가상, 내부와 외부가 뒤엉킨 디지털 도시 공간의 물질성은 영토와 같은 물리적 물질과 어떻게 다른가? 이러한 물음에 대답하기 위해 필자는 이 절에서 도시지리학자 데이비드 하비David Harvey와 함께 다양한 공간 개념을 살펴보고, 디지털 도시 공간은 절대적, 상대적 공간 개념보다 관계적 공간 개념을 통해서 가장 잘 설명될 수 있음을 주장하고자 한다. 이 과정은 관계적 공간이 전제로 하는 새로운 물질성이 무엇인지를 규명하는 다음 장에서의 작업을 위한 토대가 될 것이다.

일찍이 알베르트 아인슈타인Albert Einstein은 공간에 대한 대립된 두 가지 이해방식이 있다고 보았다. 하나는 '용기'로서의 공간인데 여기서 공간은 담겨지는 물체와 분리되어 있는, 물체보다 우선적인 상위의 실재realität으로 나타난다(Einstein 1960, XIII : 슈뢰르 2010, 31에서 재인용). 다른 하나는 물체세계의 저장성질Lagerungsqualität로서의 공간인데, 이 경우 공간은 물체들의 관계이며 따라서 물체가 없는 공간은 생각할 수 없다.

마르쿠스 슈뢰르Markus Schrör는 이를 각각 "절대주의적absolutistische 공간"과 "상대주의적relativistische 공간"이라고 부르면서 각각의 개념과 관련된 사상을 소개한다. 슈뢰르에 따르면 절대주의적 공간 개념은 무엇보다도 아리스토텔레스의 『자연학』에 나오는 용기로서의 '장소'place와 관련되어 있다. 여기서 장소는 "어떤 것을 포괄하는 물체의 경계"로서 "대상물 (자체)의 어떤 조각이 아니며", "그 사물로부터 분리될 수" 있다(Aristoteles 1995, 81, 211a, 212a : 슈뢰르 2010, 35에서 재인용). 공간은 물체를 담고 있는 용기와 같은 것으로, 물체로부터 분리되어 그 자체로 존재할 수 있는 경계 또는 영토이다.

절대적 용기 공간에 대한 생각은 계몽주의 시대에 이르러 뉴턴의 절대공간으로 이어진다. 뉴턴의 절대공간이란 "외적 사물과는 관계없이 항상 동일하며 부동하고, 그럼으로써 변하지 않은 채 머물러 있는 것"이다(슈뢰르 2010, 39). 여기서 공간은 물체와 상관없이 동질적이며, 부동의 상태로 그 자체로 존재한다. 따라서 절대공간과 연관된 용기 공간 개념은 어떤 경우에도 "명확하고 정확하게 경계 짓고, 확신과 결연함을 가지고 분류 지을 수 있다"(같은 책, 42)는 특징을 갖는다. 뉴턴에 따르면 이러한 공간은 모든 곳에 존재하는 "신의 감관"(같은 책, 41)에 의해 지각된 공간이기에 균질하고 절대적이다.

그렇다면 이와 대립되는 것으로 이해되는 상대주의적 공간은 어떠한가? 절대적 공간과 달리 상대주의적 공간은 물체 또는 대상들의 관계이기에 물체를 떠나 생각될 수 없다. 뉴턴에 반대하면서 라이프니츠는 시공간이 어떤 물리적 또는 형이상학적 실재가 아니라고 본다. 라이프니츠에게 공간은 물체들 간의 "위치관계"이다(Cassirer 1950/1969, 158: 슈뢰르 2010, 44에서 재인용). 어떤 물체는 어떤 다른 물체에서 볼 때 이 장소 또는 저 장소에 있는 것이다. 이에 따르면 공간은 보는 기준점에 따라, 물체들이 맺고 있는 관계에 따라 상대적으로 다르게 구성된다.

이러한 라이프니츠의 생각을 물리학적으로 밀고 나아간 사람은 바로 아인슈타인이다. 그는 공간과 그 속에 존재하는 물체가 분리될 수 없다고 생각했기에 그 자체로 존재하는 용기 공간 개념을 비판하면서 공간을 물체세계의 저장성질이나 관계적 질서로 파악할 것을 제안한다. 물체가 없는 공간이 무의미하기에 공간은 언제나 그때그때의 관찰자(물체)의 기준(속도)에 따라 "상대적으로 확정"될 수 있다. 상대적 공간 개념에서 인간의 몸이나 기계가 중요한 것은 몸과 장치 그리고 속도가 존재의 위치를 정하는 데 영향을 미치기 때문이다. 빨리 달리는 몸은 느리게 달리는 몸과 다른 휘어진 공간을 구성한다. 이런 점에서 상대적 공간은 언제나 상대적 시공간이다.

슈뢰르에 따르면 사회학 분야에서 절대적 용기 공간 개념은 "공간적인 배치가 행위자에 미치는 영향을 기술"할 수 있다는 점에서 자주 사용되었다(슈뢰르 2010, 196). 여기서 딱딱한 물질이자 뚜렷한 경계로서의 영토적 공간은 행위자 또는 물체로부터 독립적으로 존재하는 물리적 구조로서 행위자들의 존재에 막강한 영향을 미치는 것으로 전제된다. 그러나 용기-공간 개념은 사회적 관계와 존재들의 행위가 공간에 미치는 영향력을 설명하지 못한다. 이에 사회학자들은 상대적 공간 개념을 받아들이면서 도시 공간을 단순한 용기 공간이 아닌 사회적 관계가 반영된 곳으로 또는 양자가 상호작용하는 공간으로 이해하기 시작했다. 가령 게오르그 짐멜Georg Simmel은 물리적 공간을 사회적으로 생산된 것이자 동시에 인간의 사회생활에 영향을 주는 것으로 이해하고자 했다. 피에르 부르디외Pierre

Bourdieu에 따르면 "하비투스를 만드는 것은 하비타트이지만 하비타트 역시 일정한 사회적 구조"에 기인한다(같은 책, 101).[3]

그러나 절대적 혹은 상대적 공간 개념을 통해 디지털 도시 즉 "실재적이자 상상적인 것의 뒤얽힘과 혼란의 증가"로서의 디지털 도시화를 설명할 수 있을까? 데이비드 하비David Harvey에 따르면 불가능하다. 절대적 공간은 균질적인 것으로 가정되기 때문에 실재와 가상의 뒤얽힘에서 나오는 공간의 다공성과 변화를 설명하지 못하며, 상대적 공간 개념은 단 하나의 관점과 기준에서 재현된 공간이기에 다양한 관점들이 뒤엉켜서 만들어지는 공간의 물질성을 설명하지 못한다. 상대적 공간은 가령 금융의 흐름과 같은 하나의 특정한 사회적 관계의 관점에서 글로벌 시티가 어떻게 구성되는지를 설명할 수는 있지만, 금융의 흐름이 여타의 다른 사회적 관계들의 뒤얽힘 속에서 어떻게 뒤엉키고 있는지를 분석할 수 없다.

이에 하비는 라이프니츠로부터 세 번째 공간 개념, 즉 "관계적 공간"을 도출해 낸다.[4] 그가 새롭게 제안하는 관

---

3. 그 밖에도 공간 개념의 구분과 관련해서는 이현재 2012를 참고하시오.
4. 아인슈타인과 달리 하비는 라이프니츠의 공간 개념을 아인슈타인의 상대적 공간 개념으로부터 분리해 낸다.

계적 공간의 기존의 공간 개념들과 어떻게 다른지를 이해하기 위해서 하비가 『신자유주의 세계화의 공간들』에서 서술하는 세 가지 공간이 어떻게 다른지에 주목해 보자.

> 만약 공간을 절대적인absolute 것으로 간주한다면 공간은 물질과 독립적인 존재를 지닌 '물 자체'가 된다. 그렇다면 공간은 우리가 현상들을 집어넣거나 또는 개별화하기 위해 사용할 수 있는 구조를 지니게 된다. 상대적 공간relative space이라는 관점은 공간이 대상들 사이의 관계로서 이해되어야 한다고, 오직 대상들이 존재하고 서로 관련되어 있기 때문에 공간이 존재하는 것이라는 주장을 한다. 공간을 상대적으로 볼 수 있는 또 다른 의미도 있는데 나는 이를 관계적 공간relational space이라고 부르고자 한다. 라이프니츠의 방식을 따라 이는 한 대상이 자기 안에 다른 대상들과의 관계들을 이미 포함하고 나타내고 있는 한에서만 그 대상이 존재한다고 말할 수 있다는 의미에서 대상들 안에 포함된 것으로서 볼 수 있는 공간이다. (Harvey 1973, 13: 하비 2008, 192~3에서 재인용)

하비에 따르면 상대적 공간은 주로 아인슈타인의 상대적 원리와 관련하여 설명될 수 있는데, 여기서 공간은 "누구의 관점에서 상대화되고 있는지에 따라 공간적 틀이 결정적으로 달라진다는 의미에서"(하비 2008, 194) 상대적이다. 그러나 각각의 관점에 따라 구성된 시공간들은 서로 관계를 맺고 있지 않다. 이와 달리 관계적 공간에서 한 대상은 자기 안에 하나의 관계가 아니라 "다른 대상들과의 관계들을 이미 포함"하고 있다. 관계적 공간은 이 공간에 속한 비인간과 인간들의 다층적 관계들 즉 도로와 건물, 사람들이 현재, 과거, 미래의 공간에서 맺고 있던 모든 관계로부터 축적된 경험적 데이터와 이질적 영향들이 응결된 지점이다(같은 책, 204). 이런 맥락에서 관계적 공간으로서의 도시는 도시과정의 "집합적 기억"(같은 책, 200)이라고 할 수 있다. 관계적 공간 개념을 통해 비로소 도시 공간은 도시과정에서의 다양한 관점과 경험들이 중층적으로 응결되는 지점으로 이해될 수 있다. 관계적 공간의 특징은 곧 뒤엉킴인 것이다.

이로써 분명해지는 것은 소자가 말한 "실재적이자 상상적인 것의 뒤얽힘과 혼란의 증가"로서의 디지털 도시화는 하비의 관계적 공간 개념을 통해 비로소 설명될 수 있다는 것이다. 관계적 공간은 하나의 사회적 관계의 관점에서 구성되거나 분석된 상대적 공간 재현이 아니라, 물리적 공간, 사회적 공간, 가상공간이 서로 엉키는 공간이다. 즉 관계적 공간은 대상이 맺고 있는 다양한 관계들의 교차적 얽힘을 보여주는 공간 개념이다. 디지털 도시는 다양한 건조환경이 집약된 물리적 존재이자 생산 및 소비 관계를 반영하는 사회공간이며 디지털 네트워크를 통해 다양한 이미지들이 유통되는 상상의 공간이다. 이런 점에서 소자가 말하는 실재와 상상이 뒤섞이는 하이퍼리얼리티를 특징으로 하는 디지털 도시는 관계적 공간 개념을 통해서 가장 잘 파악될 수 있다.

그렇다면 물리적 영토와 사회적 관계 그리고 가상의 이미지들이 서로 엉키면서 만들어낸 관계적 공간의 물질성은 어떻게 이해될 수 있는가? 디지털 도시화가 탄생시킨 도시공간은 여전히 물질적 공간인가? 영토가 아닌 물질적 공간을 말할 수 있는가? 현재, 과거, 미래의 기억이 응결된 물리적, 사회적, 가상적 공간들의 얽힘으로서의 디지털 도시공간을 여전히 물질적이라고 할 때 그것은 어떤 물질 개념을 필요로 하는가? 관계적 공간은 절대적 공간이나 상대적 공간과 달리 어떤 새로운 물질성을 갖는가?

4. 관계적 공간의 새로운 물질성

이에 필자는 이 절에서 데이비드 하비와 함께 각각의

공간이 전제로 하고 있는 물질성이 어떤 것인지를 살펴보고자 한다. 하비는 절대적, 상대적, 관계적 공간 개념 각각을 앙리 르페브르Henri Lefevre가 말하는 물질적 공간(경험적 공간), 공간의 재현(개념공간), 재현의 공간(체험공간)과 교차시키는 가운데 표를 만들어내는데 여기서 각각의 공간 개념은 각각 다른 물질적 공간과 연관되어 있다(같은 책, 217). 다시 말해서 하비는 절대적 용기 공간만 물질적이라고 보지 않고 각각의 공간 개념과 관련하여 경험되는 물질적 특성을 구분하고 있는 것이다. 절대적 공간, 상대적 공간, 관계적 공간 개념을 각각 물질적 공간과 교차시키는 지점에서 하비가 무엇을 언급하고 있는지를 추려내면 다음의 표와 같다.

	물질적 공간(경험적 공간)
절대적 공간	벽, 다리, 문, 계단, 바다, 천장, 가로, 건물, 도시, 산, 대륙, 수역, 경계석, 물리적 경계와 장벽, 폐쇄적 주거단지 …
상대적 공간 (시간)	에너지, 물, 공기, 상품, 사람, 정보, 화폐, 자본의 순환과 흐름 ; 가속과 거리 마찰의 감소
관계적 공간 (시간)	전자기장의 흐름과 장, 에너지 ; 사회적 관계들 ; 지대와 경제성장 잠재성 ; 공해의 집중화 ; 에너지 잠재력 ; 소리, 냄새, 미풍을 타고 표류하는 감각

하비에 따르면 물질적 공간은 "물리적 접촉과 감각에 기반한 지각과 경험의 공간"이다(같은 책, 209). 가령 절대적 공간 개념에 따라 경험되는 물질적 공간은 벽, 다리, 계단, 바닥, 도시, 대륙, 물리적 경계와 장벽, 폐쇄적 주거단지 등이 있다. 가족들이 사는 집이나 각종 단체들이 들어선 건물들, 기계, 공장과 교통인프라가 집중되어 있는 도시 그리고 발 딛고 구획할 수 있는 국가의 영토 역시 물질적 공간들이다.

하비에 따르면 사회적 관계나 행위자의 관점에 따라 다르게 재현되는 상대적 공간도 물질적 공간으로 경험된다. 위의 표에서처럼, "에너지, 물, 공기, 상품, 사람, 정보, 화폐, 자본의 순환과 흐름" 등과 관련하여 경험되는 공간은 상대적 물질적 공간이다. 상대적 공간은 절대적 공간과 달리 고정되기보다 흐르고 있으며 특정한 하나의 관심과 관계 속에서 경험된다. 에너지, 물, 공기는 가령 기온과 관련하여 흐르면서 지형도를 구성한다. 하비에게는 상품, 사람, 정보, 화폐, 자본의 순환과 흐름처럼 정치경제의 관점에서 파악될 수 있는 위상학도 상대적으로 경험되는 물질적 공간이다. 이런 점에서 하비는 자본의 순환에 관심을 두는 맑스주의 정치경제학도 상대적 공간 개념에 기반해 있다고 본다. 하비에 따르면 정보 역시 상대적으로 경험되는 물질적 공간이다.5 가령 주식의 가치와 관련된 정보에 관심을 기울이면 그 정보가 어떤 식으로 흐르는지에 대한 지형도를 마련할 수 있다. 루치아노 플로리디가 질료나 에너지 외에도 정보를 물질로 받아들이고 유물론을 전개해야 한다고 주장했다면(Floridi 2009, 13~53), 하비는 정보의 흐름을 상대적 물질적 공간으로 이해하고 논지를 전개한다.

하비가 제시하는 상대적 공간의 사례에 따르면 자본주의 개발업자들은 교환관계의 논리에 따라 부지의 상업적 개발 가치에 따라 지도를 그린다. 필자는 여기서 하비가 설명하는 부지는 그 자체로 사회적 관계와 관련 없이 존재하는 영토가 아니라 상업적 가치라는 관점에 따라 판단되고 구성되는 장소이며, 그런 점에서 상대적으로 경험된 부지는 단순한 영토가 아니라 이분법을 넘어서는 사회-물질이라고 본다. 다른 말로 표현하자면 여기서 공간은 물리적 공간과 사회적 공간의 상호작용에 의해 생산된 "사회-물질"(버라드) 또는 "물질-기호"(해러웨이)다. 이는 정보의

---

5. 물론 맑스의 자본 공간이 상대적 공간인지에 대한 논쟁은 여전히 있을 수 있다. 맑스의 이론이 자본의 공간을 여타의 다른 관점과 교차시키고 있느냐 아니냐가 그 핵심적 쟁점이 될 것이다. 하비는 자본이라는 하나의 관점에서 구성되는 상대적 공간과 자본과 인종, 성별 등이 교차되면서 만들어지는 관계적 공간을 구분한다.

흐름으로 파악된 공간 역시 마찬가지다. 가령 주식과 관련된 정보는 부피를 차지하지 않는다는 점에서 탈영토적이지만, 그 정보의 이용으로 인해 도시적 삶의 모습은 바뀐다. 상대적으로 경험되는 물질 공간에서 우리는 담론과 물질, 기호와 물질, 사회와 영토가 서로 연관되어 있는 새로운 물질성을 경험하게 된다.

그러나 앞서 살펴보았듯, 상대적 공간은 하나의 관계, 하나의 관점에만 기반하여 재현된다. 따라서 상대적 공간의 물질성은 다양한 시공과 사회적 관계들이 중첩될 때 만들어지는 시공간의 뒤엉킴을 설명할 수는 없다. 가령 상대적 공간 개념에 기반하는 맑스주의 정치경제학에서 생산이나 소비를 중심으로 구성한 지형도는 젠더, 인종, 섹슈얼리티 등과 관련하여 계급이라는 정체성이 어떻게 생산되고 변형되는지와 같은 문제들을 고려하지 않는다. 상대적 공간 개념은 그러한 정치경제학이 디지털이라는 매체와 중첩될 때 어떤 예상치 못한 파장을 만들어 내는지도 언급하지 않는다.

이와 달리 관계적 공간 개념은 건조환경, 사회적 관계, 매체, 시뮬레이션된 이미지 등 다양한 인간/비인간적 사회-물질들의 뒤엉킴을 고려한다. 관계적 공간은 다양한 힘들이 얽혀 있는 "이종적 집합체"heterogeneous assemblage(Braidotti 2022, 134)를 연상시킨다. 가령 인간의 몸과 같은 공간은 다양한 바이러스와 균이 인간적인 세포와 함께 공존하는 장소이다. 소자는 관계적 물질 공간의 사례로 전자기장을 들고 있는데, 아래에서 버라드와 함께 다시 보겠지만, 전자기장에서 파동은 장애물이 만들어내는 다양한 파동들과의 교차 속에서 예상치 못한 복잡한 흐름을 만들어 낸다. 가령 공해의 집중화가 나타나는 공간에서 공기는 단순한 자연현상이 아니라 자연이 사회적 관계 및 장치와 만나는 가운데 만들어 내는 뒤엉킴의 물질이다. 즉 관계적 공간에서 물질들은 다양한 관계들과의 뒤엉킴 속에서 물질적 공간을 형성한다. 이는 앞서 하비가 뭉크의 〈절규〉에 표현된 다리를 관계적으로 경험된 물질적 공간으로 설명하는 것과 유사하다. 이 그림에서 다리는 단순히 그 자체로 존재하는 절대적 용기 공간이나 하나의 관점하에서 파악될 수 있는 상대적 공간이 아니라, 거기에 서 있는 사람의 기억, 심리적 상태, 사회적 관계, 상상과 뒤엉키는 가운데 휘어지고 색을 입는 뒤엉킨 물질적 공간이다.

하비에 따르면 절대적 공간에서 상대적, 관계적 공간 개념으로 갈수록 경험의 내용적 복잡성이 더해지기에 공간의 예측 역시 더 불확실하다. 따라서 과학적 관점이나 실증주의의 거친 유물론적 성향을 가진 자들에게 관계적 공간 개념은 "저주"(하비 2008, 198)일 수 있다. 그러나 하비 뿐 아니라 화이트헤드, 들뢰즈 그리고 버라드와 같은 철학자들은 변화와 탈주의 정치 가능성을 위해서라도 복잡성을 전제로 하는 관계적 공간 개념이 필요하다고 본다. 관계적 시공간에서 사건들은 서로 복잡하게 뒤엉켜 있기에 그 공간의 물질성은 항상 '단순한' 물질 그 이상이며, 바로 이러한 점에서 관계적 공간은 고정적이고 수동적인 물질을 넘어서 스스로를 조직하는 물질의 가능성을 설명할 수 있게 된다. 만약 도시공간이 단순히 단 하나의 근본적 사회적 관계를 반영하는 건조 환경의 집약이라면 그 물리적 공간을 변화시킬 힘은 그 공간에 존재하지 않는다. 그러나 얽힘과 혼동을 자기 안에 갖는 관계적 공간의 물질성은 수동적이거나 단순한 물질과 달리 그 내부에 생명과 의미를 담는 자기-조직성을 갖는다. 이에 하비는 도시공간이 저항의 정치성을 회복하기 위해서는 도시공간의 관계성에 주목할 필요가 있음을 강조한다.

5. 버라드의 '시공간물질화'와 그 정치적 함의

디지털 도시화가 추동하는 관계적 공간에서 나타나는 물질성은 과학적으로 이해될 수 있는가? 하비가 언급한

"전자기장의 흐름"은 어떤 것인가? 그 과학적 물질성이 갖는 정치적 함의는 무엇인가? 이러한 물에 답하기 위해 필자는 신유물론의 강력한 흐름을 이끌고 있는 캐런 버라드 Karen Barad의 저서 『우주의 중간에서 만나기』Meeting the Universe Halfway(2007)에 나타난 물질 및 공간 개념을 살펴보고 이를 통해 관계적 공간의 새로운 물질성을 좀 더 자세히 설명해 보고자 한다.

버라드는 양자역학에 기반하여, 물질을 각각 분리된 개체로 보는 과학관을 비판하는 데서 출발한다. 양자역학에서 전자의 음극과 양극은 멀리 떨어져 있어도 관계 속에서 현현하기 때문이다. 책의 서문에 따르면 물질들은 개별자로 존재하는 것이 아니라 "얽힘"entanglements을 통해, 얽힘의 부분으로 존재한다. 그에게 물질은 변화하는 관계들의 얽힘이다. 물질은 원자처럼 쪼갤 수 없는 궁극의 입자가 아니라 그 자체가 관계를 통해 존재하는 사건이다.

> 이 책은 얽힘에 관한 것이다. 얽혀 있다는 것은 단순히 분리된 실재들이 만나 서로 얽혀 있다는 것을 의미하는 것이 아니라 독립성이나 자기-충족적 실존을 결여한 채 얽혀 있다는 것을 의미한다. 실존은 개별자의 사건이 아니다. 개별자들은 상호작용 이전에 존재하지 않는다. 오히

려 개별자들은 그들의 얽힌 내부-관계맺음entangled intra-relating을 통해, 그 부분으로 출현한다. (Barad 2007, ix)[6]

버라드의 물질은 서로 얽힘의 관계 그 자체이기에 물질과 의미, 물질과 사회, 물질과 담론은 서로에게 얽혀 융합되어 있다entangled. 이에 버라드는 물질이라는 표현 대신 "사회적 물질들"(같은 책, 237)이라는 표현을 사용한다. 가령 우리가 마주하는 입자는 관측이라는 담론적이고 사회적인 실천이 개입된 물질들이다. 우리가 마주하는 입자는 현상된 존재이다.

> 물질matter과 의미meaning는 분리된 요소들이 아니다. 그것들은 뒤얽혀 함께 녹아 있으며, 아무리 강력한 사건이라 할지라도 그것들을 떼어놓을 수 없다. 심지어 '불가분의'indivisible 또는 '절단불가능한'uncuttable이란 의미의 아토모스ἄτομος라는 이름을 가진 원자조차 분리될 수 있다. 하지만 물질과 의미는 화학적 과정이나 원심분리기 또는 핵폭발에 의해서도 분리될 수 없다. (같은 책, 3)

---

6. 이하 캐런 버라드의 텍스트는 박준영의 블로그에 나와 있는 번역을 참고로 하였다. 블로그 〈철학자 노마씨의 그냥 도서관〉(https://nomadiaphilonote.tistory.com/)

버라드는 현대 물리학자들과 마찬가지로 물질이 관계 속에서 현상하며, 이런 점에서 물질에 대한 지식, 행위, 가치 등이 서로 불가피하게 얽혀 있음을 인정한다. 하이젠베르그의 불확정성의 원리에 따르면 우리는 입자의 위치와 운동량을 동시에 알 수 없기에, 물질에 대한 지식은 위치냐 운동량이냐에 대한 우리의 관심에 따라 다르게 구성된다. 보어의 상보성의 원리에 따르면 위치가 고정되면 운동량은 유동적일 수밖에 없다. 이런 점에서 물질은 어떤 하나의 관계로 말끔히 규명될 수 있는 것이 아니다.

우리가 마주하는 물질은 관심뿐 아니라 관찰 장치들을 통해서도 함께 현상하는 물질이다. 여기서 물질은 담론이나 장치와 분리되어 존재하는, 담론이나 장치의 측정 결과로 산출되는 것이 아니라, 처음부터 담론이나 장치와 함께 자신을 공구성하는 복잡한 관계들의 얽힘이다. 물질은 관계하는 장치, 실천, 관심들과 복잡하게 내부-작용intra-action 7하는 가운데 서로에게 영향을 미치면서 현상하게 된다는 것이다. 이런 점에서 버라드의 행위자 실재론agential realism은 물질성을 담론적 실천의 결과로만 파악하는 포스트

---

7. 버라드는 구분된 존재들이 영향을 주고받는 상호작용(interaction)과 처음부터 엉겨 붙어 있는 것들이 서로 영향을 주고받는 내부작용(intra-action)을 구분한다. 후자에는 외부가 존재하지 않는다. 영향을 주고받는 것들은 처음부터 엉켜 있기 때문이다.

모더니즘이나 후기구조주의 이론과 결별한다. 그에게 물질은 회절적 내부-작용 속에서 차이를 만들어 낸다는 점에서 각각의 요소들이 행위자성을 갖는 실재, 장치, 실천, 관심, 의미 등의 집합체이다.

버라드에 따르면 물질은 다양한 이질적인 힘들이 얽혀 있는 집합체이기에 다양한 결들의 내부-작용은 차이를 만들어 낸다. 버라드는 전자기장에서 차이를 만들어 내는 파동의 결합방식을 회절diffraction이라고 부르는데 이는 투 슬릿two slit 실험에서 잘 설명된다. 이 실험에서 파동으로서의 전자는 두 개의 구멍을 갖는 장애물을 통과하면서 다양한 파동의 움직임으로 퍼져 가는데, 이것이 서로 만나면서 변화의 파동을 만드는 것이 바로 회절이다. 회절은 장치를 거치는 파동들이 중첩될 때 결합하는 방식으로, 파동이 장애물을 만날 때 발생하는 표면적인 굴절 및 분산과도 연관된다. 가령 파도는 다른 파도와 부딪힐 때, 또는 방파제와 만날 때 그 형태가 굴절되어 퍼져 나간다. 여기서 관계를 맺고 있는 파장 그리고 장애물은 서로에게 영향을 준다는 점에서 행위자성agency을 갖는다.

버라드에 따르면 도나 해러웨이는 회절을 반영reflection을 대신할 새로운 지식의 방법론으로 제시한 바 있는데, 그에 따르면 반영은 동일성과 모방에 중점을 두지만 회절은 관계와 차이에 방점을 두는 지식을 가능하게 한다. 이런 점에서 전자기장의 회절 이론은 물질을 단순하고 수동적인 것이 아니라 복잡하고 자기-조직적인 것으로, 관계들의 내부-작용 속에서 차이를 생산해 내는 것으로 볼 수 있게 만든다. 자연은 사회와 얽히면서, 대상은 관찰자와 얽히면서 회절적으로 새로운 파동을 만들어 내며, 이를 통해 변화한다. 이런 점에서 볼 때 캐런 버라드가 제안하는 물질 개념은 고정된 물질이나 좌표가 아니다. 그것은 복잡한 내부-작용과 회절 관계 속에서 차이를 발생시키면서 수행적으로 반복되거나 변화하는 "물질화"mattering(같은 책, ix) 과정이라고 할 수 있다.

그렇다면 캐런 버라드에게 공간은 어떻게 설명되는가? 버라드에게 공간은 물체로부터 분리되어 주어진, 외부에 존재하는 절대적 용기가 아니다. 그는 르페브르나 소자와 마찬가지로 "운동하는 물질을 위한 용기container나 맥락context으로서의 공간"(같은 책, 223)이나 자본의 흐름 및 계급과 같은 정치경제학적 관점에 따른 상대적 공간 개념에 기대고 있는 맑스주의 유물론을 비판한다. 버라드에 따르면 이러한 공간 분석은 충분히 유물론적이지 않다. 왜냐하면 공장과 같은 생산의 공간을 절대적 공간 개념으로 분석하거나 생산이라는 하나의 관계 속에 있는 위상학으로 설명하는 방식은 하나의 관계가 다른 것들과의 교차 속에서 어떻게 내부작용적으로 회절하는지를 설명할 수 없기 때문이다. 다시 말해서 기존의 맑스주의 담론은 관계적 공간 개념에 따른 분석을 할 수 없었다. 이에 버라드는 양자 물리학의 발견을 토대로 새로운 공간 개념을 제시한다.

버라드가 생각하는 시공간은 "신체 생산의 물질-담론적 장치"이다. 여기서 시공간 장치는 물론 물체로부터 분리되어 존재하는 절대적 공간이 아니라 사회적 관계나 의미와 함께 현상하는 상대적 공간이다. 그에게는 시공간 없이는 물체가 있을 수 없으며, 물체가 없이는 시공간적 경험도 없다. 버라드에 따르면, 하나의 관점에서 구성된 상대적 시공간은 그 시공간에서 응결되는 다양한 관점들의 교차적 관계들을 보여주지 못한다. 버라드에 따르면 공간, 시간 그리고 물질은 각각이 행위자성을 갖는 내부-작용의 회절적 절합 속에서 함께 영향을 주고받으며 생산된다. 공간은 "시공간물질화의 되기"becoming of spacetimemattering(같은 책, 234) 과정에서 다양한 행위자들의 내부-작용을 통해 영향을 주고받으며 생산되고 물질화한다. 즉 공간은 다양한 관계들의 반복적 내부-작용을 통해 물질들을 재배치하는 시공간물질화의 동역학을 갖는다. 물질화의 과정에서 물질되기는 현재뿐 아니라 과거와 미래를 포함하며, 공간은 현실적이고 잠재적인 것, 가능한 것과 불가능한 것을 반복적으로 재배치한다. 공간은 복잡한 회절적 내부-작용 안에서 영향을 미치면서 시간 및 물체와 동시에 존재하는 것이기에 "시공간물질 관계의 위상학적 다양체들의 반복적 재배치"를 수행하며, 이를 통해 "살아있음^{aliveness}이라는 새로운 의미"와 관련된 변화의 가능성을 포함한다(같은 책, 235).

버라드의 새로운 물질과 시공간 이론이 어떻게 새로운 정치적 의미를 갖는지를 보려면 그가 제시하는 캘커타 황마 공장$^{Calcutta\ jute\ mill}$ 분석의 사례에 주목할 필요가 있다. 그에 따르면 황마 공장과 그곳에서 일하는 노동자들의 몸과 정체성은 물리적 영토(건조 환경)나 생산 관계(계급)라는 하나의 관계로만 경험될 수 있는 것이 아니다. 버라드에 따르면 황마 공장은 건물과 기계 그곳에서 일하는 노동계급의 사람들의 젠더, 인종, 문화, 종교, 나아가 현재, 과거, 미래의 기억과 상상이 교차하는 지점이다. 이것은 바로 앞서 하비와 함께 분석했던 관계적 공간과 그 물질성에 해당한다. 기억을 가지고 작업장에 들어오는 노동자들은 저마다 가지고 있는 우주에 새겨진 "다양한 접힘들"^{enfoldings}(같은 책, 388)을 가져와 내부-작용을 통해 회절시키면서 "시공간물질화"를 진행한다.

버라드는 페미니즘의 교차성 이론에 동의를 표하면서

단선적 계급 분석에만 치중했던 맑스주의를 비판한다. 그에 따르면 황마 공장과 노동자의 몸은 이미 구조적으로 "계급, 젠더 그리고 공동체에 의해 생산된다"(같은 책, 228)고 주장한다. 그들의 유물론적 계급성은 단순히 생산관계에 의해 결정되는 것이 아니라 젠더, 공동체 그리고 종교적인 것과 회절적으로 교차하면서 현상한다. 황마 공장이 경제적 어려움 등을 이유로 여성을 많이 해고한 이유는 그 노동자의 계급성이 공장의 물리적 구조나 자본에 따른 생산관계를 넘어 젠더나 민족 등과 교차되고 있음을 보여준다. 나아가 황마 공장에서 일하는 노동자의 몸은 건조 환경뿐 아니라 기계 장치와 그곳에서 일하는 인간의 기억 모두에 의해 함께 구성된다. "노동자, 기계, 관리자들은 얽힌 현상들, 관계적 존재자들"이며 "서로의 구성을 돕는다"(같은 책, 239).

버러드는 이러한 시공간물질화를 "물질이 반복되는 반복적 내부-작용의 과정"이라고 본다. 여기서 물질은 그 외부의 사회나 가상과 상호작용하는 것이 아니다. 물질은 자기 안에 얽혀 있는 다양한 관계들을 반복적으로 수행한다.

이런 물질-담론적 장치들의 내부-작용은 관리법들뿐만 아니라 노동자들의 실천을 포함하며, 젠더, 공동체 그리고 계급의 위상학적 주름작용에 의해 특수하게 표시되는 공간 또는 구조를 생산한다. 즉, 그 공장의 공간성은 내부-작용의 동역학과 구조적 관계들의 재배치와 주름작용을 통해 생산된다. (같은 책, 237)

얽혀 내부-작용하는 시공간물질화의 과정은 반복을 통해 그 구조를 지속하기도 하지만 동시에 회절을 통해 변화를 가져오기도 한다. 황마공장과 노동자들의 몸은 고정되어 있는 절대적, 상대적 공간과 달리 차이를 발생시키는 "시공간물질화의 되기" 과정이다. 여기서 몸과 시공간은 뚜렷한 경계를 갖는 고정된 지점이나 명확한 경계로서의 영토(물질)가 아니라 얽힘과 회절을 통해 지속적으로 변화하는 구멍 난 살아있는 시공간이다. 이런 점에서 버라드는 해러웨이처럼 몸과 시공간을 "형성-중인-신체와 우발적 시공간"으로 이해할 필요가 있다고 본다(Haraway 1997, 294 : Barad 2007, 224에서 재인용). 이로써 몸을 포함한 시공간 물질은 "비선형적, 인과적 그리고 비결정론적"(Barad 2007, 240)이 된다. 반복의 수행 과정에서 물질의 경계는 바뀔 수 있다. "구조적 관계들은 반복적으로 개정되는 우발적 물질성이다"(같은 책, 242).

이로써 버라드는 시공간을 정신이나 문화가 담기는 용

기나 관점에 따른 위상학이 아니라 물리적 공간, 사회적 공간, 가상 공간이 얽힌 다양체로, 복잡한 얽힘의 반복적 내부-작용을 통해 지속되거나 변화하는 행위자성을 가진 "시공간물질화의 되기" 과정으로 재규정하게 된다. 여기서 물질은 수동적 표면이나 반복을 지속하는 단순한 힘이 아니다. 여기서 물질은 "초과, 힘, 활력, 관계성, 차이이며 이를 통해 물질은 활동적, 자기-창조적, 생산적, 예측할 수 없는 것이 된다"(Braidotti 2022, 134). 이런 점에서 디지털 도시화는 물리적 공간, 매체, 이미지, 사회적 관계 등 다양한 관계가 응축되어 내부-작용하는 자기조직적인 시공간물질화 과정으로서 정치적 변화에 열려있게 된다. 이로써 소자가 주장했던 포스트메트로폴리스의 "정치적 가능성"과 하비가 주장했던 변화의 가능성은 버라드의 신유물론에 의한 시공간물질화 개념을 통해 과학적으로 정당화된다.

6. 디지털 도시공간의 탈영토화와 재물질화

필자는 먼저 에드워드 소자와 함께 디지털 도시화를 "실재적이자 상상된 것의 뒤섞임과 혼동의 증가"로 규정하면서 이 과정이 탈영토화와 재영토화를 넘어 재물질화로 나아가고 있음을 보여주었다. 그리고 이러한 디지털 도시화의 공간적 특성을 제대로 이해하기 위해서는 절대적, 상대적 공간 개념을 넘어 데이비드 하비의 관계적 공간 개념을 도입할 필요가 있음을 주장하였다. 물리적 공간, 매체, 사회적 관계 나아가 상상적 이미지들이 뒤엉키는 디지털 도시공간을 이해하기 위해서는 고정된 영토를 강조하게 되는 절대적 공간이나 특정한 사회관계의 흐름에만 주목하는 상대적 공간 개념만으로는 부족하기 때문이다. 나아가 필자는 하비와 함께 디지털 도시를 이해하는 데 적합한 관계적 공간이 절대적 및 상대적 공간 개념과 다른 물질적 경험을 전제로 하고 있음도 주장하였다. 절대적 용기 공간이 단일하고 경계가 뚜렷한, 고정된 물리적 영토와 관련된 물질성과 연관되어 있고, 상대적 공간이 단 하나의 관점에서 구성된 에너지 흐름의 위상학으로 경험되는 반면, 관계적 공간에서 경험되는 물질성은 다양하고 역동적인 파동의 이질적 흐름들의 응축으로 나타난다. 마지막으로 필자는 이러한 재구성된 물질로서의 시공간을 캐런 버라드가 양자 물리학을 토대로 제안하는 과학에서의 새로운 물질과 공간 개념을 통해 정당화하였다. 버라드에 따르면 다양한 관계들이 뒤엉킨 다양체로서의 "시공간물질화"는 시공간에 대한 교차적인 이해를 가능하게 할 뿐 아니라 물질적 구조의 변화 가능성도 설명한다.

이로써 필자가 궁극적으로 보여주고자 했던 것은 관계적 공간 개념과 신유물론적으로 이해된 디지털 도시화의 과정은 살아있는 변화의 정치의 가능성을 가지고 있다는 것이다. 즉 디지털 도시화가 만들어내는 재물질화와 그 정치적 가능성은 공간적 구조나 실체로서의 공간보다는 열려있는 반복과 회절의 장으로서의 시공간이라는 신유물론적 전환을 통해 가장 잘 설명될 수 있다는 것이다. "시공간물질화"라는 신유물론적 공간 개념은 이분법에서의 수동적 공간 개념을 넘어 시공간물질화 과정이 갖는 열림과 생성의 힘을 설명하며, 이를 통해 기존의 사회적 관계를 변화시킬 가능성을 제공한다. 이는 공간의 구조나 자본의 흐름만을 강조하던 유물론의 한계를 넘어 반복과 변화를 동시에 가능하게 하는 신유물론으로 전환할 필요성을 보여준다.

:: 참고문헌

라이프니츠, 고트프리트 빌헬름. 2007.『모나드론 외』. 배선복 역. 책세상.
소자, 에드워드 W. 2019.『포스트메트로폴리스 2』. 이현재·박경환·이재열·신승원 역. 라움.
슈뢰르, 마르쿠스. 2010.『공간, 장소, 경계』. 정인모·배정희 역. 에코리브르.
아리스토텔레스. 2008.『범주들·명제에 관하여』. 김진성 역주. 이제이북스.
야머, 막스. 2008.『공간 개념』. 이경직 역. 나남.
요시하라 나오키. 2008.『모빌리티와 장소』. 이상봉·신나경 역. 심산.
이현재. 2012.「다양한 공간 개념과 공간 읽기의 가능성 — 절대적, 상대적, 관계적 공간 개념을 중심으로」.『시대와 철학』23(4). 한국철학사상연구회.
플라톤. 2000.『티마이오스』. 박종현·김영균 역. 서광사.
하비, 데이비드. 2008.『신자유주의 세계화의 공간들』. 임동근·박훈태·박준 역. 문화과학사.
Aristoteles. 1995. *Phisik : Vorlesung aus über die Natur*. Übersetzt von Hans Günter Zekl. In *Philosophische Schriften in 6 Bänden*, Bd. 6. Hamburg : Meiner.
Balibar, Étienne, and Immanuel Wallerstein. 1991. *Race, Nation, Class*. London : Verso.
Barad, Karen. 2007. *Meeting the Universe Halfway*. London : Duke University Press.
Baudrillard, Jean. 1983. *Simulation*. New York : Semiotext(e).
Braidotti, Rosi. 2022. *Posthuman Feminism*. Cambridge : Polity Press.
Cassirer, Ernst. 1950/1969. *The Problem of Knowledge : Philosophy, Science, and History Since Hegel*. New Haven, CT : Yale University Press.

Castells, Manuel. 2001. *The Internet Galaxy*. Oxford : Oxford University Press.

Chambers, Iain. 1990. *Border Dialogues : Journeys in Postmodernity*. London : Routledge.

Einstein, Albert. 1960. "Vorwort." In Max Jammer, *Das Problem des Raumes. Die Entwicklung der Raumtheorien*, XII–XVII. Darmstadt : Wissenschaftliche Gesellschaft.

Floridi, Luciano. 2009. "Philosophical Conceptions of Information." *Lecture Notes in Computer Science*, no. 5363 : 13~53.

Haraway, Donna J. 1997. *Modest_Witness@Second_Millennium.FemaleMan©_Meets_OncoMouse™: Feminism and Technoscience*. New York : Routledge.

Harvey, David. 1973. *Social Justice and the City*. London : Edward Arnold.

Jammer, Max. 1969. *Concepts of Space : The History of Theories of Space in Physics*. Cambridge : Harvard University Press.

Lee, Hyun-Jae. 2023. "Digitalpolis and 'Safe' Feminism : Focusing on the Strategies of Direct Punishment and Gated Community." *Journal of Asian Sociology* 52(1).

Leibniz, Gottfried Wilhelm. 1714. Principes de la nature et de la grâce fondés en raison and La Monadologie. In H. H. Holz (ed. 1985), *Leibniz Werke, Opuscules métaphysiques*. Darmstadt : Wissenschaftliche Buchgesellschaft.

Löw, Martina. 2001. *Raum-Soziologie*. Frankfurt : Suhrkamp.

Plato. 2000. *Timaios*. In J. Burnet (ed. 1902), *Platonis Opera*, Vol. IV. Oxford : Oxford University Press.

Schroer, Markus. 2006. *Räume, Orte, Grenzen : Auf dem Weg zu einer Soziologie des Raumes*. Frankfurt : Suhrkamp.

블로그 〈철학자 노마씨의 그냥 도서관〉 https://nomadiaphilonote.tistory.com/.

2부 포스트휴먼 도시공동체와 포스트-정의

3장 다종 간 도시를 위한 정의의 모색과 실천
— 너스바움의 다종 공동체와 해러웨이의 테라폴리스에서의 다종 간 정의를 중심으로 | 현남숙

4장 디지털폴리스와 포스트-정의
— 저월하는 비체들의 연대 | 이현재

3장 다종 간 도시를 위한 정의의 모색과 실천

너스바움의 다종 공동체와 해러웨이의 테라폴리스에서의 다종 간 정의를 중심으로

현남숙

I. 서론

도시는 단일종으로서의 인간의 존재 방식을 추구하는 문명의 전형이라 할 수 있다. 오늘날 우리 중 절반 이상은 도시에 살고, 나머지도 도시와 관련을 맺고 산다. 45억 명 이상의 인구, 즉 전 세계 인구의 56% 이상이 도시 지역에 거주하고 있으며, 오늘날 도시 지역은 전 세계 경제의 80% 이상을 창출하고, 전 세계 에너지 사용량의 70% 이상과 에너지 관련 온실가스 배출을 차지하고 있다는 사실은 널리 알려져 있다(Alberti 2024, 2~3). 그러하다 보니 토지, 서식지, 생물 상호작용에서의 변화 및 그와 같은 과정을 통해 인구 과밀, 자원 집중 및 무역과 물류가 낳은 거대 도시는 전 세계 생산 및 소비 시스템의 환경적 발자국을 악화시키고 있다.

도시란 인간에 의해 설계되고 건설된 공간으로, 종종 지구상의 다른 많은 존재들에게는 적대적인 환경이 된다. 도시 설계는 모든 비인간 존재들 위에 인간의 통제를 강요한다. 흙은 제거되어 아스팔트와 콘크리트로 덮여 있고, 야생은 이제 대부분 가상의 존재가 되어버린 도시의 경계 너머로 쫓겨났다(Celermajer et al. 2025, 34). 그뿐만 아니라 도시에서 살아가는 인간의 삶을 위해서는 소비를 지탱해 줄 상품, 에너지, 자원과 그 결과물로서의 오염, 쓰레기 등을 양산한다.

인간의 영향으로 지구의 물리·화학적 시스템이 변화하여 지구가 홀로세를 벗어나 새로운 지질시대에 진입했다는 주장인 인류세 담론은, 이러한 이제까지의 도시의 심각성을 한층 더 분명하게 드러내는 계기가 되었다. 지질학자 얀 잘라시에비츠Jan Zalasiewicz에 따르면, 도시들은 인류가 지구에 남길 가장 오래 지속될 흔적 중 하나가 될 것이며, 먼 미래에도 남아 있을 미래 화석이라 말한다(Wakefield 2025, 4~5). 인류세의 지표인 방사성 물질, 플라스틱, 닭 뼈 등은 도시에서 발생하거나 적어도 도시에서의 인간의 삶과 관련된 것들이다. 이러한 맥락에서 지리학자 에릭 스윈기도우Erik Swyngedouw는 인류세의 특징이 대체로 도시에서 발생한다고 하여 인류세를 도시세Urbicene라고 부르기도 하였다.

> 행성적 도시화는 이러한 인류세적 과정의 지리적 표현이다. 그러므로 도시세Urbicene는 인류세Anthropocene가 취하는 사회물질적 형태를 포착하는 데 더 적절한 용어일 수 있다. (Swyngedouw 2017, 19)

도시와 야생의 구분은 인간이 주로 사는 도시를 자연과 절연된 특별한 곳이라는 인간예외주의의 관념을 뒷받침한다. 그럼에도 도시와 야생을 임의로 구분하여 부르자면, 도시에는 인간만이 살지는 않고 기존의 서식지가 도시화되는 과정을 포함할뿐더러 따라서 '원주민'인 야생 동물들, 그리고 그 밖에 '이주자'들을 포함한다. 도시에는 인간이 도입한 식물, 인간의 자원을 이용하는 공생종, 해당 지역의 토착종 등 다양한 종들이 서식하고 있다. 한편, 오늘날 야생이 존재하지 않을 만큼 인간의 영향이 크다는 점에서 하늘, 바다의 생물들도 도시의 해수면, 기후, 도시인들이 소비할 식량 등에 영향을 미친다. 이러한 도시 안과 밖, 그리고 경계에서 만나는 동식물의 삶은 어떠한가?

이러한 맥락에서 사회학자 대니얼 샐러마이어Daniel Celermajer 등은 인류세에 비인간을 고려한 새로운 정의론이 필요하다고 말한다.

다종 간 정의는 21세기의 상호 연결된 여러 위기의 맥락에서 등장한 정의의 이론과 실천으로, 이 이론은 우리 시대의 가장 심각한 불의에 대한 비판적 분석을 제공하고, 현재와 앞으로 다가올 지구적 혼란과 멸종에 대응할 수 없게 만드는 지배적인 정의 이론의 결함을 바로잡는 것을

목표로 한다. (Celermajer, Daniel, et al. 2025, 3)

이 글의 중심 물음은 우리가 다종[1] 간 도시를 추구한다면 어떤 정의의 기초 위에 서야 할 것인가 하는 점이다. 정의justice는 매우 다양하고 포괄적인 개념이어서 필자는 이 글에서 정의를 다종 간 정의multispecies justice라는 의미로 한정하여 위 질문을 다뤄볼 것이다. 필자는 주로 마사 너스바움Martha Nussbaum의 다종 공동체multispecies community와 도나 해러웨이Donna Haraway의 테라폴리스terrapolis를 비교할 것이다. 이 둘을 비교하는 이유는, 너스바움은 동물권을, 해러웨이는 생태정치를 대표하여, 다종 정의에 입각한 도시 구상의 가능한 방향을 가늠하는 데 도움을 주기 때문이다.[2]

---

1. 아드리안 자레츠키(Zaretsky 2024)는 다종(multispecies)은 인간의 좋은 삶을 해치지 않는 한, 다양한 종과 병렬적으로 살아가는 것을, 간종(interspecies)은 두 개 이상의 종의 관점이나 경험을 결합하여 종의 경계를 허물어뜨리는 것을, 그리고 횡단종(transspecies)은 종의 요구와 경험을 지식 구성과 실천에 통합함으로써 여러 종을 포괄하는 보다 총체적 접근의 의미로 사용한다(Zaretsky 2024, 19; 현남숙 2005, 98에서 재인용). 필자는 다종을 multispecies와 interspecies의 의미로 사용할 것이나, 주로는 다종(multispecies)이라는 용어를 사용할 것이다. 그 이유는 다종연구(multispecies studies)와 다종민족지(multispecies ethnography)에서와 같이 간종보다 다종이 일반적으로 쓰이기 때문이다.
2. 자유주의 정치철학자 수 노날드슨(Sue Donaldson)과 윌 킴리카(Will Kymlicka)는 동물 관련 철학적 입장을 동물복지론, 생태주의, 동물권리론(동물권) 그리고 자신들의 확장된 동물권리론(동물시민권)으로 구분한다. 이러한 구분은 도널드슨·킴리카 2004의 「서론」을 참고하라. 이러한

이를 위해 II절에서는 그동안의 인간예외주의의 기초 위에 존재하는 도시의 부정의injustice를 다종 정의의 측면에서 분석해 볼 것이다. III절에서는 종간 부정의를 넘어설 수 있는 다종 정의의 후보로 너스바움과 해러웨이의 다종 간 정의에 대해 살펴볼 것이다. IV절에서는 너스바움의 다종 공동체와 해러웨이의 테라폴리스를 다종 간 도시의 형상화[3]로 해석하여, 그것이 현실에서의 다종 간 도시에 어떤 함의를 가질 수 있을지 살펴볼 것이다. 필자는 이 글에서는 둘 중 어느 한 입장에 서기보다는 둘의 비교에 집중하여 다종 정의에 입각한 도시철학을 모색해 보고자 한다.

II. 도시예외주의와 종 간 부정의

서구 지식은 위계적 이분법적 사고방식(정신 – 신체,

구분에 따르면, 너스바움은 확장된 동물권리론(동물시민권)에, 해러웨이는 생태주의에 가깝다. 하지만 해러웨이의 생태주의는 생태계의 연결과 공동생산(sympoiesis)을 강조하지만 개체, 종, 상황, 기술의 매개 등의 차이를 고려하고, 정치적 실천을 강조한다. 이러한 점에서 전체적 생태연관만을 중시하는 전통적인 생태주의와는 차이가 있어서, 해러웨이의 동물철학은 생태정치라고 부르는 것이 더 적절해 보인다.

3. 형상화(figuration)에서 figure는 프랑스어에서는 얼굴을, 영어에서는 이야기의 윤곽을 의미한다. 해러웨이는 형상화를 현실을 드러내는 대표적인 물질-기호적 실재의 의미로 사용한다. 일례로, 사이보그는 1980년대 여성노동자들의, 쑬루세의 거미는 인류세를 헤쳐 나갈 생물체들의 형상화이다.

자연 – 문화, 여성 – 남성)에 근거한 과도하게 분리된 범주들에 의존해 왔다. 이러한 사고는 인간을 비단 비인간 존재보다 우월한 존재로 간주할 뿐만 아니라, 본질적으로 다른 종류의 존재로 이해하게 만든다. 생태철학자 발 플럼우드Val Plumwood는 인간 아닌 존재들은 의식을 갖지 않고, 소통을 하지도 못하며, 순전히 물질적인 하위 영역으로 간주되어 인간이라는 더 높은 존재의 자원 또는 도구로서만 존재한다고 여기는 관념을 비판한다(Houston et al. 2017, 5에서 재인용).

왜 하필 도시에 주목하는가? 그것은 오늘날 다종 간 부정의가 이루어지는 공간 중 도시가 가장 주목할 만하기 때문이다. 도시 지리학자인 도나 휴스턴Donna Houston에 따르면, 도시는 인간예외주의적 방식으로 이해하는 관념에 의해 구성되었다. 즉, 도시를 인간만의 영역으로 간주하고, 자연이라는 원재료로부터 인간이 구축한 공간으로 본다. 그러나 이러한 관점은 인간과 비인간 존재들이 어떻게 함께 도시의 삶의 세계를 공동으로 구성하고, 함께 거주할 것인지를 간과하게 만든다. 휴스턴 등은 도시를 자연의 물리적 제약을 초월한 장소, 계몽된 인간의 가치와 기술적 지배가 구현된 공간으로 간주하는 사고방식을 도시예외주의urban exceptionalism라고 부른다(Houston et al. 2017, 3). 도시를 오직 인간의 영역으로 간주하고, 자연을 원자재로 활용하여 구축된 것으로 바라보아서, 인간과 비인간 존재들이 도시의 생활 세계를 함께 구성하고 공존하는 방식을 인식하지 못한다는 것이다.

인간예외주의 및 이에 기반을 둔 도시예외주의는 도시 내부나 혹은 도시를 떠받치기 위한 도시 외부의 자연에서, 인간을 위해 다른 종의 삶을 방해하는 부정의의 문제들을 일으킨다. 인간 이외의 타자들은 도시 안팎에서 전통적인 정의의 문제들인 덜 분배받고, 지위를 갖지 못하며, 자신을 대변해 줄 대표자를 얻지 못하고, 나아가 자신이 거주하는 환경세계에 생존하는 데 필수적인 방법적 지식들을 교란당한다.[4]

먼저, 도시는 자연과 분리된 곳이라는 도시예외주의 문화 안에서, 야생 동물이나 인간에 의해 자신의 터전을 잃고 야생동물이 된 존재들은 도시에서 생명으로서의 지위를 갖기 어렵다(지위에 관한 부정의). 비인간 존재들은 지배, 비인정, 경멸을 통해 발생하는 더 넓은 지위 손상status injury 때문에, 제도적, 법적 인식 속에서 자신의 존재가 비

---

4. 롤스는 동물, 식물, 환경과의 관계를 정의의 관계로 보지 않으며, 우리는 계약론을 자연스럽게 확장하여 그들을 포함시킬 수 없다고 말한다. 그의 포괄적인 정의 이론 속에서도, 인간과 자연의 상호작용은 정의의 문제로 인식되지 않는다. Schlosberg 2007, 104.

가시화된다. 채굴 산업 등의 경우에서와 같이 경제적 결정들에 의해 비인간 존재들은 아예 존재 자체가 보이지 않게 되며, 보인다 하더라도 폄하되는 경우가 대부분이다(Celermajer et al. 2020, 9~10). 한국의 경우, 같은 고양이라도 길고양이에 비해 들고양이는 법적 지위를 인정받지 못한다. 길고양이는 농식품부 관할로 동물보호법의 보호를 받지만, 들고양이는 환경부 관할로 포획 시 폐기물관리법에 따라 소각 또는 매립될 수 있다(남주원 2024).

다음으로, 국민 국가든 세계적 합의체든 자신의 정치적 대표성을 주장할 수 없는 비인간 존재들은 자신의 정치적 권리 — 대표자를 가질 권리 — 를 행사하지 못한다(정치적 참여에 관한 부정의)(프레이저 2017, 269). 그들은 자신의 권리를 주장할 수 있는 장을 갖지 못하기 때문에 인간 대리자들(환경운동단체 등)의 역할이 필수적인데, 이러한 대리자 및 법의 내용은 각 국가 혹은 지역의 동물권 인식에 따라 천차만별이다. 일례로, 영국에서는 주인이 있는 개는 높은 복지를 누리지만, 주인을 잃어버리거나 주인에게 버려지면 한순간에 삶과 죽음의 갈림길에 처한다. 1906년 〈개법〉Dogs Act을 제정해 경찰이 떠돌이 개를 포획하여 보호소에서 일주일이 지나도 주인이 찾아가지 않으면 폐사시킬 수 있도록 했기 때문이다. 한편 인도에서는 2001

년 〈동물번식제한법〉Animal Birth Control이 시행되면서 애완견만이 아니라 길거리 개도 임의로 도살하는 것이 금지되었다. 길거리에서의 삶이 비참하기는 하지만 인간에게 버려졌다고 포획되어 새 주인을 기다리거나 또는 죽음을 맞아야만 하는 것은 아니다(남종영 2019). 두 국가의 개들은 어떤 정치적 대표자(법)를 갖느냐에 따라 그들이 겪는 부정의의 정도가 달라진다.

마지막으로, 급격히 변화하는 기후환경 때문에 갈수록 많은 도시 안과 밖의 동식물들이 자신의 움벨트Umwelt, 즉 환경세계에서 앎이 교란당한다(인지적 부정의). 인간에 의한 인위적 기후변화는 동식물들이 유전적, 환경적으로 습득한 방법적 지식know-how을 자신의 동료나 다음 세대에 전달하지 못하게 방해하여 그들을 생존의 위기로 내몰곤 한다. 일례로, 도시재개발로 폐허가 된 곳에 살아가는 길고양이들은 영역 동물의 특성상 다른 곳으로 이주하기 어렵고, 운 좋게 이주한다 해도 새로운 곳에서 자신의 지식을 실행하기 어려워 인지적 피해를 입게 되고, 그 결과 실질적 피해도 입게 된다.[5]

---

[5] 앤드류 로페즈(Andrew Lopez)는 미란다 프리커(Miranda Fricker)의 인식적 부정의(epistemic injustice)를 동물에게로 확장하여 기후위기 시대에 동물이 얼마나 많은 부정의를 겪는지에 관해 분석한다. 그는 주로 야생동물의 인식적 부정의 문제를 다루지만, 반려동물에나 경계동물에게도 적

III. 다종 간 정의에 관한 두 접근 : 너스바움과 해러웨이

너스바움과 해러웨이는 학문적 배경이 다르지만, 비인간 존재자에 관한 정의에 관심을 갖는다는 점에서 공통점이 있다. 또한 이들은 그 의미는 달라도 다종 정의를 지향한다는 점에서 공통점을 갖는다. 셀러마이어 등은 다종 간 정의의 배경이 되는 이론들을 동물권 이론, 환경정의, 포스트휴머니즘 그리고 원주민철학 및 탈식민주의[6]로 분류했다. 이러한 분류 틀에서 볼 때 너스바움은 동물윤리를 동물정치로, 해러웨이는 포스트휴머니즘(신유물론)을 생

용 가능하다고 말한다. Lopez 2023, 138. 필자는 다종 간 정의에서 인식적 부정의의 문제도 다른 부정의의 문제만큼 중요하다고 생각하여, 장차 다종 간 지식의 문제에서 다종 간 인식적 부정의의 문제를 별도로 다룰 예정이다.

6. 셀러마이어 등은 다음 네 분야가 다종 간 정의 개념이 형성되는 데 영향을 미쳤다고 말한다. (i) 동물권 이론은 인간이 이성과 자기인식을 지닌다는 이유로 권리의 주체로 인정받아야 한다는 전통적 주장에 도전하며, 정의의 원칙을 제시하며 동물들의 삶에 영향을 미치는 법적·정치적 제도에 대한 근본적인 개혁을 요구한다. (ii) 환경정의는 기후 변화의 영향이 점점 더 커지는 가운데 단순히 환경적 영향이 초래하는 사회적 불평등이라는 전통적 문제를 넘어 지속 가능한 환경 없이는 어떠한 사회 정의도 성립할 수 없다고 본다. (iii) 포스트휴머니즘은 인간과 비인간의 얽힘(entanglement)의 존재론에 기초해 인간이 자연과 분리될 수 있으며, 유일무이하고, 항상 다른 종이나 요소들보다 더 중요하다는 인간 중심적 주장들을 거부한다. (iv) 원주민 철학과 탈식민 정의 이론은 수만 년에 걸쳐 인간과 비인간을 포함한 세계를 살아 있고, 행위적이며, 인식하고, 감응하며, 관계적인 존재로 규정해 왔다. Celermajer et al. 2020, 3~8.

태정치학으로 확장한 것으로 위치 지을 수 있다. 너스바움과 해러웨이 모두 다종multispecies이라는 용어를 사용하지만 너스바움이 인간의 법과 제도 개선을 통한 다종 공동체를 지향한다면, 해러웨이는 좀 더 근본적으로 인간-비인간의 협력을 통한 새로운 세계만들기를 지향한다. 이 둘의 비교를 통해 다종 도시를 토대 놓기 위한 다종 간 정의에 대해 알아보도록 하자.

1. 너스바움의 다종 간 정의와 다종 공동체

너스바움의 『동물을 위한 정의』에서 정의는 불의를 피하고 정의를 구하는 것이다. 정의는 각 동물의 역량에 맞는 삶을 살도록 하는 것이다. 역량capability은 삶의 구체적 영역에서의 실질적 자유와 행위할 수 있는 기회를 의미한다(너스바움 2023, 149).

너스바움의 다종 정의의 배경은 무엇인가? 그는 인류세와 같은 거시적인 인식 틀보다 윤리적인 측면에서 문제를 찾는다. 지난 200년 동안 인간의 동물 지배가 기하급수적으로 확대되고 지난 50년 전에 비해 동물의 삶에 대해 훨씬 더 많은 것을 알게 되었는데, 우리에게는 의미 있는 변화를 가져올 지적 도구들의 부재하다는 것이다(같은 책, 14~20).[7]

너스바움에게 동물정의와 그것의 반대인 불의를 가르는 것은 동물의 번영에의 부합 여부이다. 즉 정의는 각 종의 전형적인 역량을 발휘하며 사는 것이고, 불의는 그 번영이 방해받는 또는 좌절당하는 것이다. 이 방해에는 유기체의 거의 모든 일반적인 활동(인식, 섭식, 이동, 사랑)을 방해하는 고통을 가하는 것이 포함된다(같은 책, 44). 그리고 불의는 단지 고의가 아니라 인간의 과실에 의한 경우에도 해당한다. 그에게 최소한의 정의는 동물의 핵심 역량(중심 역량)을 합리적인 기준까지 보호하는 것이다(같은 책, 193). 이는 가상헌법의 형태로 법적인 맥락에서 보장되는데, 그 기본 목표는 모든 동물이 단기적인 보호의 적절한 기준까지 자신의 존엄 및 노력과 양립할 수 있는 삶을 살 기회를 가지는 것으로, 그것을 위한 가상헌법의 목록에는 동물의 생명, 건강, 신체적 완전성, 감각/상상력/사고, 감정, 실천이성, 소속, 다른 종, 놀이, 자기 환경에 대한 조

---

7. 필자는 이 글에서 왜 하필 동물에 주목하는가? 다종 간 정의에서 동물 외에 다른 비인간 존재들도 포함되어야 할 것이다. 하지만 동물은 쾌고감수능력(sentience)을 갖는다는 점에서 인간과 더 많은 유사성을 갖는다. 그럼에도 인간과 동물 간의 넘을 수 없는 이분법과 인간을 우위에 두는 인간중심주의가 만연해 있다. 따라서 다종 도시를 위한 정의에서 특히 동물에 주목하는 이유는, 인간-동물 이분법과 인간중심주의를 드러내려면 동물에 관한 정의를 논의하는 것부터 시작하는 것이 이론적으로나 실천적으로 더 적절하다고 보기 때문이다. 너스바움이나 해러웨이가 비인간 존재자 중 특히 동물에 주목하는 이유도 이와 유사하리라 생각한다.

절이 있다(같은 책, 170).

너스바움은 다종 공동체를 말하지만, 그 안에서 모든 동물이 동일한 정의의 권리와 의무를 갖는 것은 아니다. 지구상의 공존은 시민적 권리의 핵심으로 동물들도 그런 능력을 온전히 갖고 있다. 다만 법률을 만들고 소송을 제기하는 등의 일에 그들을 대신하는 인간 대리인이 필요할 뿐이라는 것이다.

공동의 다종 사회에서 법의 영향이 미치는 것은 인지 능력 및 인간과의 거리(반려동물, 야생동물, 경계동물)에 따라 달라진다(같은 책, 137). 먼저, 인지적 측면에서 정의(번영, 즉 역량의 실현)의 대상이 되는 동물은 '표준동물패키지'라고 부르는 것을 충족해야 하는데, 그 내용은 "쾌고감수능력, 감정, 대상에 대한 인지적 인식, 선을 향하고 악을 피하는 움직임의 보유"(같은 책, 217)이다. 이때 쾌고감수능력이란 통각nociception, 현출성salience, 알아차림awareness 그리고 의식consciousness을 말한다. 그렇다면 누가 이러한 조건을 만족시키는가? 너스바움에 따르면, 모든 포유류, 경골어류, 모든 조류(앵무새, 까마귀), 파충류는 표준동물패키지의 조건을 만족시킨다. 한편, 연골어류(판새류), 자포류(산호, 해파리, 말미잘), 해면류(해면), 식물은 표준동물패키지에 해당하지 않는다. 그리고 그 중간에 아직 논쟁 중인 부류로 두족류(오징어, 갑오징어, 문어), 갑각류(새우, 게, 바닷가재), 곤충(벌)이 있다(같은 책, 220~35).

다음으로, 해당 동물이 표준동물패키지에 해당하는 인지 능력을 갖추었다 해도, 그 동물과 인간과의 삶의 공간에 따라 정의와 그것의 구체적인 법의 적용이 달라진다. 즉, 이는 반려동물, 야생동물, 경계동물에 따라 다르다. 인간과 밀접한 관련을 맺고 살아가는 반려동물은 동료 시민으로 대해야 하고, 반려동물과 반려인 모두 교육과 훈련을 통해 공생 역량symbiotic capabilities을 길러야 한다. 한편, 야생동물은 인간과 접촉이 적지만 그렇다고 인간이 그들의 번영에 책임이 없는 것은 아니다. 오늘날 기후변화 및 환경 요인으로 더 이상 말 그대로의 야생은 존재하지 않으므로 이러한 상황에서 야생동물에 대한 인간의 책임은 필수적이다. 따라서 야생동물이 자신의 역량을 실현하는 삶을 살 수 있도록, 인간은 야생동물의 생명, 건강, 신체적 완전성의 침해 근절 등을 위해 선량한 관리자로서의 역할을 해야 한다(같은 책, 343).

또한 이러한 정의의 실천은 법을 통해서만 그 효력을 발휘할 수 있다. 따라서 가장 중요한 것은 정의의 대상이 되는 동물들이 원고적격(소송의 원고로서 법정에 설 수 있는 자격)을 갖는 것이다. 미성년자, 인지장애를 가진 이들이 그러하듯, 정식으로 선임된 관리인을 통해 동물이 법정에 '설 수 있는' 원고 자격을 부여해야 한다. 또한 동물의 유형에 따라 동물에 대한 인간의 의무도 달라지는데, 반려동물의 경우 반려인이 선량한 관리자의 역할을, 야생동물의 경우 동물복지기관이 수탁자가 되어 동물을 잘 살펴야 한다는 것이다.

2. 해러웨이의 다종 간 정의와 테라폴리스

해러웨이는 『트러블과 함께하기』(2016)와 「다종 환경 정의를 위해 트러블과 함께하기」(2018)에서, 다종 정의에 관해 주요한 통찰을 보여준다. 전자의 자료에서는 인류세를 쑬루세로 재개념화하고 다종의 삶의 실천을 보여준다면, 후자의 자료에서는 인류세라는 거시적인 문제 상황에서 인구 조절이라는 문제 해결책을 위해 새로운 친척만들기를 주장하는데,[8] 그러한 이야기가 갖는 정의 이론적 함축점은 크다.

해러웨이가 다종 간 정의라는 용어를 처음 사용한 것

---

8. 해러웨이는 다종 환경 정의를 인구조절과 관련하여 주요하게 다루는데, 인류세의 위기에는 인구 문제가 크게 자리하고 있다고 본다. 즉 전 세계적인 인구 증가는 환경에 악영향을 미치므로 국민 국가 중심의 순혈주의에 바탕을 둔 인구 증가 정책은 더 이상 해법이 될 수 없다. 따라서 이를테면 남반구에서 북반구로의 인구 이동(이민, 고령자의 입양 등)이나 반려종과의 친척 맺기와 같은 새로운 해결책이 필요하다. 해러웨이 2021, 297.

은 『종과 종이 만날 때』(2008)에서이다.9 그에게 다종 간 정의는 도살 시스템의 산물인 양고기로 만든 사료를 먹는 떠돌이 고양이와, 한편 그러한 값싼 고기를 사지 않고 지속가능한 친화적 농업을 통해 생산된 쌀을 소비하는 인간의, 윤리적으로 단순하지도 않고 명료한 선악도 아닌 여러 상황들이 얽혀 있는 우발적인 함께되기에 관한 것이다(해러웨이 2022, 346).

이는 다종 간 정의에 관한 문제가 어떤 명확한 정의나 기준이 존재하기보다는, 여러 종이 복잡하게 얽힌 상황에서 어떻게 함께 살아갈 것인가를 고민해야 할 것임을 암시한다. 해러웨이가 다종 간 정의를 제기하는 배경은 인류세의 위기와 그 긴급성이다. 테라폴리스는 인간만이 아니라 삶과 죽음이라는 취약성을 가진 존재들의 삶과 놀이가 이루어지는 곳이다. 그에게 다종 간 정의의 지향점은 손상된 지구에서 잘 살아가기 위해 지구에 사는 존재들 간의 친척의 확대와 재구성을 통해 그 집합체들을 잘 돌보는 것이다.10

---

9. 다종 연구에서 '다종 간 정의'(multispecies justice)라는 용어를 처음 사용한 이도 해러웨이라고 한다. Kirksey and Chao 2022, 2 ; Celermajer et al. 2025, 9.
10. 해러웨이 2021, 178. SF적 실천은 과학 소설(science fiction), 사변적 페미니즘(speculative feminism), 과학 판타지(science fantasy), 사변적 우화

해러웨이는 또 다른 논문에서 다종 간 환경정의란 '인간과 비인간을 아우르는 지속 가능한 다종 친척 관계를 돌보고 새롭게 만들어 가는 것'이라고 말한다.

> 다종 간 환경 정의multispecies environmental justice 없이는 환경 정의도, 생태적 세계 재구성ecological reworlding도 있을 수 없다. 이는 인간과 비인간을 아우르는 지속 가능한 다종 친척 관계를 돌보고 새롭게 만들어 가야 함을 의미한다. (Haraway 2018, 102)

해러웨이에게 정의는 "인간과 비인간을 아우르는 지속 가능한 다종 친척 관계를 돌보고 새롭게 만들어 가는 것"이다. 친척은 "혈통과 무관한 기이한 친척odd kin"으로 인간과 인간 아닌 것들을 포함해 지구상에 번성하는 다종을 말한다(해러웨이 2021, 9~10). 다종 간 정의는 결국 지구에 사는 가장 깊은 의미에서의 친척을 확대하고 재구성하여 그 집합체를 잘 돌보는 것이라고도 할 수 있다(같은 책, 178).

이러한 구체적 논의 이외에 해러웨이의 정의를 재구성해 보자면, 그에게 정의의 주체는 반려종companion species이

(speculative fabulation), 과학적 사실(science fact), 실뜨기(string figure)를 말한다. 같은 책, 23.

다. 너스바움의 반려동물companion animal이 인간과 함께 살아가는 동물에 한정된 것인데 반해, 해러웨이의 반려종은 지구의 모든 존재들이다. 반려종은 라틴어 "쿰 파니스"cumpanis 즉 '빵을 함께'에서 온 것으로 식탁에 함께 앉는 식탁 동료를 말한다(해러웨이 2022, 29). 반려종은 종의 연결성을 강조하기 위한 개념으로, 인간예외주의나 고전경제학의 공리주의적·개체적 존재가 아니라 공동생산sympoiesis의 존재이다.[11]

너스바움의 다종 공동체처럼 해러웨이도 다종의 역사적이고 역동적이고 위치 지어진 삶의 방식multispecies, historically dynamic, situated ways of life(같은 책, 356)을 말하지만, 그 내용은 사회적이기보다는 생물사회적biosocial이다. 반려종은 종을 가로지르는 시민성citizenship across species을 갖는다. 그리고 그 시민성조차 종과 종이 만나는 접촉지대에 따라 달라진다. 번영하는 삶을 살 권리를 갖는 것도 각 종이나 개체의 인지 능력이나 살아가는 공간이 아닌, 인간과의 우발적 조우 속에서 결정된다. 즉, 해러웨이의 다종 정의는 동식물

---

11. 자율생산(autopoiesis)은 개체가 항상적인 '자기 규정적 시공간의 경계가 있는 것'을 말한다면, 공동생산(sympoiesis)은 '자기 규정적 시공간의 경계가 없는 집합적 생산 시스템'을 말한다. 이 용어들은 베스 뎀스터가 이와 같이 정의한 후, 해러웨이에 의해 널리 쓰이게 되었다. 해러웨이 2021, 111.

의 인지적 능력에 따라 적용 여부가 달라지지 않고, 그보다는 종과 종의 응답하는 관계성 속에서 상황마다 달리 판단되어야 하며, 그나마 변화하지 않는 것이 있다면, 고통과 죽을 운명이라는 공유된 상황을 향한 열림에서 살고, 생각하기를 배우는 것이다(같은 책, 108).

너스바움이 일부 동물들도 시민으로서의 능력을 온전히 갖고 있다고 말하듯, 해러웨이의 반려종도 테라폴리스의 시민성을 가진다. 하지만 테라폴리스의 시민성은 인간에 의해 부여된 자격이 아니라 인간과 비인간 간의 응답-능력response-ability의 육성을 통해 형성해 나가는 것이다(같은 책, 101). 그 응답은 종, 반려, 야생과 같은 분류보다는 자연문화적, 정치적, 생태학적, 기호론적 얽힘 속에서의 훈련이라는 과정을 통해 이루어진다. 훈련은 분류학에 의해 길들여지지 않은 차이들에 관한 것이다. 훈련은 공구성적인 관계 속에서 이루어지고, 훈련에서는 과학보다는 내부-작용intra-action이라 불리는 파트너들 간의 열림이 중요하다(같은 책, 259). 해러웨이에게는 너스바움이 제시하는 표준동물 패키지와 같은 다종 공동체에서 시민권을 부여받을 자격을 가리는 준거점이 존재하지 않는다. 법률을 만들고 소송을 제기하는 등의 일이나 그들을 대신하는 인간 대리인의 역할이 언급되지도 않는다. 그보다는 손상된 지구에서 살아가기 위한 공동생산적 실천으로서의 과학-예술적 실천을 통한 삶의 방식의 변화에 더 관심을 둔다(해러웨이 2021, 121). 호주 산호초의 백화현상을 세상에 드러내기 위한 산호초 코바늘뜨기, 마다가스카르의 멸종 위기종인 여우원숭이를 알리기 위한 아코 프로젝트(그림책 만들기), 북극 빙하의 생태문제를 드러내는 비디오 게임 제작 등이 그가 언급하는 과학-예술적 실천의 사례들이다.[12]

IV. 다중 공동체와 테라폴리스가 갖는 다종 간 도시에의 함의

필자는 너스바움의 다중 공동체와 해러웨이의 테라폴리스를 다종 도시의 형상화로 해석하여, 그것들이 현실에서의 다종 도시에 갖는 함의를 살펴볼 것이다. 먼저, 너스바움의 다중 공동체는 많은 동물이 시민권을 갖는 곳으로, 이곳이 현실에서의 도시라면 다음과 같은 특징을 가질 것이다.

> [이 세계에서 — 인용자] 인간이 유일한 윤리적 생물이 아니며, 의무를 질 수 있는 유일한 생물도 아니라는 것을 보게

---

12. 해러웨이 2021의 3장을 참고하라.

될 것이다. 이는 다종 공동체multispecies community라는 유력한 이론을 구성하는 데 중요한 역할을 할 것이다. (너스바움 2023, 43)

너스바움은 다종의 협력 도시의 비전이나 사례를 직접 제시하지는 않았다. 하지만 그의 다종 공동체의 이념을 고려할 때, 그의 다종 정의의 이념이 반영된 다종 도시는 야생과 구분되는 공간으로, 인간과 주로 접촉이 많은 동물이나 도시와 야생의 경계동물들이 존재하는 곳일 것이다. 다종 공동체이기도 한 도시에서는 동물도 시민권을 갖고 자신의 역량을 잘 발휘하여 번영하는 삶을 산다.

동물은 인간의 언어를 구사하지는 않지만 다양한 범위의 유사한 방식을 통해 자신의 상황을 드러낼 수 있고, 이를 잘 파악하는 것은 인간의 책임이다. 그렇지만 동물들의 역할이 없는 것은 아니다. 반려동물이 도시에서 잘 살려면 인간과 살아갈 공생역량을 길러야 한다. 또한 이들이 자신의 역량을 잘 펼칠 수 있도록 돕는 시민의식과 법적 장치가 마련되어야 한다. 예를 들어, 다종 공동체에서 개는 어린아이와 마찬가지로 건전한 시민(사람들 물지 않는 존재)이 되도록 교육받아야 하며 이러한 교육을 시키는 것은 반려인human companion의 책임이다(같은 책, 311).

물론 이 도시에서도 인간과 동물 간의 비극적 갈등이 생길 수 있다. 너스바움이 다룬 문제들을 도시 차원에 적용해 보면, 도시의 어딘가에서는 동물 실험 및 육식을 위한 소비가 이루어지고, 동물에게 해악인 축제가 열리거나 도시민의 공간과 자원을 둘러싼 갈등이 존재한다. 너스바움은 이러한 문제들에 대해 역량 접근법에 준한 해결책을 제시한다. 동물 실험은 동물의 역량을 최대한 침해하지 않으면서 이루어져야 하고(적절한 이동 공간 확보, 사회적 종의 경우 구성원에 대한 접근성 등), 육식은 인공육으로 바꾸어 나가야 한다. 동물을 살육하는 황소잡이나 고래잡이와 같은 전통 축제는 다른 문화로 대체해야 하고, 공간과 자원을 둘러싼 도시와 야생의 경계 동물들은 동물에 해악이 되지 않는 선에서 장기간의 수태 제한을 하거나 이들이 살 수 있는 야생동물보호구역을 만들어 나가야 한다.[13] 인간 사회의 경우 역량 접근법이 번영하는 삶에 관한 것이듯, 우리가 조성해야 할 대규모 다종 공동체도 마찬가지이다(같은 책, 374).

다음으로, 해러웨이는 쑬루세[14]에 인간과 비인간이 함

---

13. 동물과 인간의 딜레마에 관해서는 너스바움 2023의 8장을 참조하라.
14. 쑬루세는 위태롭고 불확실한 시대, 세계가 아직 끝나지 않고 하늘이 아직 몰락하지 않은 시대에, 진행 중인 다종적 이야기와 함께-되기의 실천이 이루어지는 시간장소(timeplace)를 말한다.

께 세계를 만들어가는 공간으로 테라폴리스를 제시한다. 이곳은 우리가 생각하는 도시라기보다는 지구 행성처럼 넓은 범주이나, 그의 비전은 다종 정의를 실천하는 도시에도 적용해 볼 수 있을 것이다. 해러웨이의 테라폴리스에는 반려동물, 야생동물, 경계동물, 나아가 다른 비존재의 구분이 없다.

> 테라폴리스는 땅을 의미하는 '테라'terra와 정치체를 의미하는 '폴리스'polis를 합성한 말이다. 지구가 테라폴리스라면 인간, 비인간 할 것 없이 지구에 사는 크리터들은 모두 동등한 권리를 지닌 테라폴리스의 시민이 되는 셈이다. 테라폴리스는 n+1 차원의 중적분으로 계속 생성 중에 있는 것이고, 인간은 수많은 플레이어 중 하나일 뿐이다. (해러웨이 2021, 23)

이곳에서 인간과 동물은 오랜 접촉을 통해 소통의 내용이 같지는 않다는 의미에서 비대칭적이지만, 그럼에도 상호 응답을 통해 함께 세계를 만들어 간다. 테라폴리스는 플라톤의 국가와 같은 호모의 공간이 아니라 땅의 생물들인 퇴비compost들이 공유하는 공간이다. 따라서 반려와 야생의 구분은 선명하지 않고, 그들의 접촉지대는 일터, 놀이, 죽음의 공간에 이르기까지 다양하다. 이곳에서도 다종 간의 훈련이 존재하지만, 이질적인 두 파트너(인간-동물) 간의 체화된 커뮤니케이션을 통해 인간과 동물이 함께 상호 적응해 나가야 한다. 물론 이 과정에서 해러웨이도 인간의 책임을 더 중요하게 본다.

해러웨이의 테라폴리스를 이해하기 위해 그가 제시하는 여러 일화 중 피존 블로그^{PigeonBlog} 프로젝트를 살펴보자. 피존 블로그는 2006년 캘리포니아 산호세에서 열린 '캘리포니아 환경정의 프로젝트'로, 대기 중의 공기 질을 파악하여 대중에게 제공하는 것이 주된 활동이었다. 이 활동에는 경주용 비행기와 인간(예술가, 엔지니어, 비둘기 애호가)이 함께 참여했다. 당시 캘리포니아 남부는 공기오염이 심각했는데, 이는 인간과 비둘기를 포함한 도시의 크리터들[15] 모두의 건강을 위협했다. 물론 공기측정기 장비가 있었지만 설치 비용이 비쌌고 사람이나 동식물들이 숨 쉬는 곳보다 높은 곳에 위치해 있었다. 이러한 문제 상황에서 예술가이자 연구자인 베아트리츠 다 코스타 Beatriz da Costa는 제자들과 함께 전서구, 예술가, 엔지니어,

---

[15] 해러웨이는 인간을 포함하여 이러한 존재들을 크리터(critter)라고 부르기도 하는데, 크리터란 미생물, 식물, 동물, 인간과 비인간, 그리고 때로 기계까지도 포함하는 것을 의미한다. 해러웨이 2021, 233.

비둘기 애호가들이 함께 참여하는 프로젝트를 시행했다. 이 프로젝트에 참여한 경주용 비둘기들은 비둘기 애호가들이 오랫동안 길들인/협업한 경주용 비둘기이다. 엔지니어들은 공기 측정을 위해 필요한 백팩(결합장비와 상응하는 안테나들, 이중자동 CO/NOx 오염 센서, 온도 센서 등)을 비둘기에게 적합하게 석 달에 걸쳐 설계했다. 비둘기들은 그 백팩을 착용하고 공인된 장비들이 파악하지 못하는 적절한 위치에서 공기를 통과하면서 실시간 공기 오염 데이터를 수집하여 데이터를 인터넷으로 대중에게 전달한다. 실제 현장에서는 비둘기와 기술, 사람들이 결합하는 다종의 신뢰와 지식을 쌓았고 서로 학습했다(해러웨이 2021, 39~42).

해러웨이는 이 사례를 통해 공기오염과 같은 위기에 직면해 비둘기-인간이 친척이 되어 서로를 돌보는 다종 간 정의의 실천을 보여준다. 그는 이러한 실천을 "다종이 함께 잘 지내기 위한 방안"[16]이라고 보는데, 이는 지구에서 지속적으로 서로를 잘 돌보는 다종 간 정의의 또 다른 표현일 것이다.[17]

---

16. 호주 멜버른 배트맨 공원의 비둘기집에 관한 논의는, 해러웨이 2021, 48~51을 참고하라.
17. 해러웨이는 『트러블과 함께하기』에서 자신이 창작에 참여한 「카밀 이야기 — 퇴비의 아이들」이라는 과학소설을 언급하는데, 이 이야기에서

테라폴리스에서도 인간과 동물 간의 비극적 갈등 상황이 존재한다. 해러웨이는 동물실험과 육식에 관해서도 너스바움의 역량접근법에 상당하는 함께 되기$^{becoming\text{-}with}$와 같은 방식으로 설명한다. 실험실의 동물들이 덜 고통스럽고 더 자유로울 수 있도록 비모방적 돌봄과 응답의 의무를 져야 한다(해러웨이 2022, 117). 육식의 경우에도 해러웨이는 고상한 매너(채식)보다는 먹을 수밖에 없지만 불편하다는 상징적 의미에서 '소화불량'이 불가피하다고 말한다. 누구도 먹지 않고는 살 수 없고 단지 덜 고통스럽게 먹는 것이 중요한데, 생태계에 죽이지 않고 먹는 방법은 없고, 이를 초월할 최종적 방법도 없기 때문이다(같은 책, 363).

V. 결론

기존의 도시가 인간 중심으로 설계되어 왔고, 하지만 이제 그 도시의 삶의 방식 때문에 인간뿐 아니라 다른 비인간 존재들도 위기에 빠진다면, 다종 도시를 향해 나아가야 할 것이다. 필자는 다종 도시의 근간을 형성하려면 다

는 인간과 다른 종들이, 손상당한 지구를 회복시키기 위해 다섯 세대에 걸쳐 인구수를 줄이기 위해 노력하는 과정이 복합적으로 다루어진다. 이는 SF적 실천(이 경우는 science fiction)으로 볼 수 있다.

종 간 정의가 마련되어야 한다고 생각하여, 너스바움과 해러웨이의 다종 간 정의와 그들의 대안적 세계(다종 공동체와 테라폴리스)가 다종 도시에 가질 수 있는 함의를 논의해 보았다.

너스바움의 자유주의적 접근과 해러웨이의 신유물론적 접근의 차이로 인해 그들의 다종 간 정의 및 그로부터 가능할 다종 간 도시에 관한 입장도 다르다. 그들의 다종 간 정의가 적용된 결과에서는 일부 유사한 점도 있지만(동물 실험에서 고통 줄이기, 동물의 역량을 고려한 실험 설계 등), 관점의 차이로 인해 비롯된 다른 점이 더 많다(너스바움의 반려동물의 인간화된 교육 강조와 해러웨이의 비모방적 상호 응답을 통한 함께 되기, 육식에 관한 너스바움의 인공육 대안과 해러웨이의 상황적 결정 등).

너스바움의 다종 간 정의는 체계적이고 또한 기존의 철학과 호환성이 크다. 그뿐만 아니라 자유주의적 정의가 주요 가치로 간주되는 사회에서 살아가는 우리의 일상 경험과도 괴리가 적다. 하지만 그의 다종 간 정의를 반영한 다종 간 도시는 여전히 인간의 문화나 법에 더 부합하는 관행을 따르고, 일부 동물들만 시민권을 얻을 것이다. 한편, 해러웨이의 다종 간 정의는 이론적 체계화가 아닌 서사적 전개가 주를 이루고, 기존의 철학에 관한 참조도 매우 적다. 나아가 어떤 규범적 기준을 제시하기보다 상황적 지식과 판단을 중시하여 현실에서의 실제적 적용에 더 많은 상상력과 노력을 요구한다. 그럼에도 그의 다종 간 정의는 자유주의 정의론이 가정하는 인간주의(확장된 것이라 할지라도)의 한계를 드러내는 통찰을 보여준다.

너스바움과 해러웨이가 이러한 다종 간 정의를 바라보는 관점의 차이는, 그들의 논의를 수용하여 다종 간 도시를 사유할 때도 다르게 전개될 것이다. 너스바움의 다종 공동체와 같이 동물의 번영을 위한 가상헌법에 의해 운영되는 다종 간 도시는 종의 얽힘이라는 존재론에서 비롯된 책임보다는, 인간의 도덕적 의무와 그것을 실현할 종 간 법에 의해 작동할 것이다. 한편, 해러웨이의 테라폴리스와 같은 도시는 그와 반대로 인간의 도덕적 의무와 법보다는, 지구 위에서 살고 죽는 취약한 존재들의 얽힘이라는 존재론적 연결성이 만들어내는 구체적 상황마다의 다종 간 응답에 의해 지탱될 것이다.

하지만 이러한 차이에도 불구하고 다종 간 정의에 관한 너스바움과 해러웨이의 논의는 II절에서 언급한 인간만이 특권을 누리는 인간예외주의의 집약체인 도시에서의 종 간 부정의(분배, 지위, 대표자 그리고 인지 면에서의 부정의)를 완화하는 데 도움을 줄 것이다. 인간 이외의 종들도 인간과 도시 공간을 나누어 갖고, 인간화된 방식으로든 좀 더 탈인간화된 방식으로든 도시에서 시민으로서 지위를 인정받으며, 부정의한 문제들을 해결하는 데 도움이 될 더 많은 대표자/인간 반려종을 얻을 것이며, 그리고 적게는 도시개발이나 크게는 인간에 의한 환경 변화로 인해 각 종이나 개체가 자신의 환경 세계에서 생존하는 데 필수적인 방법적 지식들을 잃게 되지 않을 것이다. 그 밖에 동식물의 멸종과 같이 인간이 일부 원인을 제공한 죽음에 대해서도, 함께하는 애도를 통해 더 나은 방법을 찾아볼 수 있을 것이다.

도나 휴스턴 등은 장차 도시 연구와 계획가에게 공간 이용의 결정에서 다종 관계가 어떻게 윤리적, 정치적으로 고려될 수 있는지, 그리고 비인간을 도시 정치적 투쟁의 대상이나 상징으로 환원하지 않으면서 어떻게 의미 있게 참여시킬 수 있는지가 중요해질 것이라고 말한다. 도시와 장소를 만들 때 누가 비인간을 대변할 것인지, 그리고 비인간이 스스로를 대변할 수 있는지 여부와 방법에 대해 신중하게 그리고 비판적으로 생각해야 한다는 것이다(Houston, Donna J., et al. 2017, 9). 그리고 그러한 생각에는 다종 간 정의에 관한 사유가 동반되어야 할 것이다. 이 글에서 다종 도시를 위한 정의를 다종 공동체와 테라폴리스를 경유하여 사유해 보았다. 하지만 다종 도시를 위한 다종 간 정의의 철학적 바탕으로 너스바움과 해러웨이 입장 중에서, 어느 것이 더 나은 방향인지에 관한 비판적 논의는 이 글에 포함하지 못하였다. 이러한 남은 문제는 별도의 지면을 통해 후속 연구에서 도모하고자 한다.

:: 참고문헌

남종영. 2019년 5월 3일.「영국 개가 행복할까, 인도 개가 행복할까」.『한겨레21』. https://www.amoremall.com/kr/ko/display/main.
남주원. 2024년 1월 9일.「고양이와 들고양이가 어떻게 다를까」.『뉴스펭귄』. https://www.newspenguin.com/news/curationView.html?idxno=15819.
너스바움, 마사. 2023.『동물을 위한 정의 — 번영하는 동물의 삶을 위한 우리 공동의 책임』. 이영래 역. 알레.
도널드슨, 수·윌 킴리카. 2024.『주폴리스 — 동물 권리를 위한 정치 이론』. 박창희 역. 프레스 탁.
프레이저, 낸시. 2017.『전진하는 페미니즘 — 여성주의 상상력, 반란과 반전의 역사』. 임옥희 역. 돌베개.
프릭커, 미란다. 2025.『인식적 부정의 — 권력, 편견, 그리고 앎의 윤리』. 유기훈·정선도 역. 오월의봄.
해러웨이, 도나. 2021.『트러블과 함께하기 — 자식이 아니라 친척을 만들자』. 최유미 역. 마농지.
_____. 2022.『종과 종이 만날 때 — 복수종들의 정치』. 최유미 역. 갈무리.
현남숙. 2025.「인류세의 위기와 다종 간 지식의 요청 — 애나 칭, 쏨 반 두렌, 도나 해러웨이의 인간-너머 타자 이해를 중심으로」.『생명연구』75 : 91~115.
Alberti, Marina. 2024. "Cities of the Anthropocene : Urban Sustainability in an Eco-Evolutionary Perspective." *Philosophical Transactions* 379(1893) : 1~17.
Celermajer, Danielle, et al. 2020. "Multispecies Justice : Theories, Challenges, and a Research Agenda for Environmental Politics." *Environmental Politics* 30(1~2) : 1~22.
_____. 2025. *Institutionalising Multispecies Justice*. Cambridge : Cambridge University Press.

Haraway, Donna J. 2018. "Staying with the Trouble for Multispecies Environmental Justice." *Dialogues in Human Geography* 8(1) : 102~105.

Houston, Donna J., et al. 2017. "Make Kin, Not Cities! Multispecies Entanglements and 'Becoming-World' in Planning Theory." *Planning Theory* 17(2) : 190~212.

Kirksey, Eben, and Sophie Chao. 2022. "Introduction : Who Benefits from Multispecies Justice?" In *Who Benefits from Multispecies Justice?*, eds. Sophie Chao et al., 1~22. Durham : Duke University Press.

Lopez, Andrew. 2023. "Nonhuman Animals and Epistemic Injustice." *Journal of Ethics and Social Philosophy* 25(1) : 136~63.

Schlosberg, David. 2007. *Defining Environmental Justice : Theories, Movements, and Nature*. Oxford : Oxford University Press.

Swyngedouw, Erik. 2017. "More-Than-Human Constellations as Immuno-Biopolitical Fantasy in the Urbicen." *New Geographies* 1 : 20~27.

Wakefield, Stephanie. 2025. *Miami in the Anthropocene : Rising Seas and Urban Resilience*. Minneapolis : University of Minnesota Press.

Zaretsky, Adrian P. 2024. "Interspecies, Multispecies, or Transpecies Design?" In *Transpecies Design : Design for a Posthumanist World*, eds. Adrian P. Zaretsky and Michael Zatetsky, 6~23. London : Routledge.

4장 디지털폴리스와 포스트-정의

저월하는 비체들의 연대

이현재

1. 디지털 행성 도시화와 도시공동체의 파괴

일찍이 프랑스의 도시철학자 앙리 르페브르Henri Lefebvre는 도시적 삶이 전지구적으로 확산되는 경향을 "사회의 완전한 도시화"(르페브르 2024, 3)라고 표현한 바 있다. 한발 더 나아가 앤디 메리필드Andy Merrifield는 디지털 시대에 이르러 "도시혁명은 행성적 현상"(메리필드 1998, 191)이 되었다고 보았다. 오늘날 도시화는 행성 스케일에서 발생하고 있으므로 "행성 도시화"라고 불러야 한다는 것이다(같은 책, 41). 행성 도시화는 행성의 영토가 건조 환경으로 뒤덮이고 있다는 의미이기도 하지만 삶의 스타일로서의 도시문화urbanism가 디지털 연결망을 통해 행성 곳곳에 퍼지고 있음을 강조하는 개념이기도 하다. 이에 필자 역시 이 글에서 인공지능, 빅데이터 등 디지털 기술을 매개로 한 행성 스케일의 도시화를 "디지털 행성 도시화"digital planetary urbanization로 명명하고자 한다.

디지털 행성 도시화는 물질적이자 탈물질적인 과정 모두를 포함하고 있다.[1] 사람들은 디지털 도시화를 비트와 바이트의 비물질적 네트워크로 생각하곤 하지만, 이는 상

---

[1] 디지털 도시화가 탈물질화와 재물질화 과정 모두를 포함한다는 것에 대해서는 소자 2019와 이현재 2024를 참고하시오.

품생산과 소비, 디지털 소통을 위한 물리적 건조 환경 등 물질적인 토대 없이 진행되지 않는다. 비트와 바이트는 저장소와 에너지를 필요로 하며, 이를 마련하기 위해 우리는 땅속의 광물을 채굴한다. 이런 점에서 아이작 아시모프Isac Asimov는 소설 『파운데이션의 시작』에서 은하계를 지배하는 디지털 도시사회 '트랜터'를 한편으로는 "거대한 반딧불이 무리"로 묘사하지만, 다른 한편으로는 이것이 콘크리트 더미들로 이루어졌음을 분명하게 묘사한다.

> 트랜터의 사막과 옥토는 토끼장같이 비좁은 인간 사육장과 정글같이 뒤엉킨 행정 체계와 컴퓨터화된 시설과 식량과 부속품을 저장하는 광대한 창고로 뒤덮였고, 그렇게 바뀌었다. 대양저 밑을 파 들어가 끝없는 복도가 설치되었고, 대양은 거대한 해저문화 단지로 변했다. (Asimov 1983, 62 : 메리필드 1998, 40에서 재인용)

그러나 "디지털 행성 도시화"는 디지털 쓰레기의 증가와 채굴로 인한 환경파괴를 결과했으며, 환경파괴는 특히 가난한 여성과 제3세계의 삶을 위태롭게 하였다. 이는 "디지털폴리스"digitalpolis 2, 즉 디지털 시대의 행성 도시공동체

---

2. "디지털폴리스"(Digitalpolis)는 서울시립대학교 인문학연구소에서 만들어

가 비인간의 파괴와 더불어 인간의 삶의 파괴까지도 가져왔음을 의미한다. 또한 "디지털 행성 도시화"는 디지털 알고리즘을 통해 여성, 노인, 성소수자에 대한 혐오를 확산시키고 소수자들을 정치적인 담론의 장으로부터 배제시키기에 이르렀다. 낸시 프레이저Nancy Fraser의 용어로 표현하자면 이는 경제적 부정의, 문화적 배제, 정치적 배제의 위기로 인해 비인간과 소수자 존재들이 동등한 지위를 가진 담론의 파트너로 인정받지 못하게 되었음을 의미한다.

데이비드 하비David Harvey나 에드워드 소자Edward Soja와 같은 도시이론가들은 이러한 도시공동체의 파괴를 주로 인지자본주의나 기술주도 자본주의 등 자본주의 경제체계의 전지구화와 연관시켜 비판해 왔다. 그러나 자본주의 도시뿐 아니라 사회주의나 공산주의 도시에서도 도시공동체의 파괴가 발생한다면 이것은 자본주의 경제의 문제로만 환원할 수 없는 것이 아닌가? 디지털 행성 도시화로 인한 삶의 파괴를 좀 더 포괄적으로 다루기 위해서는 경제적 영역뿐 아니라 문화적, 정치적 영역에 전제된 인문적 원리들을 살펴야 하는 것이 아닌가? 기존의 도시이론가들은 또한 도시공동체를 인간 시민들의 공동체로만 이해함으로써 동물이나 식물과 같은 자연뿐 아니라 인공지능 로

낸 조어로서, 디지털 시대의 도시공동체를 의미한다.

봇이나 앙코마우스 등 최첨단 기술을 통해 만들어진 인공물들의 생명을 충분히 숙고하지 못했다. 그렇다면 이제 도시공동체에 대한 모색은 인간-비인간 관계를 단절시키지 않는 삶의 조건이 무엇인지 역시 묻는 데서 시작해야 하는 것이 아닌가?

이에 필자는 이 글에서 행성 파괴의 원인을 인류세anthropocene의 농업로지스틱스agricultural logistics에 내재된 인문적 원리를 통해 진단하고 있는 티머시 모턴Timothy Morton의 논의를 검토하고자 한다. 그의 농업로지스틱스의 인문적 원리는 자본주의 경제뿐 아니라 농업을 둘러싸고 진행된 기계화 사회의 인문적 전제들을 모두 포괄할 뿐 아니라 인간과 비인간의 관계까지도 함께 바라볼 수 있는 포스트-인문적 시각까지도 제공하기 때문이다. 이는 또한 행성 차원에서 벌어지고 있는 인간/비인간, 생산/재생산, 경제/비경제의 단절을 극복할 수 있는 디지털 도시공동체의 포스트-인문적 조건이 어떤 방향일지를 모색하는 데 중요한 단서를 제공한다.

이를 위해 필자는 2절에서 모턴과 함께 행성 도시공동체의 파괴가 인류세의 농업로지스틱스와 연관되어 있음을 보여주고자 한다. 즉 인간을 대상을 규정하고 통제하는 유일한 상관자로 보는 방식, 공동체 전체의 목적이 부분보다 더 크고 중요하다고 보는 외파적 전체론^{explosive whole}, 비모순율, 알고리즘 등의 인문적 원리로 인해 행성도시는 인간/비인간, 주체/객체의 단절^{severing}, 파괴, 혐오를 낳게 되었다는 것이다. 3절에서는 모턴이 제시하는 대안의 방향을 점검하면서 인간과 비인간 관계의 단절을 넘어서는 디지털 시대 정의로운 도시공동체를 위한 포스트-인문적 비전을 모색한다. 여기서 필자는 인류를 타자와 얽힌 공생적 실재로, 공동체를 부분이 전체보다 큰 내파적 전체^{implosive whole}로 인식할 필요가 있음을 주장하고자 한다. 나아가 인류는 자신에게 들러붙어 있는 비체성에 주목하면서 자신을 모순을 가진 저주체^{hyposubject}로 받아들이고, 이를 통해 부분과 관계의 틈새 아래로 저월^{subscendence}하는 것이 필요함을 보여줄 것이다. 여기서 한 발 더 나아가 4절에서 필자는 정의로운 도시공동체 디지털폴리스를 "저월하는 비체들의 연대"로 규명하는 가운데, 정의로운 도시공동체적 연대를 위해서는 공감이나 연민과 같은 인간 우월적 감정이 아니라 내 안에 얽혀 있는 타자를 마주했을 때의 기이한 낯섦을 견디는 것이 중요함을 주장하고자 한다.

2. 디지털폴리스의 불가능성 : 농업로지스틱스의 인문적 원리와 단절

티머시 모턴은 행성공동체의 파괴를 근대에 국한된 자본주의 경제체제가 아니라 농업의 발전과 함께 본격적으로 시작된 인류세의 인문적 원리들을 통해 분석한다. 그에 따르면 작금의 재난은 인간세계에 국한된 것이 아니라 인간과 관계 맺고 있는 땅, 식물, 동물 등 비인간을 포함하는 행성적 규모에서 벌어지고 있으며, 근대 자본주의 경제에 국한된 것이 아니라 농업의 기술적 발전 전반을 규정해온 인간문명 전반과 관련되어 있다.

	모턴에 따르면 인류세의 기간에 인간문명을 지배해온 원리는 농업로지스틱스이다. 그의 사고에 따르면 "지구온난화는 산업화의 증상이고, 산업화는 대규모로 가속화된 농업의 증상"(모턴 2024a, 75)이다. 농사는 증기기관과 산업화 그리고 디지털화로 점철된 1만 2천년의 기계화의 역사를 갖는데 모턴은 이 기계화 프로그램에 깔린 원리를 농업로지스틱스라고 부른다.

	그 프로그램은 초객체3, 전 지구적 농업을 창조합니다. 전

---

3. 모턴은 "시간과 공간에 걸쳐 너무도 방대하고 다면적으로 분산"되어 있는 것을 "초객체"(hyperobject)라고 부른다. 모턴은 그중에서도 인류세의 자기중심적 인간으로 인해 만들어진 초객체, "예를 들어 지구 온난화, 혹은 항생제, 혹은 플라스틱 봉투, 혹은 자본주의"에 주목하는데 이것은 우리를 늘 감싸고 초과하고 있다(모턴·보이어 2024, 17).

4장 디지털폴리스와 포스트-정의

지구적 농업은 할아버지 초객체, 인간이 만든 최초의 초객체이며 이후 더 많은 초객체의 부친이 되었습니다. 이 할아버지 초객체는 처음부터 인간과 다른 생명체에게 유독하였으며, 컴퓨터 프로그램처럼 맹목적으로 작동합니다. 이제 알고리즘이 농업로지스틱스의 범위를 늘리는 데 중요한 역할을 하기에 그 상동성homology은 엄밀합니다. 빅데이터Big data는 더 큰 농장을 만듭니다. (같은 책, 83)

모턴에 따르면 농업로지스틱스는 인간과 비인간 세계를 경계 짓고, 문화와 자연을 분열시킴으로써 큰 성공을 거두었지만, 결국 여섯 번째 대멸종과 소수자 혐오에 가장 큰 책임을 갖는다. 이에 필자는 이 장에서 모턴이 농업로지스틱스의 인문적 원리로 제시하고 있는 강한 상관주의, 외파적 전체론, 비모순율, 알고리즘 등을 살펴보면서, 이러한 원리들이 환경파괴와 사회적 부정의와 같은 오늘날의 행성 도시공동체의 파괴와 어떤 연관이 있는지를 비판적으로 분석해 보고자 한다.

2.1 강한 상관주의와 객체의 '단절'

모턴은 『인류』에서 주체의 "강한 상관주의"strong corelationism를 농업로지스틱스의 가장 첫 번째 원리로 언급한다. 상관주의에 따르면 사물은 궁극적으로 인간 주체에게 보이는 바대로 존재하는 것이다. 상관주의에 따르면 "물자체는 상관자에 의해 상관관계를 맺을 때까지는 현실화되지 않는다."(모턴 2021, 25) 티머시 모턴에 따르면 농업에서 산업, 디지털화에 이르기까지 문명발전과 그 파괴를 낳은 농업로지스틱스의 인문적 원리는 바로 인간을 유일한 상관자로 두는 상관주의였다.

그에 따르면 칸트의 초월론적 주체는 "약한 상관주의"이다. 왜냐하면 칸트는 인간이 완전히 파악할 수 없는 물자체가 그 자체로 존재한다는 것은 인정했기 때문이다. 칸트에 따르면 물자체는 인간과 상관없이 그 자체로 존재하지만 그것이 드러나는^{seem} 방식은 주관의 선험적 도식에 의존한다. 칸트의 상관주의란 물자체는 있지만 마치 지휘자가 음악작품을 지휘함으로써 그것을 현실화시키듯이 주체에 의해 현실화된다고 본다. 이와 달리 헤겔의 정신은 무엇이 실재로 간주되는지도 판단하는 결정자이다. 이런 점에서 헤겔의 상관주의는 물자체를 전적으로 배제하는 "강한 상관주의"(같은 책, 17)라고 할 수 있다.

강한 상관주의의 중심에는 인간이라는 유일한 상관자가 강력하게 자리 잡고 있기 때문에 주체는 자신으로부터 분리된 사물, 객체로부터 나타나는^{appear} 행위자성을 제대로 볼 수 없다. 인간의 의도와 목소리가 커질수록 객체와 비인간의 목소리는 들리지 않는다. 이것이 바로 그가 말하는 주체와 객체 사이의 '단절'이다. 객체는 주체가 이용하거나 구성하는 것이지 관계를 맺는 존재가 아니다. 여기서 헤겔의 정신은 객체의 소리로부터 완전히 단절된 "대문자 인간"Human, "초주체"hypersubject(모턴·보이어 2024, 18)이기에 주체는 자연을 자신과 상호적인 관계를 맺고 있는 객체로 인식할 수 없다.

모턴은 백인, 남성, 북부의 영양상태가 좋고 모든 의미에서 근대적인 사람들, 초월을 추구하는 사람들, 이성과 기술을 일을 완수하기 위한 도구로 사용하는 사람들을 초주체의 사례로 열거하면서, 초주체의 상관주의로 인해 인간과 비인간의 근본적 공생이라는 실재가 망각되기에 이르렀다고 본다. 모턴은 자끄 라깡을 인용하면서 단절은 "'현실(인간과 관련된 상관적 세계)'과 '실재'(인간 부분과 비인간 부분 간의 생태적 공생) 간의 근본적이고 트라우마적인 균열"(모턴 2021, 37)이라고 설명한다. 라깡에 따르면 단절은 "인간과 비인간의 공생적 실재에 대한 근본적인 사회적 정신적 철학적 폐제foreclosure 이후로 바탕적인 것이 되었다"(같은 책, 33).

모턴의 말대로, 강한 상관주의는 객체로부터 오는 행

위자성을 삭제한다는 점에서 사디즘적 향락의 양식이라고 할 수 있다. 그에 따르면 칸트의 미는 원격감응이나 원격작용, 즉 무생명적 존재나 회화 혹은 음악 작품 같은 것에서 발산하는 행위성이나 생기 같은 것을 제거한 버전이다. 필자는 이러한 사디즘적 향락의 양식이 디지털 시대로 오면서 극대화된다고 본다. 사이버 공간을 가득 채운 이미지는 사용자의 육체성과 타자 연관성을 망각시키며, 이에 사용자에게는 타자 또는 객체 자체로부터 오는 소리에 귀 기울일 수 있는 기회가 더욱 희박해진다.

2.2 외파적 전체론과 부분의 배제

모턴은 또한 농업로지스틱스가 "외파적 전체"의 개념을 전제로 하고 있다고 본다. 외파적 전체론에서 전체는 부분보다 더 크고 중요한 중심으로 여겨진다. 따라서 부분들은 전체의 목적에 따르는 작은 부분이 된다.

모턴에 따르면 자본주의 경제가 모든 것을 집어삼킬 것이라고 보는 지구화 담론은 외파적 전체의 대표적인 사례다. 자본주의에서 모든 부분들은 이윤추구와 축적의 원리에 따른다. 따라서 자본주의 경제시스템을 변화시킬 수 있는 것은 공산혁명 등과 같은 외부적인 요인에 의해서만 가능한 것으로 나타난다. 그 밖에 파시즘도 전체를 위해 부분을 희생시키는 외파적 전체이다. 모턴은 1992년 UN 정상회의 이후 신자유주의적 경제체계를 지속·성장시키기 위해 산호, 인간, 키위새, 이끼류 등 비인간과의 연대를 하찮은 것으로 만들어 버린 미국의 우파 파시스트 역시 외파적 전체관을 전제로 하고 있다고 주장한다.

외파적 전체론은 결국 전체, 중심을 강조하는 가운데 부분과 주변의 독자적 역할을 배제하게 된다. 부분과 주변의 역할은 강력한 전체와 중심의 목표에 기여해야 한다. 따라서 외파적 전체론에서 변화는 오직 그 전체의 '외부'를 상정함으로써만 가능하다. 그러나 우리는 우리가 살고 경험하는 세계 "외부"의 시점을 획득할 수 있는가? 우리는 기후위기를 낳은 인류세의 "외부"를 경험할 수 있는가? 외부로의 초월이 가능한 자가 있을 수 없다면, 우리는 행성 파괴를 한탄하는 것 이상을 실천하기 어렵다.

2.3 비모순율(배중률)을 통한 중간지대의 삭제

나아가 농업로지스틱스는 비모순율이나 배중률에 따른다. 비모순율이란 모든 존재는 A 아니면 ~A로서, 양자는 함께할 수 없다는 것이다. 비모순율에 따르면, 삶은 죽음과 함께 존재할 수 없다는 점에서 순수한 생존, 즉 대문자 삶Life이 되어야 한다. 자아는 타자와 함께 존재할 수 없다는 점에서 순수한 동일자가 되어야 한다. 여기서 비인간 생명은 인간의 대문자 생명을 위해, 타자성과 이질성은 동일성을 위해 통제된다. 양자는 비모순율에 위반되므로 공존할 수 없다.

브라이도티에 따르면 대문자 삶^{Bios}은 인간의 특권, 남성의 특권, 백인의 특권이었다. 휴머니즘 안에서 서구 백인 남성의 생명은 그 어떤 것보다 우선적인 것이 되며 인간 이외의 생명, 가령 동양 유색인 여성이나 동물 또는 식물과 같은 비인간의 생명은 인간을 위해 착취되거나 이용될 수 있는 조에^{zoë}로 간주되었다(브라이도티 2015, 81~82). 모턴의 주장에 따르면 비모순율은 우리로 하여금 순수한 생명, 더 순수한 생명의 지속이라는 원리를 좇게 만들기 때문에 여기서는 죽음, 죽은 것도 산 것도 아닌 것, 죽은 것과 산 것의 얽힘 역시 '순수'한 삶과 함께 존재할 수 없는 모순적 영역으로 배제된다.

근대의 휴머니즘은 주체의 성립을 방해하는 이러한 모순적 영역들을 배체하는 데서 시작한다. 크리스테바가 "비체화"^{abjection}(크리스테바 2000, 319)라는 개념을 통해서 주장했듯, 아이가 상징계의 주체가 되기 위해서는 자기 안에 있는 죽음과 관련된 것, 비인간적인 것, 사회의 지배적 규범에 반하는 것, 모순적인 것을 버려야 한다. 왜냐하면 그것은 주체의 비모순율에 위배되기 때문이다.

> 주체는 자신이 비체의 용품들로 구성되어 있지 않다고 생각하도록 스스로 강제할 때 창조됩니다.(모턴 2024a, 238)

크리스테바의 비체화 분석은 지그문트 프로이트Sigmund Freud의 정신분석에 기대고 있는데, 프로이트에 따르면 한때는 우리에게 친숙했으나 배제해(죽여)버린 또 다른 나의 모습은 완전히 우리를 떠나지 않는다. 오히려 비체는 특정한 계기를 통해 우리에게 유령처럼 나타난다. 자끄 데리다Jaques Derrida의 설명에 따르면 유령은 "있음과 있지 않음"(Derrida 1994, 12)의 사이에 존재하며, 깁슨-그레엄J.K. Gibson Graham의 설명에 따르면 존재함과 존재하지 않음의 대립을 넘어서는 데리다의 유령은 죽음과 삶의 대립의 해체를 위해 탄생한 개념이다(깁슨-그레엄 2013, 354). 그러나 죽음, 자연, 비인간으로부터 분리된 대문자 삶을 강조하는 인간중심적 도시 문명은 모순적인 것, 비체적인 것, 유령적인 것을 금기시하는 문화를 발달시켰다. 모턴에 따르면 심지어 가부장제적 종교에서 이는 '악'으로 규정되어 멸종되기에 이르렀다. 즉 초주체의 원리에 따라 단절의 삶을 영위하고자 하는 가부장제 문화는 중간지대, 공생적 삶의 유령성과 단절한다. 이런 맥락에서 비모순율을 기초적 원리로 삼는 도시공동체 역시 공생적 존재로부터 오는 유령성과 비체성을 배제한다고 할 수 있다.

필자는 디지털 행성 도시화의 과정에서 비모순성에 대한 갈망은 더욱 드높아지고 있다고 본다. 헤겔의 의식철학에서 '정신'이 모순을 배제하는 과정을 이끌었다면, 디지털 행성 도시에서 모순의 배제는 자신의 정체성을 상상적으로 단일한 것으로 유지하려는 사이보그들에 의해 강화된다. 케레스테 올랄키아가Celeste Olalquiaga에 따르면 사이버 공간에서 사용자는 자신의 몸에 대한 상상계적 이미지와 현실적 몸 사이의 자기분열을 경험하게 되는데, 이미지가 현실보다 더 강력한 영향을 미치는 사이버 공간에서 사용자는 모순적으로 나타나는 현실적 몸들을 배제하기 위해 뚜렷한 동일성을 갖는 몸의 이미지를 강화한다(Olalquiaga 1992). 여기서 현실적 자아의 다양한 모습이나 비체성은 순수한 상상계적 자아 이미지를 위해 배제된다. 온라인 커뮤니티를 진입장벽이 높은 "출입제한 공동체"gated community로 만들려는 시도들은 이도 저도 아닌 불쾌한 것, 모순적인 것, 비인간적인 것을 인간 세계로부터 근본적으로 없애려는 시도라 할 수 있다(요시하라 2010, 295).

2.4 알고리즘을 통한 차별과 혐오의 확산

순수한 자아, 순수한 주체, 순수한 생명의 이미지는 알고리즘에 의해 반복된다. 반복을 통해 알고리즘은 광의의 현상학적 의미에서 자동화된 인간적 '스타일'을 만들어 낸다. 스타일이 과거의 반복이라는 점에서 인간에 대한 알고리즘은 과거 인류의 스냅사진이라고 할 수 있다. 그러나 순수한 자아 이상이 알고리즘에 의해 반복될수록 실재의 다양성, 미래의 모순성, 자기 안의 타자성과 비인간성은 공격의 표적이 된다. 자신에게 들러붙어 있는 비체성과 유령성을 악으로 규정함으로써 자신의 비모순성을 유지하려는 흐름은 순수한 전체, 순수한 생명, 순수한 자아를 유지하기 위해 애매모호한 것들을 멀리하라고 속삭인다. 이때 순수한 정체성을 반복하는 알고리즘은 소수자 혐오나 인종청소를 정당화하는 파시즘으로 연결되기도 한다.

> 모든 박테리아를 지배할 유일한 하나의 항균 비누를 고안하려고 시도하는 것입니다. 극단적인 증상 중 하나는 나치즘으로, 그것은 자신에게서 일거에 비체적 체화를 완전히 벗겨내려는 시도를 의미합니다. (모턴 2024a, 212)

과거에는 국가 이데올로기나 종교가 반복적 실천을 수

행하도록 이끌었지만 디지털 시대 사이버 공간에서 반복을 이끄는 것은 "도시 상상계"the urban imaginary이다. 소자에 따르면 "도시 상상계라는 용어는 도시 현실에 대한 정신적 또는 인지적 지도 그리기를 의미하며, 또 우리가 살아가는 장소, 공간, 공동체에서 생각하고, 경험하고, 평가하고, 결정하는 행동에 필요한 해석의 기준을 의미한다"(소자 2019, 324). 컴퓨터 알고리즘에 의해 반복되는 도시 상상계는 사용자를 모순 없는 순수한 정체성에 대한 욕망으로 이끈다. 무엇보다도 심각한 문제는 알고리즘으로 인해 생길 수밖에 없는 인지편향은 모순적인 것을 공동체로부터 배제하여 공동체를 '순수한' 동일성으로 만들고자 하는 파시즘적 혐오를 확장시킨다는 것이다. 우리 사회에 만연한 노인 혐오, 성소수자 혐오, 여성혐오, 외국인 혐오는 바로 디지털 알고리즘과 비모순율의 사고가 함께 만들어 낸 공동체 파괴의 사건들이라고 할 수 있다.

결국 강한 상관주의, 외파적 전체, 비모순율 그리고 알고리즘이라는 인문적 원리를 전제로 하는 디지털 행성 도시화는 주체와 객체를 단절시키고 나아가 우리를 공생적, 모순적 삶으로부터 배제시킬 뿐 아니라 행성적 파괴와 양극화라는 부정의한 상황을 낳기도 한다. 따라서 이러한 인문적 원리하에서는 비인간, 타자, 유령성 그리고 비체성을 포용하는 도시공동체, 디지털폴리스의 가능성은 완전히 사라지는 것처럼 보인다.

3. 디지털폴리스의 포스트-인문적 가능성 : 저월하는 비체 되기

그렇다면 농업로지스틱스에 기반을 두고 있는 디지털 행성 도시화가 만들어낸 이러한 단절은 어떻게 벗어날 수 있는가? 정의로운 도시공동체, 디지털폴리스의 가능성은 어떤 새로운 원리를 필요로 하는가? 새로운 원리로의 터닝 포인트를 만드는 것은 무엇인가? 이에 필자는 모턴이 이야기하고 있는 깨달음의 역설에 주목하고자 한다.

모턴에 따르면 우리는 단절로 인한 행성 규모의 재난, 바로 그 상황에서 역설적이게도 서로가 연결되어 있음을, 인간이 비인간과의 근본적인 공생체임을 알아차리게 된다(모턴·보이어 2024, 105). 인간은 "자신의 비인간 지위를 인식"(모턴 2024a, 279) 할 수 있게 되며, 이를 통해 비로소 비인간으로서의 사고, 생태적 사고가 가능하다. 이것이 바로 모턴이 말하는 생태적 알아차림, "에코그노시스"ecognosis(같은 책, 80)이다. 재난의 상황에야 알게 되는 공생적 존재에 대한 깨달음은 로지 브라이도티Rosi Braidotti의 이론에서도 나타난 바 있다.

> 코로나19와 같은 규모의 팬데믹을 겪으며 서구 세계는 토착민들의 철학과 우주관에서 전해져 내려오는 태고의 진리를 뼈저리게 느끼게 된다. 즉 인간이든 다른 존재든, '우리' 모두가 이 행성적 조건 속에 함께 있다는 사실이다. (브라이도티 2024, 21)

"우리가 이렇게 함께 있다"We are in this together(같은 책, 176)는 깨달음은 공교롭게도 인간중심주의가 자신을 극단의 단절로 밀고 갔기에 나타나게 된 행성적 재난의 상황에서 나타난다. 대단히 넓은 영역에 많이 퍼져 있는 기후위기와 같은 초객체의 시대에 인류는 비인간 생명의 파괴가 결국 자신의 생명을 위협하고 있음을 성찰하게 된다. 코로나19로 인해 인류는 비로소 자신의 몸이 독립된 개체가 아니라 수많은 비인간 바이러스들이 드나드는 장소임을 알게 된다.

물론 모턴에 따르면 이런 상황에서도 인류는 자신의 근본적 공생성을 깨닫지 못하고 다른 방향으로 태도를 취할 수 있다. 가령 공포와 위협을 피하기 위해 인종, 민족의 순수성을 더욱 강조하는 우익적 판타지로 후퇴하거나, 더 이상 어떻게 할 수 없다는 공포와 죄책감의 서사에 매몰된 채 한탄하는 좌파 무기력에 빠질 수 있다. 그는 오늘날 '순수성'을 강조하면서 경계를 강화하는 극우의 흐름이 나타나는 것을 세계가 더 이상 안정적으로 통합될 수 없다는 공포감에 사로잡힌 주체의 반동적 태도로 해석한다. 이들은 인간-비인간의 공생적 삶으로부터 오는 유령성에 대한 공포를 견디지 못하고 여전히 과거의 순수한 동일성을 반복하고자 한다. 좌파 역시 자신이 더 이상 이 세계를 변화시킬 수 없다는 '공포'를 벗어나지 못한 채, 전지구적 재난을 자신의 무능력의 탓으로 돌린다. 일찍이 이브 세즈윅Eve Sedgwick은 이를 좌파 멜랑콜리라고 표현한 바 있다.

좌파든 우파든 이들은 모두 자신이 공생적 실재이자 삶과 죽음을 드나드는 유령적인 존재라는 점, 유령처럼 떠도는 비체성을 자기 안에 가지고 있는 모순적인 존재라는 것을 적극적으로 인정하지 않았다. 즉 이들은 인간이 비인간과 구분되는 존재가 아니라 "인간이 아닌 사물들 — 예를 들어 인간의 DNA가 없는 것 — 과 인간적 사물들 — 인간의 DNA를 가지고 있는 것 — 의 무더기 또는 회집체assemblage"(모턴 2024a, 47)에 가까운 것임을 인정하지 못한다. 또한 이들은 세계를 바꿀 수 있는 가능성이 외부가 아니라 내부의 부분에 있다는 사실을 알지 못한다. 이들은 전체보다 큰 부분들이 연결될 때 비로소 진화가 일어난다는 사실을 인정하지 못한다.

그러나 인류가 자신을 인간과 비인간이 함께 존재하는 모순적 존재로 인정하게 될 때 비로소 주체에서 "저주체"로의 전환이 가능하게 된다. 모순을 용인하는 새로운 도시공동체의 탐색 가능성이 열리게 된다. 그에 따르면 단절로 인한 공동체의 파괴를 해결하는 길은 더 확실하고 강한 주체의 초월transcendence로 나아가는 것이 아니라 자신이 얽힘의 공생적 실재, 유령성, 비체성을 가진 존재임을 인정하면서 이를 마주할 수 있는 틈새와 부분들의 연결로 나아가는 것이다. 이것이 바로 티머시 모턴이 제안하는 "저주체"의 "저월"subscendence이다.

이에 필자는 이 절에서 티머시 모턴과 함께 저주체들의 저월이 가능한 도시공동체를 형성하기 위해서는 우선 폴리스의 구성원들을 비인간과 모순적이고 복잡하게 얽혀 있는 체현된embodied and embedded 저주체로 인정할 필요가 있으며, 디지털폴리스를 부분적 연결에 의해 내파되는 전체로 간주할 필요가 있음을 주장하고자 한다. 필자는 이것이 소수자와 비인간의 공생을 고려하는 디지털폴리스의 포스트-인문적 비전이라고 본다.

3.1 초주체에서 저주체로

먼저 모턴이 상관주의적 초주제로부터의 전환을 위해 사용하는 "저주체"라는 개념이 무엇인지부터 자세히 살펴보자. 이를 이해하기 위해서는 객체지향존재론Object Oriented Ontology(이하 OOO)과 신유물론new materialism에 대한 이해가 필요하다.

모턴에 따르면 OOO는 "사물이 심오하게 '물러난'withdrawn 방식으로 현존한다고"(모턴 2024a, 39) 생각한다. OOO에서 객체는 자기 자신에 의해서도 관계를 맺고 있는 다른 객체를 통해서도 완전히 포착될 수 없다. 어떤 행위자도 객체에 직접적으로 접근할 수 없다. 이런 점에서 객체지향존재론은 객체가 인간 주체에 의해 완전히 파악될 수 있다고 생각하는 강한 상관주의와 다르다. 그러나 그럼에도 불구하고 모턴은 사변적 실재론자와 다르게 객체가 그 자체로 존재한다고도 말하지 않는다. 왜냐하면 객체는 인간이나 사물과의 관계 안에서 존재하며 그 관계에 영향을 받고 주면서 존재하기 때문이다.

> 그리고 저는 제(또는 역사, 경제 관계, 의지, 현존재)가 그 여건과 상관관계를 맺는 방식 외부에는 사물이(저에게 의미 있게) 현존하지 않는다는 그런 방식으로 그 여건을

포착합니다. (같은 책, 39)

　이런 점에서 모턴은 자신이 일종의 "상관주의자"[4]라고 말한다. 그러나 상관주의자들과 달리 모턴은 인간만이 상관자라고 보지 않는다. 인간만이 아니라 모든 사물들이 사물들과 관계를 맺고 있다. 이런 점에서 모턴은 행위자들 간의 관계를 통해 세계를 설명하는 브뤼노 라투르Bruno Latour나 객체들이 그와 관계를 맺는 다양한 사물들과 함께 현상한다고 생각하는 하먼의 객체지향존재론과 궤를 같이한다(하먼 2019, 325). 즉 사물은 인간뿐 아니라 다른 사물들과의 관계 속에서 현상한다. 이것이 바로 상관주의에서 관계주의로의 전회라고 할 수 있다. 여기서 인간은 특권적 지위를 내려놓게 되며 모든 사물은 인간과 마찬가지의 행위자가 된다.

　모턴에 따르면 OOO에서 인간이 사물을 생각하는 것은 사물이 사물과 관계를 맺는 일과 그다지 다르지 않다.

　내 생각에 OOO는 나, 즉 일종의 추정적이거나 휴면 상태

---

4. 물론 필자는 여기서 인간뿐 아니라 다른 객체들과의 관계까지도 고려한다는 점에서 "상관주의"라는 개념보다 "관계주의"라는 개념이 더 적절하다고 본다.

이거나 혹은 표상적일 수 있는 것, 혹은 '주체'의 질 안 좋은 복사, 대리, 혹은 우스꽝스러운 패러디인 내가 사물에 관해서 생각하고 말할 때 하는 일과 콤부차 한 병이 탁자에 놓여 있을 때 하는 일 사이에는 차이가 별로 없는 거라고 말할 거야. (모턴 2024a, 60)

여기서 우리는 모턴이 OOO와 함께 인간뿐 아니라 비인간까지도 동등한 행위자로 생각하는 생태현상학으로 나아가고 있음을 알 수 있다. 그러나 모턴은 OOO 논자들과 달리 행위자성을 갖는 존재를 '객체'가 아니라 "저주체"로 명명한다. 그에게 인간뿐 아니라 비인간 존재자들 역시 행위자성을 갖는다는 점에서 여전히 일종의 주체이다. 그러나 이 주체는 유일한 상관자로서 자신으로부터 분리된 대상을 통제하는 인간 초주체와 다르다는 점에서 "저주체"이다.

나아가 그가 생각하는 저주체는 주체와 마찬가지로 행위자성을 갖지만 주체와 달리 통일적이거나 일관적이지 않다. 그에 따르면 한 사물의 형상 또는 본질은 "그 사물에 일어난 일"(같은 책, 63)인데 그 사건은 인간뿐 아니라 무수한 비인간들과의 관계 속에서 발생하기에 그 사물은 일관적인 본질을 가질 수 없다. 가령 바나나의 본질은 인간이

먹고 맛보며 사용하는 내용으로만 구성되지 않는다. 바나나의 본질은 무수한 관계에서 나온 데이터 집합일 뿐이다. 바나나는 인간만큼이나 허리케인이나 달팽이의 바나나이다. 따라서 바나나는 서로 모순적인 부분들을 가질 수 있으며 이러한 부분들의 연결은 예상치 못한 변화로 이어질 수 있다. 이런 점에서 '바나나'나 '개구리'는 "자신의 부분의 합보다 작은"(같은 책, 72), 그래서 비일관적인 "저주체"이다.

필자는 이러한 모턴의 "저주체" 논의가 신유물론자들의 체현 논의에 맞닿아 있다고 본다. 가령 교차성 페미니즘에 기반하여 인간의 다층적 몸을 설명하는 로지 브라이도티의 논의를 들여다보자. 그에 따르면 인간은 다층적으로 체현된 존재이다(브라이도티 2024, 190). 가령 '여성'을 생각해 보자. 미국 국적을 가진 한 백인 여성의 몸에는 젠더 관계에서의 소수자성, 경제적 빈곤, 인종적 지배 권력이 복잡하게 모순적으로 교차한다. 여기서 '여성'이라는 개념은 통일적이고 일관적인 전체가 아니며, 다양한 관점의 복잡한 관계 속에서 얽혀 있는 "자신의 부분들의 합보다 작"(같은 책, 72)은 전체이다.

이러한 모턴의 "저주체"는 린 마굴리스의 "공생적 실재"라는 개념을 토대로 생태적 존재들을 인간-비인간 회집체로 설명하는 신유물론의 논지에도 맞닿아 있다. 모턴에 따르면 인간은 다양한 비인간 사물들로 이루어져 있다. 인간은 바이러스와 수많은 박테리아로 이루어진 회집체이다. 저주체로서의 인간은 사실상 자신에 의해서도 완전한 접근이 불가능하다. '나'는 내가 의식 속에서 구성하는 나 이외에도 가령 내 몸속의 바이러스가 21세기의 도시 환경과 맺음으로써 갖게 된 데이터 등에 의해 구성되어 있기 때문이다. 자신이 비인간적인 것, 타자성과 함께 얽혀 있으며, 그런 점에서 자신은 자신에게도 낯선 존재라는 것을 알아차린 인간은 "자신의 비인간 지위를 인식"(모턴 2024a, 279) 할 수 있게 되며, 이를 통해 비로소 비인간으로서의 사고, 생태적 사고가 가능하다.

이로부터 필자는 디지털폴리스의 새로운 가능성을 도출하고자 한다. 즉 단절을 넘어서는 디지털폴리스의 조건을 논의하기 위해서는 인간뿐 아니라 비인간 역시 행위자성을 갖는 도시공동체의 공생적 구성원 즉 저주체로 인정할 필요가 있으며, 도시공동체와 그 구성원들을 전체보다 더 큰 부분들을 갖는 모순적이고 비일관적인 "저주체"로 인정할 필요가 있다는 것이다. 이는 우리를 디지털폴리스의 포스트-인문적 비전으로 인도한다.

3.2 외파적 전체에서 내파적 전체, 부분객체로

인간과 비인간 모두를 복잡한 관계 속에서 서로 얽혀 있는 저주체로 보게 될 때 우리는 또한 디지털폴리스를 부분의 합이 전체보다 큰 "내파적 전체"로 이해할 수 있게 된다.

내파적 전체로서의 사물들은 인간 상관자에게 보여진 존재가 아니라 물러났다가 유령처럼 나타나는 존재가 된다. 여기서 인간이든 공동체든 그러한 전체는 하나의 원리에 의해 규정되는 일관적이고 유기적인 전체의 개념을 넘어선다. 이러한 전체들에는 예측하지 못했던 비일관성, 유령성, 흔들림을 가져오는 부분들로 가득하다. 필자는 이 유령적 부분들이 바로 모턴이 "부분객체"partial object(모턴 2021, 116)라고 부른 것에 해당한다고 본다. 이 부분객체들은 초주체가 구성하는 전체를 넘어선다는 점에서 전체보다 큰 부분들이다. 『인류』의 다음과 같은 구절은 이를 명시적으로 보여준다.

> 전체는 헤아릴 수 없을 정도로 많은 미결정적 요소들을 가진 더미heaps이다. … 전체는 하나이고 그 구성원은 하나 이상이다. 따라서 전체는 항상 그 부분들의 합보다 더 작다. (같은 책, 194~195)

모턴에 따르면 사물들은 하나의 원리에 의해 완전히 규제될 수 없는 부분객체들로 떠들썩하다는 점에서 내부로부터 침몰되는 내파적 전체다. 내파적 전체론에서 부분은 전체로 환원되지 않으며 잉여와 초과를 낳는다(같은 책, 117). 여기서 변화는 우리와 전적으로 단절되어 있는 외부로부터 오는 것이 아니라 부분적으로 얽혀 있는 우리 내부에서 온다.

나타남은 부분이다. 존재는 전체이다. 언제나 존재보다 나타남이 더 많다. 존재는 존재론적으로 작다. 그래서 사물이 발생할 수 있는 것이다. 사물이 작용하는 방식과 당신이 사물을 사용하는 방식, 그리고 사물이 조사되거나 구속되었을 때 일어나는 일을 비롯한 나타남은 마치 모든 것이 일종의 판도라의 상자에서 쏟아져 나오는 것처럼 사물에서 쏟아져 나온다. (같은 책, 239~240)

『저주체』의 다음과 같은 구절에도 주목해 보자.

내파implosion라면 어때? 나 자신으로부터 부글부글 넘쳐 나오는 대신, '나 자신보다 더 많은 것들로 내가 무너져 내리도록' 말이야. 거기에는 초과가 있지만, 그건 터져 나오는 어떤 것이 아니라 오히려 나를 내파하는 거야. 내 장내의 세균이 쉽게 할 수 있는 것처럼 말이야. (모턴·보이어 2024, 153)

모턴의 설명에 따르면 히에로니무스 보스의 작품 〈지옥〉에 부분대상들(위, 엉덩이)의 공간이나 공생(인간을 배설하는 새)의 공간이 위험한 향락으로 표현되는 것은 이러한 부분대상들이 과잉을 통해 초월적 전체를 내파할 수 있기 때문이다. 부분대상들은 초월적 존재보다 크다. 따라서 상관주의와 외파적 전체론에 기반해 있는 종교들은 부분대상들을 신에 대한 위협으로 간주하곤 했던 것이다.

모턴은 단절을 결과하지 않는 새로운 공동체주의로 나아가기 위해서는 모순적 공생이나 부분들의 연결을 통한 변화를 인정하는 내파적 전체론으로의 전환이 필요하다고 본다. 다시 말해서 새로운 공동체는 전체가 부분보다 커서 전체가 부분들을 통제하는 형식이 아니라, 부분이 전체보다 커서 전체가 언제나 부분들의 넘침을 민감하게 관찰하고 그에 조율하는 공생적 실재가 되어야 한다는 것이다. 그에 따르면 전체보다 큰 부분들의 공생적 실재를 배제하지 않는 공동체는 기이한 '내파적 전체'인데, 이 공생에서는 존재자들 간의 관계가 울퉁불퉁하고 미완결적이며 누가 숙주이고 기생체인지가 불분명한 상황이 전개된다. 하지만 이 공동체는 이러한 상황을 하나의 동일성으로 정화하기보다 이러한 가능성에 민감하게 반응하기를 선택한다.

이런 점에서 필자는 단절과 행성 파괴로 나아가지 않는 디지털폴리스의 가능성 역시 도시공동체와 그 구성원들을 서로 모순적일 수 있는 부분적 대상들이 공생하는 내파적 전체로 규정할 때 가능해질 수 있다고 본다. 오로지 내파적 전체론만이 인간 주체의 한계를 인정하는 가운데 주체의 구성으로 환원될 수 없는 비인간 타자의 행위자성에 귀 기울일 수 있게 한다. 인간과 비인간 모두가 모순적 부분들의 얽힘 덩어리라는 것, 그러기에 얽혀 있는 모순적 부분들의 나타남에 민감해질 때 비로소 공생의 가능성이 열릴 수 있다는 것이다.

3.3 비모순율에서 비체성(유령성)으로

나아가 필자는 비모순율의 강박을 벗어던질 때 디지털폴리스의 포스트-인문적 비전이 가능하다고 본다. 비모순율은 인간이 비인간과 얽혀 있다는 것, 삶과 죽음이 함께 공생한다는 것, 생명과 물질이 이분화되어 있지 않다는 것을 보지 못하게 만들었다. 즉 비모순율은 양립될 수 없어 보이는 것이 공생하는 것이 바로 우리의 실제적인 삶이라는 것을 망각하게 했다는 것이다. 사실상 우리의 삶은 관계의 영역, 중간지대에 존재하면서 흔들린다.

> 공생과 상호의존으로 인해서, 비체화로부터 벗어날 길은 없습니다. 현존하는 것은 공존하는 것입니다. (모턴 2024a, 232~233)

모턴은 중간지대에서 나타나는 존재방식을 유령성이라고도 표현한 바 있다. 그는 살아있는 물질로서의 "모든 존재자들은 살거나 살아있지 않은 것이기보다 죽지 않은 것undead으로 사고되는 것이 낫다."(모턴 2021, 87)고 말한다. 죽지 않은 존재란 살아있는 것도 죽은 것도 아닌 상태일 것이다. 그동안 상관주의는 이러한 유령성을 악으로 간주하여 배제시켰다. 그러나 그에 따르면 새로운 코뮨주의는 산 것도 죽은 것도 아닌 존재인 유령 불러오기를 할 필요가 있다. 이를 통해 그동안 타나나지 못했던 초과하는 객체들의 행위자성을 마주할 필요가 있다. 이 중간지대로 향해 가는 것이 바로 그가 말하는 저월이다.

저월은 초월의 전도이며, 저월의 정반대는 '내재'입니다.[5] 내재와는 달리, 저월은 사물이 무엇인지와 사물이 어떻게 나타나는지 사이의, 또는 사물과 그 부분들 사이의 존재론적 간극을 환기합니다. (모턴 2024a, 208)

모턴은 『어두운 생태학』에서 이 중간 지대적 존재를 비체성과 관련하여 설명한다. 그의 설명에 따르면 저월은 "정화 없는 비체화, 애도 없는 멜랑콜리아"(같은 책, 212)이다. 정화란 초주체가 객체의 행위자성이 나타나지 않도록, 중간적인 것이 사라지도록 하는 행위이다. 이와 달리 비체화는 주체가 되기 위해 지웠던 비인간성과 타자성을 불러오는 것이다. 우리가 중간적 존재임을 부정하지 않도록 하는 것이다. 애도가 사랑하는 사람이 죽었음을 인식하면서 그를 떠나보내는 행위라면, 멜랑콜리아는 사랑하는 사람의 죽음을 완전히 인정하지 못하면서 그를 자기 안에 합체하는 행위이다. 이런 점에서 비체화와 마찬가지로 멜랑콜리아 역시 "자기 내부에 있는 다른 존재자들의 소화될 수 없는 물리적이고 정신적인 기억흔적"(같은 책, 213)과 연관

---

5. 초월이 위를 향하는 반면 저월은 아래를 향하기 때문에 저월은 초월의 전도이다. 물론 내재도 초월과 달리 아래에 존재하지만 내재는 이 세상에 내포된 존재론적 간극이나 모순성을 드러내기보다 지배적인 규범이 반복되는 세계이다. 이런 점에서 내재는 저월의 반대이다.

되어 있다. 즉 멜랑콜리아는 죽지도 살아있지도 않은 유령과 함께하는 데서 오는 정동이다.

정치경제 지리학자인 J.K. 깁슨-그레이엄은 비자본주의를 자본주의 도시의 유령으로 인정하고, 산 것도 죽은 것도 아닌 중간지대에 존재하는 비자본주의를 불러와 도시를 다양한 경제 양식으로 채워나갈 때 비로소 비인간 및 타자와 공생하는 공동체를 만들 수 있다고 주장했다. 그에 따르면 자본주의는 알고 보면 비모순적 전체가 아니라 비자본주의와 공생하는 모순적 전체이다. 자본주의는 자본주의를 위해 비가시화되었던 돌봄이나 가사노동 등 비자본주의 경제로 가득 차 있다. 모순적이지만 자본주의 사회는 품앗이나 협동조합식 기업과 같은 것이 존재한다. 알고 보면 자본주의는 순수한 자본주의인 적이 없었다.

눈을 감고 자본주의의 비체성에 주목하는 순간 우리는 다양하게 나타나는 비자본주의의 유령을 마주할 수 있다. 필자는 모순을 용인하면서 비체성과 유령성을 마주하는 도시공동체가 형성될 때 비로소 불순한 것을 정화시키겠다는 욕망에서 비롯되는 혐오와 차별을 벗어날 수 있다고 본다.

3.4 알고리즘에서 부분적 연결의 놀이로

모턴에 따르면 저월, 틈새의 유령성과 비체성으로 나

아가는 것은 정해진 목표에 따라 과거를 반복하는 알고리즘을 따르는 것이 아니라 목표를 완전히 알지 못한 채 "무수히 실수를 저지르면서, 자신과 타자(비인간 포함) 사이에 생길 수 있는 우연한 동맹, 간헐적 협력을 모색"하는 연대로 나아갈 때 가능하다.

이러한 연대가 가능하기 위해서는 객체, 내 안의 타자들의 존재를 인정해야 하며, 나의 유한성을 인정하는 가운데 사물에 다가가거나 적어도 사물을 감상하는 타자들의 방식에 합류(같은 책, 32)해야 한다. 내가 무엇인가를 (부정)한다기보다 타자들의 방식에 내가 조율하고 합류하는 것이다. 이러한 합류는 미래의 상상을 통해 부분들을 연결하는 놀이를 가능하게 한다. 이 과정은 알고리즘이 아니라 과거의 부분을 미래의 부분과 연결하면서 지금의 과정을 다르게 만드는 놀이다.

모턴은 연결의 놀이를 언급하면서 전체보다 큰 부분 객체들을 새롭게 연결하면서 새로운 장소를 만드는 것에 대해 설명한다. 정해진 자리를 벗어나 자리를 잡는 "탈소재"dislocation나 원래의 사용 목적과는 다르게 장소를 사용하는 "오소재"dyslocation(모턴·보이어 2024, 108)는 바로 이러한 연결의 놀이의 실천이라고 할 수 있다. 틈새를 스쾃하는 것 역시 중간지대의 유령 불러오기를 통해 새로운 것과 연결되려는 실천이다. 필자는 디지털폴리스의 가능성 역시 이러한 연결의 놀이를 통해 가능하다고 본다. 여기서 디지털폴리스는 부분들을 완벽하게 통제하는 초주체나 초객체가 아니라 타자와의 공생, 전체보다 큰 부분, 모순을 용인하는 비체들의 저월을 통해 가능해진다.

4. 디지털폴리스의 가능성 : 비체화의 정동과 연대

농업로지스틱스의 인문적 원리에 따르는 도시들은 인간 개별 주체들의 공감적 실천을 연대의 토대로 간주했다. 그렇다면 저주체, 내파적 전체론, 비체성, 부분적 연결의 놀이와 같은 포스트-인문적 조건을 지향하는 새로운 디지털폴리스는 어떤 정동에 따라 연대로 나아갈 수 있는가? 저월하는 비체들의 연대는 어떤 정동에 의해 추동되는가? 이에 필자는 모턴이 언급하고 있는 "기이한 낯섦", "비체화의 느낌" 등을 따로 살펴보고자 한다.

그 전에 먼저 상관주의에서 연대의 토대로 가장 자주 언급되었다고 할 수 있는 공감^{sympathy}이 어떤 정동인지를 살펴보자. 마사 너스바움$^{Martha\ Nussbaum}$에 따르면 내가 타자와 공감하거나 타자에게 연민을 갖는다는 것은 나와 타자의 동일성 나아가 내가 타자보다 그래도 낫다는 우월성을 기반으로 한다(너스바움 2015). C. 길리건과 G. 위진스 역시 공감을 "불평등"을 전제로 하는 도덕적 감정으로 설명한다. 그들의 설명에 따르면 "compassion"은 영어권에서는 "sympathy"로 독일어권에서는 "Mitgefühl"로 구분되어 전개되었는데 여기서 sympathy는 종종 고통스러워하는 자들에게 동정심을 갖는 것을 의미해 왔다. 즉 sympathy는 자신이 그들과 마찬가지의 인간이라는 것, 그러나 현재는 자신이 그들보다 나은 위치에 있다는 믿음을 포함한다는 것이다. 고통스러워하는 자는 내가 도와줘야 하는 나와 동일한 사람이다(Gilligan and Wiggins 1987, 289~30).

그러나 공생적 실재로서의 인간은 인간의 특권성과 우월성을 내려놓는다. 같은 종에 대한 관계만을 생각하는 것도 아니다. 비체성으로, 유령성으로 저월하는 저주체들의 연대는 나와 동일하지 않은 내외부의 존재들을 알아가는 과정이다. 이런 점에서 "비인간적 존재자들을 참작하는 코뮤니즘은 무엇보다 행위이론의 강력히 탈인간중심주의적 다시 쓰기를 필요로 한다"(모턴 2021, 273). 이런 점에서 비체화로 나아가는 것, 에코그노시스를 통해 나와 얽혀 있는 비인간 존재를 알아차리는 것은 우월성에 기반한 감정으로서의 공감의 기쁨을 주지 않는다. 오히려 그것은 자신이 타자성 및 비인간에 침투당하고 있다는 수동성의 느낌을 가져온다.

그렇다면 저월하는 비체들의 연대는 어떠한 정동에 의해 추동되는가? 이에 필자는 모턴이 말하는 기이한 낯섦과 멜랑콜리에 다시 한번 주목하고자 한다.

> 에코그노시스는 내가 떨쳐낼 수 없는 사물들에 대한 알아차림, 통상적으로 비체화라 불리는 괴로운 수동성으로서 나타납니다. 우울한 메스꺼움입니다. (모턴·보이어 2024, 220)

프로이트에 따르면 멜랑콜리는 사랑했던 사람을 완전히 떠나보내지 못하고 내 안에서 합체했을 때 느끼는 감정이다. 애도가 죽은 이를 죽은 이로 인정하면서 갖게 되는 슬픔인 반면, 멜랑콜리는 죽은 이를 죽었다고 인지하지 않음으로써 죽은 것도 살아있는 것도 아닌 것으로 자기 안에 간직하면서 갖게 되는 우울함이다. 이것은 동일화로부터 오는 감정이 아니라 내 안에 비인간이 함께 얽혀 있다는 모순을 깨달음으로써 오는 정동이라고 할 수 있다.

모턴은 그 밖에도 "기이한 낯섦"uncanny, unheimlich을 강조하는데 이 정동은 낯설지만 낯설지 않은 타자성을 자기 안에서 마주했을 때 느끼는 감정이다. 프로이트에 따르면 "기이한 낯섦"은 한때 집^{heim}처럼 친근했으나 주체가 되기 위해 버렸던 것^{un}, 즉 비체화 이후에 자신이 부정했던 것을 자기 안에서 마주했을 때의 느낌이다. 즉 "두려운 낯설음이라는 감정은 공포감의 한 특이한 변종인데, 오래전부터 알고 있었던 것, 오래전부터 친숙했던 것에서 출발하는 감정이다"(프로이트 2017, 406). 여기서 주체는 인간 주체가 되기 위해 비인간성, 유령성, 비체성을 배제했으나 이것이 완전히 배제되지 않고 유령처럼 떠돌고 있음을 알게 된다.

모턴에 따르면 비체와 관련된 멜랑콜리와 기이한 낯섦은 주체가 눈을 뜨고 볼 수 있는 것이 아니라 "눈을 지그시 감았을 때 보이는 방식"이다. 다시 말해서 이것은 저주체로서의 인류에게 나타나는 방식이지 주체가 적극적으로 인식하거나 구성하는 방식이 아니다. 따라서 이 정동은 주체의 완벽성이 아니라 주체의 취약성과 수동성을 보여주는 정동이다. 하지만 모턴은 오히려 비체화로 나아가면서 마주하게 되는 이 취약한 미적 경험이 인간으로 하여금 인간중심주의적 스케일을 넘어설 수 있도록 해 준다고 본다.[6] 인간은 비로소 이 취약성의 미적 경험을 통해 객체로,

---

6. 가령 모턴은 『하이퍼객체』 2부 2장 "위선"에서 객체에 대한 완벽한 앎을 토대로 하는 확신의 윤리적 실천의 가능성을 비판하면서, 인간은 오히려 자신의 한계를 깨닫는 가운데 객체로부터 오는 소리에 귀 기울일 때, 그리고 그것이 우리에게 지시하는 것을 따를 때 윤리적으로 행동할 수 있

주체가 되기 위해 버렸던 자신의 비체성으로 나아간다. 즉 이를 통해 주체는 저주체로서의 전환이 가능하다. 이런 점에서 모턴은 이 감정이 비인간 존재자들과의 연대의 감정 외에 다른 것이 아니라고 주장한다(모턴 2024a, 265).

> 이것이 바로 생태적 알아차림의 정수, 즉 다른 인간들, 여우원숭이들, 바다 거품은 물론이고 장내 박테리아, 기생충들, 미토콘드리아와 같은 다른 존재자들에 의해 둘러싸여 있고 침투당해있다는 비체의 느낌abject feeling이 아니겠습니까? (모턴 2024a, 223)

멜랑콜리와 낯선 기이함은 자신이 아닌 것이 침투해 있다는 느낌이다. 자신이 부정해 버렸던 자신의 또 다른 도플갱어를 마주했을 때 느끼는 정동이다. 앞서 설명했듯이 이 정동이 공포로 각인된다면 인간은 자신의 경계를 더욱 강화하면서 "정화"와 "순수성"을 강조하는 극우적 성향으로 나아갈 수도 있다. 이 정동이 무기력으로 각인된다면 인간은 자신의 나약한 주체성을 탄식하면서 거대한 금

다고 설명한다. 이에 따르면 트럭에 치일 것 같은 소년은 주체의 공리적인 계산이 아니라 그 상황으로부터 오는 지시에 따를 때 구할 수 있다(모턴 2024b, 273~5). 그리고 이러한 윤리적 실천은 자아를 넘어 비-자기, 죽음, 타인과의 공생을 깨달을 때 가능하게 된다고 주장한다(같은 책, 283).

융자본주의라는 초객체의 힘에 눌린 채 자신을 자책하면서 지낼 수도 있다. 그러나 모턴은 이 비체화와 관련된 멜랑콜리와 낯선 기이함을 연대의 정동으로 받아들일 것을 권한다. 그는 바로 이러한 정동을 마주할 때 비로소 타자, 비인간과의 연대를 시작할 수 있다고 본다. 단절을 넘어서는 디지털폴리스는 바로 멜랑콜리와 낯선 기이함을 기꺼이 받아들이면서 자신의 비체성으로부터 오는 소리를 듣고 이에 민감하게 반응하는 데서 시작될 수 있다는 것이다. 이것이 바로 연대이다.

모턴이 말하는 "저주체"hyposubject의 'hypo'는 아래, 보다 적은, 종속적인이라는 의미를 담는 접두어이다. 저주체는 적극적 공감보다 휩싸이는 멜랑콜리와 낯선 기이함에 자신을 맡기는 존재방식이자, 초월보다는 틈새의 아래로 나아가는 존재방식을 말하기 위해 모턴이 창안한 개념이다. 그런 점에서 'hypo'는 'hyper'(보다 많은)나 'trans'(넘어서) 또는 'auto'(자동적)라는 초주체의 적극성과 대조되는 저주체의 수동적 모습을 풍부하게 보여준다. 저주체 개념은 인간과 비인간 행위자들이 자동적이기보다 서로 의존적임을, 초월적 외부가 아니라 부분들의 연결에 의해 변화가 일어남을, 공생적 실재들은 주체나 객체가 아니라 모순으로 가득 찬 비체임을 보여준다.

5. 디지털 폴리스와 포스트-정의 : 권리의 정의에서 연대의 정의로

이상에서 살펴보았듯이 디지털폴리스의 포스트-인문적 비전은 유령성과 비체성을 대면하는 저주체로의 전환을 필요로 한다. 이러한 전환은 주체와 객체를 모두 서로 얽혀 있는 공생적 실재로 이해할 수 있는 가능성을 제공하며, 도시공동체를 비모순율에 따르는 외파적 전체가 아니라 모순적 부분들이 공생하는 내파적 전체로 이해할 수 있게 한다. 결국 이러한 전환은 도시 공동체의 연대가 알고리즘을 통한 동일성의 반복에서 오는 주체들의 공감을 통해서 가능한 것이 아니라 구멍 뚫린 신체들이 자신의 비체성을 알아챌 때 휩싸이게 되는 기이한 낯섦에 귀 기울일 때 가능한 것이 된다.

결국 비체성을 가진 저주체, 비체들의 연대는 디지털 폴리스를 단절되는 곳이 아니라 공생발생의 장소로 만든다. 린 마굴리스에 따르면 "공생발생"symbiogenesis은 서로 다른 유기체들이 힘을 합쳐 재조합되면서 새로운 유기체를 생산해내는 능력을 설명하게 되었다(마굴리스 2007, 208~209). 인간은 비인간 존재와의 공생발생을 통해 진화해 왔으며, 그런 점에서 인간의 몸은 "상호육체성"intercorporeality(버크와 홈베리)이자 "횡단-신체성"transcorporeality(알라이모)이다. 이것은 디지털폴리스가 인문적 조건의 전회를 수행한다면 단절이 아니라 공생을 그 원리로 할 수 있음을 의미한다. 여기서 정의justice는 모든 존재들이 인간과 동등한 권리를 획득하는 문제가 아니라 인간이 자신에게 내재한 비인간의 지위를 알아채고 나아가 비인간과 타자로부터 오는 소리에 민감하게 반응하는 연대의 문제가 된다.

:: 참고문헌

김영진·현남숙. 2024. 「다종 간 지식과 체화된 공감」. 『철학연구』 147 : 265~294.
깁슨-그레엄, J. K. 2013. 『그따위 자본주의는 벌써 끝났다』. 이현재 외 역. 알트.
너스바움, 마사. 2015. 『혐오와 수치심』. 조계원 역. 민음사.
르페브르, 앙리. 2024. 『도시혁명』. 신승원 역. 지식을 만드는 지식.
마굴리스, 린. 2007. 『공생자 행성』. 이한음 역. 사이언스북스.
메리필드, 앤디. 1998. 『마주침의 정치』. 김병화 역. 이후.
모턴, 티머시. 2021. 『인류』. 김용규 역. 부산대출판문화원.
_____. 2024a. 『어두운 생태학』. 안호성 역. 갈무리.
_____. 2024b. 『하이퍼객체』. 김지연 역. 현실문화.
모턴, 티머시·도미닉 보이어. 2024. 『저주체 — 인간되기에 관하여』. 안호성 역. 갈무리.
브라이도티, 로지. 2015. 『포스트휴먼』. 이경란 역. 아카넷.
_____. 2024. 『포스트휴먼 페미니즘』. 윤조원·박미선·이현재 역. 아카넷.
소자, 에드워드 W. 2019. 『포스트메트로폴리스 2』. 이현재·박경환·이재열·신승원 역. 라움.
요시하라 나오키. 2010. 『모빌리티와 장소 — 글로벌화와 도시공간의 전환』. 이상봉·신나경 역. 심산.
이현재. 2009. 「여성의 가사노동과 성 계급과정의 정치경제학적 함의 — 깁슨-그래햄의 비-자본주의적 계급과정 개념을 중심으로」. 『시대와 철학』 20(3) : 377~402.
_____. 2024. 「디지털 도시화와 탈/재물질화 — 하비의 '관계적 공간'과 버러드의 '신유물론'을 중심으로」. 『시대와 철학』 35(1) : 127~160.
최진석. 2024. 「거대한 분절인가, 거대한 연결인가? — 신유물론의 정치적 존재론」. 『인문학연구』 67 : 75~113.

크리스테바, 줄리아. 2000. 『시적 언어의 혁명』. 김인환 역. 동문선.
프레이저, 낸시. 2023. 『좌파의 길』. 장석준 역. 서해문집.
프로이트, 지그문트. 2020. 「두려운 낯설음」. 『예술, 문학, 정신분석』. 정장진 역. 열린책들.
하먼, 그레이엄. 2019. 『네트워크의 군주 — 브뤼노 라투르와 객체지향 철학』. 김효진 역. 갈무리.
Asimov, Isaac. 1983. *Foundation's Edge*. London : Granada Publishing.
Birke, Lynda, and Tora Holmberg. 2018. "Intersections : The Animal Question Meets Feminist Theory." In *A Feminist Companion to the Posthumanities*, eds. Cecilia Åsberg and Rosi Braidotti. Cham : Springer International.
Braidotti, Rosi. 2022. *Posthuman Feminism*. Cambridge : Polity.
Gilligan, Carol, and Grace Wiggins. 1987. "The Origins of Morality in Early Childhood Relationships." In *The Emergence of Morality in Young Children*, eds. Jerome Kagan and Sharon Lamb. Chicago : University of Chicago Press.
Morton, Timothy. 2016. *Dark Ecology*. New York : Columbia University Press.
_____. 2017. *Humankind*. London : Verso Books.
_____. 2021. *Hyposubjects*. London : Open Humanities.
Olalquiaga, Celeste. 1992. *Megalopolis : Contemporary Cultural Sensibilities*. Minneapolis : University of Minnesota Press.
Sedgwick, Eve Kosofsky. 1997. "Paranoid Reading and Reparative Reading ; or 'You're So Paranoid, You Probably Think This Introduction Is about You.' " In *Novel Gazing : Queer Reading in Fiction*. Durham, NC : Duke University Press.
Soja, Edward W. 2000. *Postmetropolis : Critical Studies of Cities and Regions*. Oxford : Blackwell.

3부 디지털폴리스와 새로운 정치의 가능성

5장 얼굴-데이터-액티비즘
— AI 시대 얼굴성과 젠더 정치 | 홍남희

6장 페미니즘 생태 정치와
급진적 타자성인 행성적인 것 | 김은주

5장 얼굴-데이터-액티비즘

AI 시대 얼굴성과 젠더 정치

홍남희

1. 얼굴은 어떻게 데이터가 되는가

얼굴은 인간을 다른 사람과 구분하고 개인의 정체성을 구성하는 중요한 역할을 수행한다. 이에 기반해 얼굴은 사회적 메시지를 전달하는 '미디어'가 된다. 들뢰즈와 가타리Deleuze & Guattari는 얼굴이 단순히 개인적이거나 "외부를 둘러싼 표피"가 아닌 "의미 생성과 주체화"라는 두 축을 가진 "흰 벽-검은 구멍이라는 체계"(들뢰즈·가타리 2001, 321)라고 본다. 구체적인 얼굴은 '얼굴성'faciality이라는 "추상적인 기계로부터 태어난다"(같은 책, 323). 즉, 얼굴은 단독으로 존재하는 것이 아니라 사회적 의미화의 과정을 통해 구성되는 것이다.

고프만Goffman은 얼굴을 사회적 상호작용의 도구이자, 자아 표현의 수단, 다른 사람이 인식하는 사회적 정체성이라고 본다. 사람들은 얼굴을 통해 정체성을 연출하고 유지하며 일상이라는 연극의 무대를 구성한다. 얼굴은 사회문화적 맥락에 따른 평가와 배제, 분류의 작동 과정과 연관되며, 따라서 얼굴이 손상되었다는 것은 개인의 자아와 관련한 사회적 낙인stigma으로 이어진다. 고프만이 『스티그마』Stigma의 서두에 언급하는 '코가 없는 소녀'의 편지에서 확인할 수 있듯이, '비정상' 신체라는 낙인으로 분류된 개인은 자아에 대한 확신은 물론 원활한 사회적 상호작용에 손상을 입는다.

한편 조각, 회화 등에서 재현되어 오던 얼굴은 광학 기술 발전과 더불어 사진 이미지로 고정되어 유통되는 '사물'이 되었다. 사진술을 통해 사물화된 얼굴은 다양한 방식으로 집단화되고 분류되는 아카이빙 실천의 대상이 된다. 사진은 개인의 정체성을 온전히 드러내는 광학적, 과학적, 객관적 도구로 개인과 동일시할 수 있는 '얼굴'을 그대로 담아내는 수단으로 여겨졌다. 이러한 인식은 역사적으로 생체 데이터 biometric data 로서 얼굴을 아카이빙하는 권력의 실천으로 이어졌다. 게이츠 K. Gates 는 이러한 차원에서 얼굴 아카이빙이 국가 차원의 신원 확인 체계를 구축해 왔다고 본다. 게이츠는 이를 "대량 개별화" mass individuation 로 설명한다. 이는 전체 인구를 대상으로 얼굴의 인프라화를 추진하는 과정이자 개인을 구체적인 개별 사례로 취급하는 개별화 과정의 일환이다. 사진술 발전에 이어 데이터베이스의 컴퓨터화, 네트워크화 추진으로 얼굴-데이터는 인구 관리 및 사회적 규제 모델로 자리 잡게 되었다(Gates 2011, 17).

여기서 '얼굴-데이터'는 데이터화 datafication 의 대상이 얼굴 자체이며, 얼굴이 곧 데이터로 전환되는 현상을 강조하는 의미로 사용하고자 한다. 메이어-쇤베르거와 쿠키어 (Mayer-Schönberger and Cukier 2013, 29)에 의하면 데이터화는 "이전에는 결코 수량화된 바 없던 세계의 많은 측면을 데이터로 만드는 모든 과정"을 의미하며, "소셜리티와 사회적 행위를 수치화하고 코드화"(Van Dijck 2014, 193)하는 것을 말한다. 즉 데이터화에서 핵심은 디지털화 이후 '이전에 수집된 바 없던 것들까지 수집'되고 그것이 '양적으로 수치화'된다는 데 있다. 생체 정보로 수집된 '얼굴' 또한 무차별 수집되는 중요한 대상으로 부상하고 있으며, 수치화되고 있다. 그런데 얼굴은 다른 생체 정보와 다르게 직관적인 분류와 식별이 가능한 이미지로서의 역할을 수행하고 있으며 사진술 이래로 신체와 분리되어 파편화, 사물화되어 온 경향성을 갖는다. 이 글은 이러한 얼굴의 사물화를 포착하기 위해 데이터가 된 얼굴을 '얼굴-데이터'로 명명한다. 또한, 매체 환경 변화로 얼굴이 데이터로 변화하는 과정을 '얼굴-데이터화'로 설명한다.

사진술과 같은 광학적 기계장치의 등장은 얼굴을 낱개의 이미지로 유통되는 사물이자 데이터로 만들었다. 사진술은 관상학과 결부되어 인간의 얼굴과 몸을 분류하고 통제하는 권력의 장치로 기능했다. 세큘라는 경찰 사진 아카이빙 작업에서 베르티용과 골턴의 작업을 예로 들면서 사진술이 객관적, 과학적, 중립적 도구로서 '사실을 있는 그대로' 포착한다고 여겨져 왔으나 그러한 인식으로 인해 그 과정에 개입되는 권력의 작동 방식이 비가시화되어 왔음을 지적한다. 베르티용은 사진을 통해 얼굴 이미지를 아카이브화하고 얼굴과 신체를 측정한 데이터를 결합하여 범죄 유형을 분류하였으며, 머그샷을 재범을 적발하는 전기적 식별 기계라고 보았다. 한편 골턴은 우생학^{eugenics}의 창시자로 합성 사진^{composite photography}을 이용해 특정 집단의 얼굴 특성을 평균화, 유형화하는 실험을 진행했다. 세큘라는 이들의 사진 이미지 기반 분류 체제를 '사회적 아카이브^{social archive}'의 구축 과정이라고 보았으며 사진 이미지가 사회적 통제와 권력의 도구가 되어 온 역사적 과정을 설명한다(Sekula 1986, 10).

이러한 얼굴 분류 체계와 아카이빙 역사는 얼굴이 기계학습과 보안 인증에서 중요한 수단으로 자리 잡은 오늘날의 인공지능 생태계에서 여전히 유효할 뿐 아니라 더욱 강화되고 있다. 게이츠에 의하면 얼굴 인식 기술^{FRT : Facial Recognition Technology}은 이미 1960년대부터 컴퓨터 공학 분야에서 개발되어 온 것으로 얼굴의 주요 특징 추출을 통해 얼굴을 식별하는 기초적인 알고리즘의 개발에서부터 1990년대 컴퓨터 비전과 패턴 인식, 신경망 기술을 통한 얼굴 인식 기술 등으로 발전되어 왔다. FRT는 다른 생체 식별 형태들과 다른 독특함을 갖는다. 지문, 홍채 등의 다른 생체 데이터보다 얼굴은 복잡하고 다면적인 시각적 자극물로 여겨져 왔으며, 이에 따라 기계가 얼굴을 식별한다는 것은 꽤나 도전적인 과제기도 했다. 예를 들어, 얼굴은 인종과 성별에 따라 피부색, 수염, 눈썹이나 모발의 색깔, 눈, 코, 입의 위치 등에 차이가 있다고 여겨졌다. 이는 얼굴을 인구학적 집단에 따라 구분되는 수학적 특징을 갖는 정보로 환원하고 분류하는 작업으로 이어진다. 또한 얼굴은 노화나 트라우마, 수술, 메이크업, 조명 등의 조건과 개인, 상황에 따라 상당히 달라지는 가변적인 특성을 갖기도 한다. 이러한 얼굴의 특성은 FRT를 자동화하는 작업에 있어 매우 어려운 기술적인 문제를 만들어 낸다(Gates 2011, 17).

디지털 사회에서 얼굴은 자아를 구성하고 자기 재현을 실천하는 핵심적 요소로 일상적인 셀피selfie와 프로필 사진 등 다양한 자발적인 실천으로 적극적으로 생산된다. 한편으로는 빅 데이터의 일부이자 금융이나 보안 서비스 등 생활에 필수적인 서비스를 이용하기 위한 개인 인증 수단으로 어쩔 수 없이 내어줄 수밖에 없는 정보 액세스의 관문이 되기도 한다. 또한 졸업사진, 신분증 사진 등의 공식적 실천들과 도시공간에서 군중 속 위험한 개인을 필요시 식별하기 위한 일상적 감시 수단으로 수집된다. 또한 '생성형' 인공지능 환경에서 얼굴-데이터는 몸-데이터와 합성되어 본래의 온전한 정체성과 분리된 존재를 만들어 내고 있다. 얼굴-데이터는 성적인 정보로 유통되거나 가짜 정보로 사람들을 동원하고 정치적 메시지를 유포하는 식으로 작동한다. 강력 범죄를 저지른 범인에 대한 신상 공개의 중요 영역에는 '얼굴'이 포함된다. 개인의 얼굴을 온라인에 공개하는 것은 얼굴의 소유자에게 수치심을 안겨주는 일이 된다. 인공지능 생태계에서 얼굴은 '민감한 개인정보'로 분류되지만 다방면에서 무작위로 수집되고 있기도 하다.[1]

이러한 맥락에서 이 글은 다음과 같은 질문을 던진다. 자기 표현과 사회적 소통의 수단, 정체성 형성의 수단으로서 얼굴은 어떻게 얼굴-데이터로 파편화, 사물화되고 있는가. 얼굴 인식 기술은 어떻게 얼굴을 사유하는가. 인공지능 환경에서 이러한 기술의 작동 방식과 얼굴-데이터의 의미는 무엇인가. 얼굴-데이터화의 의미와 이러한 환경에

---

[1] 금융 서비스나 스마트폰 암호의 일환으로 얼굴-데이터의 등록이 필수가 되고 있고, 최근에는 하이브가 그룹 〈투어스〉(TWS)의 팬미팅 입장시 암표 거래 및 불법 양도 방지를 위해 '얼굴패스'를 도입할 것이라고 발표하기도 했다. 팬들은 '민감 정보'인 얼굴 정보를 사기업에 제공하는 데 대한 두려움을 내비쳤으며 특히 딥페이크 문제로 이어질 것을 우려했다(고은이 2025).

저항하는 사례는 무엇이 있는가. 이러한 질문들을 통해 이 글은 인공지능 시대 얼굴-데이터의 작동 방식을 역사적 맥락에서 살피고, 동시대 매체 환경에서 얼굴-데이터화의 의미, 이에 저항하는 액티비즘의 사례를 모색하고자 한다.

2. 사물화된 얼굴과 정체성

2.1. 얼굴-데이터화와 식별 체제 : 불변의 정체성으로 환원

캐플런은 식별 시스템이 개인의 고유한 정체성을 식별하려는 목적과 동시에 국가의 행정적인 필요에 따라 개인을 범주화하려는 목적 사이에서 긴장을 내포하고 있다고 본다. 이러한 시스템은 개인을 특정할 수 있는 정보를 수집하면서도, 그 정보를 통해 개인을 특정 집단이나 범주에 포함시키는 이중적 기능을 수행한다. 또한 인구 규모가 커지고 모빌리티와 익명성이 증가하는 사회에서 표준화된 식별 시스템의 개발이 필수로 여겨지고 있다고 보았다. 표준화된 식별 시스템은 안정적인 작동과 복제 가능성, 상대적인 비가시성(그리하여 자연화)을 통해 효율성을 달성한다(Caplan 2001, 49~60).

그러나 식별의 문화는 본질적으로 불규칙하고 불확실하다. 그것은 '정체성'이 갖는 안정화하기 어렵고 통제하기 어려운 특성 때문이다. 정체성은 개인에 독특한 것이자 개인을 다른 사람, 사회와 연결 짓는 것으로 불변의 고정된 것이 아니라 관계적, 역사적인 것이다. 이러한 역동성에도 불구하고 사진술에서 이어지는 '얼굴을 알기 위한' 열망의 자극이 기술의 발전과 더불어 얼굴 인식 기술의 자동화로 이어져 왔다(Gates 2011, 8). 얼굴은 현실의 체현된 인간과의 결정적 연결성과 지표성^{indexicality}을 갖는 수단으로 작동하면서 얼굴을 몸의 일부이자 몸과 연결된 것으로서 정체성과 등치시킨다는 것이다. 게이츠는 생체 정보가 "육체적인 몸과 직접 연결되고 거기에서 비롯되었다는 가정이 '매개'의 복잡한 기술적 과정을 비가시화하고 식별 가능성이라는 조건을 만들어 낸 역사적 관계 또한 숨긴다"고 지적한다. 생체 식별이 갖는 권위에 대한 주장은 몸과 정체성 사이의 매개된 관계가 부인되고 과잉 결정의 과정으로 나타나는 페티시즘의 일부로 볼 수 있다는 것이다(같은 책, 17~18). 이는 몸의 일부인 얼굴을 파편화된 얼굴-데이터로 사물화하여 언제 어디서도 변하지 않는 개인 고유의 유일무이한, 불변하는 정체성으로 고정하는 작업이다.

컴퓨터의 역사와 함께 얼굴-데이터화가 본격화되었고, 데이터된 얼굴을 '기계가 볼 수 있도록' 하는 얼굴인식기술^{FRT} 또한 발전해 왔다. 기계가 잘 볼 수 있게 하려면 다양한 데이터를 통한 훈련이 필요한데, 여기서 여러 기관에 아카이빙된 DB에 대한 접근과 여러 가지 감시 기술이 활용되었다. 크로퍼드에 의하면 정보기관과 법 집행기관을 위해 자동얼굴인식기술을 개발하는 FERET$^{Face Recognition Technology}$는 알려진 인물들의 전자 머그샷 사진첩을 알고리즘에 제시하여 수많은 사진 중 비슷한 인물을 찾게 하는 것, 그리고 국경 및 공항 통제를 위해 신원이 확인되지 않은 대규모 집단에서 밀수범, 테러범, 기타 범죄자 등으로 알려진 인물을 식별하는 것이다(Crawford 2022, 124~125). 감시카메라와 얼굴인식기술의 연동은 미국 운전면허증제도와 결부되어 진행되어 왔으며 기관 간의 DB 연동이 이루어져 왔다(Gates 2011, 51). 인터넷은 상황을 획기적으로 바꾸었는데 소셜 미디어 플랫폼에 자발적으로 얼굴-데이터를 올리는 일반 대중의 비중이 급증했기 때문이다. 특히 사람들이 자발적으로 장소와 이름을 무료로 태깅하는 무급 노동으로 인해 정확한 데이터를 무상으로 얻게 되었다(Crawford 2022, 129).

2.2. 얼굴성의 작동 방식 : 편향의 문제와 분류 및 선택

기계를 통한 자동화된 얼굴 식별에서 기계가 특정한 정체성을 '우대'하도록 설계되었다는 '편향'의 문제 또한 나타났다. MIT 연구원 부올람위니는 대형 플랫폼 기업들(MS, IBM, Face++)의 FRT를 조사한 연구 결과 대부분의 얼굴 식별 AI 기술이 백인 남성을 가장 잘 식별하고 흑인 여성을 가장 잘 식별하지 못하고 있는 것으로 나타나는 등 '젠더 그늘'gender shade을 만들고 있다고 진단하였다(Buolamwini 2017). 이러한 결과는 백인 남성의 얼굴이 중립적, 표준적, 권위 있는 얼굴로 간주되는 '얼굴성'의 작동 방식을 드러낸다.

이러한 편향성에 대한 문제 제기는 다양성 데이터의 확보와 관련한 담론, 더 나아가 빅 테크 기업들의 무작위 데이터 수집으로 나타났다. 예를 들어, 구글은 얼굴-데이터의 다양성 확보를 위해 비윤리적인 방식으로 데이터 수집을 시도하여 비난받았다. 2019년 구글의 얼굴 스캔 데이터 수집 프로젝트를 맡은 담당자가 '어두운 피부색'을 가진 노숙자, 대학생 등 '스타벅스 5달러짜리 기프트 카드에 쉽게 넘어갈 사람들'을 위주로 얼굴-데이터를 수집하라고 지시했다는 점이 폭로되었다. 얼굴 스캔 작업을 셀카 게임이나 설문조사 등으로 포장해 접근하고, 테스트 참여자에게 새로운 앱을 테스트하는 것을 명분으로 영상 기록 중인 사실을 고지하지 않은 것으로 알려졌다. 또 대학 축제 등에서 설문조사를 가장해 다양한 얼굴 데이터를 몰래 수집했다는 점이 알려졌다. 이에 대해 구글 측은 협력 업체가 잘못된 방법으로 데이터를 수집했는지 조사하겠다고 밝히는 한편 머신러닝을 위한 얼굴 샘플 수집 프로젝트 존재를 인정했다. 다양한 데이터로 자사 새 스마트폰의 '얼굴 잠금 해제 기능'을 개선하려고 한다는 것이다(양태경 2019). 이와 같이 유색인종, 여성 등의 데이터가 부족하여 정확한 정보가 산출되지 않거나 식별에 오류가 있는 경우에 대한 사회적 비판에 테크 기업들은 '더 많은 데이터'의 무차별 수집으로 대응하고 있다는 점이 확인되었다.

그뿐만 아니라 FRT는 원거리에서 동의나 사전 통보 없이 수집될 수 있는 얼굴-데이터에도 바탕을 둔다. 다양성 데이터 확보를 위해 비윤리적이고 기만적인 방식의 수집 절차가 수반되기도 했지만 이미 얼굴의 데이터화는 동의 없는 절차라는 간편성 때문에 더욱 선호된다. 곳곳에 설치된 감시 카메라와 온라인상 자발적인 얼굴 이미지들로 FRT는 '기계가 인간처럼 보는' 다양한 방식의 훈련 과정을 거친다. 이를 통해 수많은 군중 속에서 문제적 인물을 식별하는 방식은 상시적 모니터링과 자동화된 식별 시스템을 구축하는 데로 나아간다. 경찰서 캐비닛의 사진이나 그림 자료로 존재했던 얼굴-데이터는 디지털 맥락에서 네트워크화되어 방대한 아카이브로 작동한다.

얼굴-데이터가 식별과 인증 등의 목적으로 활용되려면 분류와 선택의 작업이 필수적이다. 들뢰즈와 가타리는 '얼굴성'이라는 '추상적인 기계'의 작동 방식이 "하나는 단위나 요소들과 관계되고 다른 하나는 그것들의 선택과 관계된다"고 말한다. 먼저, "기계는 얼굴의 단위, 다른 얼굴과 일대일 대응 관계에 있는 기본 얼굴의 구성을 진행시킬 것"이다. 그것은 남자 또는 여자, 부자 또는 빈자, 성인 또는 아이, 주인 또는 하인, "x 또는 y"이다. 또 다른 하나는 "선별적 반응이나 선택의 역할"이다. 구체적인 얼굴에 대해 기계는 "그것이 통과할 것인지 아닌지 판단"하며 "매순간 기계는 적합하지 않거나 수상한 기미가 있는 얼굴들을 내버린다"(들뢰즈·가타리 2001, 338~339).

실제로 인공지능 성별 인식 기술 개발 과정에서 매우 이분법적인 젠더 관념에 입각한 '젠더 패턴'(이정현 2023, 81) 양상이 두드러지는 것으로 나타난다. 이는 여성성과 남성성의 전형적 패턴을 사전에 라벨링하여 이루어지는 지도학습의 경우에도, 많은 데이터에서 패턴을 찾아내는 비지도학습의 경우에도 나타난다(같은 글, 79~80). 또 많은 성별 인식 기술이 생물학적 차이와 호르몬에 따른 얼굴 부분 간의 길이 특성 등을 수치화하면서 얼굴을 통해 정체성 정보를 읽어낼 수 있다고 전제한다. 웬디 희경 전은 윤리적 문제를 야기하는 2017년 코신스키와 왕Kosinsky and Wang의 연구 사례를 소개한다. 이들은 온라인 데이팅 앱의 프로필 사진 3만 5천 장을 수집하여 머신러닝 알고리즘을 트레이닝했고, 알고리즘이 해당 인물의 성적 지향성을 인간보다 더 정확히 식별한다는 점을 검증하는 논문을 게재했다. 이들은 특정한 얼굴 유형의 생물학적 특징이 성적 지향과 연관된다고 주장했는데, 전은 이 연구가 과학적 외형을 통해 19세기 골상학의 위험한 결정론적 사고를 반복하고 있다고 비판했다(Chun 2022).

얼굴 인식 기술의 분류 작업은 이와 같이 얼굴에서 성별이나 성적 지향 등의 특성을 자동 감지하기 위해 얼굴의 '흰 벽-검은 부분'을 수치화하고 생물학적 차이에 기반한 수학적 비율과 감정 표현에 대한 사회적 고정관념을 강화한다. 얼굴-데이터는 기존의 사회적 분류 기준에 맞추어 특정 범주로 분류되고, 해당 범주에 적절한지 여부에 따라 살아남거나 버려진다. 이 과정을 통해 이분법적 성별 기준에 맞지 않는 얼굴-데이터는 버려지고, 기존의 관습적 재현에 맞는 얼굴-데이터만 살아남아 기존의 관습을 강화한다.

얼굴-데이터는 전체로써 한 인간에게서 멀어진 사물이자 파편이 된다. 기계적 맥락에서 얼굴은 얼굴이 가진 소통, 자기 실현, 자아 정체성 구성 등의 정치적 목적을 상실하고 고정된 범주로 라벨링되거나 비슷한 패턴으로 군집화된다. 전지구적 차원에서 얼굴-데이터의 아카이빙 작업을 통해 구성된 얼굴-데이터 인프라는 다양한 방식으로 이분화된 성별 정보를 생산해 내고, 얼굴-데이터는 이러한 정보 생산의 소스이자 결과물이 되고 있다.

3. 얼굴-데이터와 하늘 높이 올라간 정보들

3.1. 가시성 경제와 여성의 얼굴-데이터

그렇다면 얼굴-데이터가 유통되는 미디어 환경은 어떠한 특성을 갖는가. 초연결성과 스마트 미디어 환경, 개인 프로필 기반의 소셜 미디어 환경, 카메라폰 성능의 강화 등은 일상적으로 자기를 재현하고, 찍는 주체-찍히는 피사체의 분리된 관계를 찍고 찍히는 주체로 변화시켰다. 특히 젊은 여성들의 셀카 실천은 디지털화 이후 일반화된 주체적인 자기 재현의 양상으로 나타난다(이동후 2004, 23). 상파울로, 런던, 뉴욕, 방콕, 모스크바 등 다섯 개 도시를 배경으로 올린 셀피 사진을 인스타그램에서 수집하여 추진한 마노비치의 셀피시티Selfiecity 프로젝트를 예로 들면, 기계와 인간의 협업으로 선별된 총 640장의 사진 중 여성의 셀카 이미지가 남성보다 4.6배 많은 것으로 나타났다.[2] 이처럼 압도적으로 여성 사진이 많은 데 대해 로시(Losh 2015, 1650)는 여성 셀피가 일상적인 정체성 수행 활동임과 동시에 시장화, 상품화, 비인격화의 사례로 양가적 의미를 갖는다고 보았다.

'얼굴'을 자신이 원하는 대로 직접 찍을 수 있는 셀카 문화는 미디어 환경 변화와 더불어 가능해지며 시각 장치와 신체의 관계를 새롭게 구성한다(김경화 2017, 48). 젊은 여성들은 일상 사진을 통해 사적, 공적 정체성과 관계 맺으며 개인적인 기억의 저장소이자 자신의 이미지를 재현할 권리를 규정하고 주장한다(황의진 2022, 49). 한편 김지효는 셀카를 모바일 미디어 이전의 하두리 문화에서부터 이어지는 '얼굴' 중심 셀카 문화에서 유래한다고 해석하면서, 특히 카메라 화각이 넓어지면서 고정된 PC 중심의 하두리 '얼짱' 문화에서는 중요하지 않았던 배경과 패션까지 중요해지고 이에 따라 '아름다운 얼굴, 날씬한 몸, 트렌디한 패

---

2. 셀카 사진을 찾기 위해 인스타그램에서 도시당 2만~3만 장의 사진을 무작위로 선택하고, 아마존 메케니컬 터크 직원 24명이 사진이 셀피가 맞는지 태그하도록 한 후 다시 도시별 1천 장의 사진을 택해 메커니컬 터크 직원에게 사진이 셀카인지 확인하고 해당 사람의 나이, 성별을 추측하도록 요청했다. 또 셀카 이미지셋에서 자동 얼굴 분석을 실행해 눈, 코, 입의 위치, 다양한 감정 표현 정도 등에 대한 알고리즘 추정치를 제공했다 (https://selfiecity.net/).

션, 힙한 장소'까지 합쳐진 '인생샷' 문화가 구성되었다고 보았다(김지효 2023, 44). 이러한 논의는 일상적 자기 재현과 정체성 구성의 과정을 통해 일상의 아카이브화, 주체-피사체의 관계 전복이 이루어지는 동시에 여성의 얼굴-데이터가 네트워크의 상품으로 유통되고 신체와 결부된 이상적인 여성성을 사진화하는 역설을 잘 드러낸다.

특히 사물이자 상품으로 '업로드'되어 '얼굴-데이터'가 된 셀피 이미지들은 소셜 미디어 플랫폼의 가시성visibility 경제 맥락에서 여성을 시장 친화적 상품으로 브랜드화하고 이상적인 자아를 연출하는 수단이 되도록 한다. 여성의 셀카는 힘돋우기empowerment 수단이면서 동시에 신자유주의적 자기 관리와 상업적 플랫폼 논리에 따라 구성되는 것이다(Banet-Weiser 2018, 25). 여성을 '위로 올리도록'sky-high 독려하는 플랫폼의 가시성 경제는 여성을 사회적으로 더욱 가시화하면서 동시에 대중적 여성혐오를 확산시킨다. 소셜 미디어 플랫폼의 가시성 경제는 젠더화된 경제의 특성을 가지며, 여성, 특히 소녀의 얼굴과 신체는 끊임없는 수요로 이어진다. 미디어는 이들을 스펙타클로 만든다(Projansky 2014, 5).

싱과 바넷-와이저는 디지털 플랫폼을 이러한 젠더화된 가시성 경제 맥락에서 역사적인 것으로 본다. 디지털 플랫폼은 역사상 세 가지 다른 유형의 플랫폼들, 즉 마녀 화형대gallows, 노예 경매를 위한 블록block, 비비안 웨스트우드의 플랫폼 슈즈platform shoes 등과 유사점을 갖는다. 이 세 가지 모두 여성을 높은 곳에 올려 가시화해 왔다. 올라간 데이터이자 상품으로서 여성은 다양한 시선에 의해 샅샅이 평가되고 대상화된다. 마녀사냥의 희생양으로 화형대에 올라간 여성은 사회적 규범과 질서를 위반한 자로 사회적 비난의 대상이 되고 노예 경매 블록에 올라간 여성은 노동 수행이 가능한 신체적 외양과 건강뿐 아니라 도망치지 않을 순종적 신체와 눈빛을 지녔는지를 다방면에서 평가받는다. 비비안 웨스트우드의 플랫폼 슈즈는 런웨이의 여성을 돋보이게 높이 올리지만 한편으로 모델은 몇 걸음도 걷지 못하고 넘어져 공개적 망신을 당한다. 이러한 역사적 맥락은 디지털 환경으로 이어져 어떻게 여성-데이터를 평가evaluation, 대상화objectification하며 취약성vulnerability의 대상으로 만드는지 드러낸다(Singh & Banet-Weiser 2022, 166~172). 소셜 미디어의 전시 환경에서 여성의 얼굴-데이터와 몸-데이터는 언제든 평가의 대상이 되는 맥락에 노출되고 여성들은 "자기 재현이 지닌 위험과 자유, 그리고 자기 상품화라는 모순적 가능성"을 수행하도록 요구받는다(황의진 2022, 87). '높이 올라가' 가시성을 확보하게 된 얼굴-데이터는 일상적인 평가에 노출되고, 플랫폼 경제의 상품으로 유통된다.

3.2. 얼굴-데이터의 통제 불가능성

　가시성 경제에서 업로드되는 여성의 얼굴-데이터는 생성형 인공지능의 출현으로 전기를 맞이한다. 이미 다양한 방식으로 여성의 얼굴과 성적인 여성의 몸을 합성하는 행위는 빈번했지만, 텍스트, 이미지, 동영상 등 다양한 창작 콘텐츠를 누구나 쉽게 자동으로 생성할 수 있도록 하는 생성형 인공지능 환경에서 이러한 합성은 매우 퀄리티가 높고 '자동화'되어 손쉬워진다. 2024년 8월 한국의 초중고교를 중심으로 발생한 대규모 딥페이크 이용 성적 허위영상물 제작, 유포 사건은 FRT의 진화와 얼굴-데이터의 젠더적 차이에 기반한 것으로 딥페이크를 통한 가짜 '성적' 정보의 '생성'에 여성의 얼굴-데이터를 결합하는 방식으로 나타났다. 생성적 적대 신경망 기술GANs: Generative Adversarial Networks을 기반으로 생성과 식별discriminator의 상호 경쟁적 비교 기제를 통해 진짜 같은 가짜 이미지를 만들어 내는 딥페이크deepfake는 원본 이미지나 영상 위에 원본과 관련 없는 이미지를 중첩하거나 결합하는 기술로 바꿔치기, 조작, 허위의 목적으로 주로 활용된다(최순욱·오세욱·이소은 2019, 343).

전문가가 아니어도 양질의 이미지 생산이 손쉽게 가능해진 생성형 인공지능 생태계에서 출현한 신종의 이미지 조작 사례로 여성의 얼굴-데이터와, 여성을 나타내는 기호로서의 몸-데이터가 결합되어 성적 재현물의 양상으로 유통된 이 사태는 대규모의 피해로 나타났다. 이러한 합성은 처음이 아니며 특히 딥페이크 기술 이후 한국의 여성 연예인은 글로벌 차원에서 수준 높은 합성의 실험 소스가 되어 왔다. 2024년 8월의 전국적 규모의 딥페이크 성범죄는 피의자의 80% 이상이 10대 남성으로 나타났으며, 피해자의 경우도 10대 평범한 여학생에서부터 여성 교사에 이르기까지 광범위하게 나타났다. 주로 소셜 미디어 프로필이나 졸업 사진의 얼굴-데이터를 합성의 원료로 삼았다는 점에서 공개된 어딘가에 '올린' 혹은 '올려진' 여성의 얼굴-데이터가 위험에 처해 있음을 보여준다.[3]

어딘가에 높이 올라간 여성 얼굴이 딥페이크 성범죄의 원료로 작동한다는 점에서, 여성의 얼굴-데이터는 통제 불가능한 사물이 된다. 사건 이후 국가 차원에서 제작

---

3. BBC코리아에 의하면 딥페이크 성범죄 경찰 신고 건수는 2021년 156건, 2024년 1,202건을 기록했으며, 검거된 피의자 총 573명 중 10대가 381명으로 80.4%를 차지했다. 또 여성 청소년뿐 아니라 여성 교사의 피해로 나타나는 젠더화된 폭력의 양상을 띤다(김효정 2025).

된 딥페이크 성범죄 예방 공익 광고는 등장인물들의 일상 사진과 졸업앨범 사진, 신분증 사진 등에서 정면 얼굴이 아닌 측면 얼굴을 찍는 방식이 보편화된 '말도 안 되는 상상'이 '현실이 되기 전'에 딥페이크 성범죄를 "고개를 돌려 거부"하라고 요청한다(대한민국정부 2024). 한편 서울경찰청은 사건 직후 긴급스쿨벨을 통해 피해예방 수칙의 첫 번째로 온라인에 개인정보(사진, 이름 등)를 올리거나 전송하지 말고, 가급적이면 인스타그램 등의 SNS 계정을 비공개로 전환할 것을 명시했다(긴급스쿨벨 24-2호). 이 같은 담론은 공개적 공간에 얼굴-데이터를 올린 것이 피해의 원인임을 암시한다는 점에서 비판에 직면했다.

이러한 상황은 디지털 환경에서 얼굴-데이터에 대한 '자기 소외'의 사례를 보여준다. 임연경은 이러한 '자기 소외'가 자신의 얼굴-데이터가 저장, 관리되고 있는 방식이나 관련 정보에 접근하지 못하고, 자신의 얼굴-데이터로부터 빠르게 소외되는 것이라고 설명한다(임연경 2024, 92). 디지털 맥락에서 자신의 정체성과 연결되는 것으로 인식되는 얼굴 이미지는 얼굴-데이터로 업로드되는 순간 제어 불가능한 사물이 된다. 한번 올라간 얼굴-데이터는 회수되기 어렵고, 확산의 정도나 합성의 내용은 물론 가해자의 존재, 가해의 방식 등에 대해서도 짐작하기 어렵게 한다. 특히 여성의 얼굴-데이터는 성적인 기호의 몸-데이터와 합성되어 정체성을 도용하는 결과로 나타나고 실제가 아님에도 불구하고 얼굴의 주인인 여성의 피해와 모욕으로 나타난다. 또, 스마트폰, 태블릿 등의 촉각적 테크놀로지로 인해 유명인은 물론 주변의 여성 이미지가 물리적 조작의 대상이 되고, 확대나 잘라내기 등으로 특정한 부분을 면밀히 관찰할 수 있는 새로운 방식이 생겨나면서 기술적 얼굴은 성별화, 인종화된 양상으로 나타나고 있다(Kember 2014, 182). 이와 같이 얼굴-데이터의 통제 불가능성의 대표적인 사례로써 딥페이크 사태는 여성 연예인에서부터 보통의 여성들의 셀피까지 모든 여성의 얼굴-데이터를 합성과 성적 대상화, 얼굴 인식 알고리즘의 훈련 데이터로 작동하는 상황을 반영하며, 이것이 점차 대중화되고 일반화되어 일상의 여성을 성적 대상으로 합성하는 실천으로 나타났음을 보여준다. 이와 같이 높이 올려진 여성의 '얼굴-데이터'는 업로드의 순간 사물이자 상품으로 유통되며 얼굴의 주인에게서 빠르게 멀어지게 된다.

4. 얼굴-데이터-액티비즘 : 가능성과 한계

얼굴-데이터는 얼굴의 파편화와 사물화를 지칭하며

인구 집단의 불변하는 속성과 고정된 정체성으로 얼굴을 규정한다. 또 디지털 환경의 가시성 경제 맥락에서 젠더화된 얼굴은 얼굴-데이터에서 소외를 경험하게 한다. 얼굴-데이터-액티비즘은 이러한 얼굴-데이터의 사물화 과정을 인식하는 데서 출발한다. 들뢰즈와 가타리에 의하면 "얼굴과 얼굴성을 생산하는 이 기계가 어떤 상황에서 작동하기 시작하는지 알아내는 것"이 문제다(들뢰즈·가타리 2001, 326). 김은주(2023)는 플랫폼의 신화와 물신화가 누락한 정보를 가시화하는 작업을 통해 디지털폴리스의 '블랙박스'를 풀어내기 위한 추적과 기록의 방법을 제안한다.

드 브리에스 등(de Vries et al. 2019)은 전방위적인 얼굴 수집과 얼굴-데이터화에 직면해 가면과 위장을 통해 가시성을 거부하거나 혼란을 유도하는 방식이 오늘날 가장 급진적인 저항의 형태라고 본다.[4] 이러한 저항은 FRT의 작동

---

[4] 저자들은 잭 블라스(Zach Blas)의 〈얼굴 무기화 스위트〉(Facial Weaponization Suite), 아담 하비(Adam Harvey)의 〈하이버페이스〉(HyperFace), 스털링 크리스핀(Sterling Crispin)의 〈데이터 마스크〉(Data Mask) 등을 소개하면서 가면과 위장을 통해 기계를 혼란스럽게 하는 저항의 급진적인 형식들을 소개한다. 블라스의 작업은 소수자 공동체와 작업한 비정형 마스크를 통해 데이터화된 정체성에 저항한다. 하비의 작업은 '거짓 얼굴' 패턴의 섬유 디자인으로 수많은 '가짜 얼굴'을 생성해 알고리즘을 속인다. 크리스핀의 작업은 얼굴 인식 알고리즘이 인식하는 얼굴 모델을 3D 프린팅으로 작업하여 알고리즘이 기대하는 얼굴이 무엇인지 가시화함으로써 기술 시스템을 비판한다(de Vries et al. 2019, 4~6).

방식에 대한 이해를 통해 이를 해체하고 재해석함으로써 실현된다. 마스크나 위장을 통한 얼굴 수집에 대한 거부는 자아를 재구성하고 주체-환경의 경계를 흐리는 새로운 존재 양식이다(de Vries, Patricia & Shinkel 2019, 2). 일반적으로 마스크 시위는 가이 포크스의 복면을 비롯해 시민 불복종의 수단이었으며, 심지어 복면 시위를 금지하는 국가들의 사례에서 확인하듯이 권력에 대한 위협으로 간주된다(김주희 2021, 15). 한편 여성의 '얼굴 가리기' 실천은 페미니스트 정치의 함의를 갖는다. 2016년 이대 시위와 2018년 혜화역 시위에서 여성들은 디지털 환경 맥락에서 자신의 얼굴이 사물화되어 유통될 것을 고려해 마스크 시위를 전개했다. 또 이는 대표하는 얼굴이 없는 익명의 여성들을 의미화하면서 동일성의 정치를 통해 약자의 시위로서 성공하기 위한 전술을 펼친다(같은 글, 7). 김주희(2021)에 의하면, 품평의 대상이 되지 않고 대표의 얼굴과 여성의 얼굴이 없는, 동일한 문제에 기반한 얼굴 없는 여성들의 압도적인 숫자 정치는 사회가 부여한 얼굴에서 나를 해방시키고 얼굴의 고정된 의미와 정체성의 장치에서 벗어나려는 '탈얼굴화'의 효과를 갖는 한편, 의제를 집중시키고 축약하기 위한 전략으로 동일성의 표출을 통해 연대하는 것이다. 한편으로 마스크의 얼굴성은 젠더 폭력 등의 가시적인 여성 억압을 즉각적으로 삭제하는 등 여성 '안전'을 확보하는 의제에만 한정하여 작동했다. 이는 동일성을 생산하며 다양한 의제에 대한 배타적인 성격을 보이게 된다(같은 글, 7).

올라간 얼굴을 '내리는' 작업은 가장 흔한 전략이다. 김애라 등의 연구에 의하면 많은 여성들은 생성형 인공지능 출현 이후 가장 우려되는 문제로 딥페이크 합성을 거론하면서 그에 대한 대책으로 '얼굴'을 업로드하지 않거나 비공개하는 실천을 하고 있다고 밝혔다. 이들은 기술을 통해 새로운 유형의 젠더 폭력이 발생하는 데 대해 불안을 토로했다(김애라 외 2024, 144). 여성들이 스스로를 찍는 셀피 실천이나 사적이고 미시적인 아카이빙을 실천할 수 있게 된 물질적 조건은 한편으로 카메라로 가득한 동시대 매체 환경에서 비가시화되기 위한 인위적인 노력과 실천을 낳기도 한다. 히토 슈타이얼은 카메라로 가득한 동시대 매체 환경에서 (1) 카메라에 안 보이기, (2) 시야에서 안 보이게 하기, (3) 이미지가 되기, (4) 사라짐으로써 안 보이게 되기, (5) 이미지 세계에 병합됨으로써 안 보이게 되기 등의 다섯 가지 방안을 제시한다(국립현대미술관 2022). 디지털 환경에서 '여성이 되는 것'은 '지나친 가시화'를 의미한다. 여성적 기호를 가진 데이터는 여성으로 식별되고 다양한 맥락에서 증폭되기 때문이다. 이러한 맥락에서 자기를 제시하지 않는 방식은 디지털 세계에 대한 액세스권의 포기라는 점에서 개인에게 다양한 불편을 야기하기도 한다.

    가면과 위장은 컴퓨터 비전의 시각을 예술 소재로 삼아 기계에 얼굴로 인식되지 않기 위한 다양한 전략으로 나타나기도 한다. 근대적 얼굴성을 해체하고 규정된 얼굴성을 전복하는 얼굴의 해체는 베이컨의 얼굴에서부터 이어지는 "주체성과 절대적 의미화로부터의 해체"이며, 인간에게 있어 얼굴성의 특징을 상실하게 만든다는 것은 "다른 체제로 진입한다"는 뜻이다(한의정 2017, 104). 신승백, 김용훈 작가의 '넌페이셜 포트레이트' 작품은 인공지능 시대 인간의 얼굴로 식별되지 않는 초상화를 그리는 작업을 통해 기계가 인간으로 식별하지 못하는 얼굴을 그려내는 작업에서 무엇이 인간의 얼굴로 인식되는지를 역설적으로 보여준다. 인공지능이 얼굴로 인식하지 않도록 그림을 그리는 과정은 역으로 우리가 얼굴을 다른 방식으로 상상하는 것이 어렵다는 것을 드러낸다.[5]

---

[5] 신승백, 김용훈은 "완성된 그림은 인공지능이 얼굴로 인식할 수 없어야 한다"는 조건하에 초상화를 그리도록 작가에게 의뢰하였고 그림을 그리는 동안 각 화가의 캔버스는 카메라와 세 개의 얼굴 감지 알고리즘이 장착된 컴퓨터로 감독되었다. 작가는 이러한 경고를 토대로 컴퓨터 비전이 얼굴로 인식할 수 없는 초상화를 만들었다. 그림을 컴퓨터가 인식할 수 없는 방식으로 만들기 위해 더 많은 노력을 기울일수록 실제 얼굴과는 더 달라져 '초상화'라고 보기 어렵게 된다. 이 작품은 인간이 얼굴 묘사를 인식할 수

FRT의 작동 방식을 파헤치고 이를 대중에게 가시화하는 작업 또한 이어진다. 예를 들어, '미래를 위한 싸움'Fignt for the Future는 FRT의 금지를 위한 광범위한 캠페인과 운동을 벌이고 있는데, 이들은 특히 FRT의 작동을 위해 미국 운전면허증 정보에 대한 무작위 접근이 이루어지고 있고, 아마존의 IoT(사물인터넷) 기술 등과 연관한 데이터베이스가 경찰과 연동되어 방대한 데이터베이스를 구성하고 있다는 점을 대중에게 알린다. 유럽의 '얼굴 되찾기'Reclaim your face 또한 공공장소에서의 무차별 얼굴-데이터 수집이 대중 감시 체제를 구성할 우려가 있다고 지적하면서, 이에 대한 대중적 관심을 환기하고 얼굴을 다시 찾는 캠페인을 벌인다.

이러한 '블랙박스'의 해체 혹은 인공지능 시대 리터러시 확보 전략은 인공지능 시스템이 무차별적으로 얼굴을 데이터로 수집하고 분류하는 동시대 기술 환경의 작동 방식을 가시화하려는 작업의 일환이다. 얼굴 아카이브상 데이터로서의 얼굴은 하나의 '이미지'에서부터 '인프라'로 변화하며, 거기서 사진 하나하나는 얼마든지 사진으로 대체 가능한 상품이 된다. 여기서 개인의 인격은 상실되고

있지만 컴퓨터는 할 수 없는 좁은 범주의 시각적 공간을 찾는 과정을 드러낸다고 설명된다. (ICC 2018)

얼굴-데이터는 중립적 정보처럼 여겨진다(Crawford 2022, 107). "얼굴과 얼굴성을 생산하는 이 기계"의 작동 방식과 시점, 상황에 대한 이해에 기반하여 얼굴-데이터는 지식의 힘과 자아에 대한 이해를 전제로 하는 사회적인 것으로 작동한다.

5. 마치며

얼굴은 단순한 생물학적 표식이나 정체성의 표현을 넘어 인공지능 생태계와 디지털 플랫폼 구조 속에서 데이터화되고 사물화된 정보 인프라로 재편되고 있다. 얼굴은 여전히 인간의 자아 정체성을 구성하고 사회적 상호작용을 매개하는 포털이지만, 얼굴-데이터는 얼굴의 역동적인 가능성과 분리된 채 고정된 정체성으로의 환원으로 분류되는 자동 식별과 감시, 분류, 상품화의 객체로 기능하며 젠더적 위계를 재생산한다.

추상적인 기계로서 얼굴성은 '정상성의 정보처리'라는 역할 속에서 인종주의를 작동시킨다(들뢰즈·가타리 2001, 340). 이러한 방식은 누군가를 배제하거나 타자로 지적하는 것이 아니라 '동일자의 파동'을 퍼뜨려 모두를 동일자로 만들기를 기대하거나 모두가 동일자를 열망하게 한다.

얼굴성의 기계가 전제하는 얼굴의 "일대일 대응성과 이항성"(같은 책, 343)은 "강력한 조직체"인 얼굴에서 벗어나려는 특징과 거기서 봉쇄되고 다시 조직화하는 얼굴 사이에서 벌어지는 "언제나 다시 시작되는 싸움"(같은 책, 357)이다. 이는 얼굴을 특정한 데이터셋에서 '식별'해 내고 방대한 데이터셋에서 여성성과 남성성의 이항적 분류 체계를 구성해 내는 등으로 차이에 근거한 분류를 제시한다. 이 과정은 얼굴을 통해 인종주의와 젠더 편향이 기술적으로 재생산되는 구조를 만들어 내면서 구성되고 구성하는 얼굴성과 탈얼굴성의 실천을 낳는다.

이 글은 얼굴-데이터화를 사진술과 생체 정보 아카이빙의 계보 속에서 재구조화하면서 오늘날 FRT와 생성형 AI 환경에서 이 과정이 더욱 기계화, 자동화되고 있음을 지적하였다. 특히 디지털 플랫폼의 가시성 경제는 여성의 셀피 실천으로 사진 문화의 전복과 여성 일상의 아카이빙화를 실현하는 토대가 되지만 그로 인해 가시화된 여성의 얼굴은 상시적인 평가와 감시, 상품화로 나타나는 등 젠더화된 권력을 작동시킨다. 여성의 얼굴-데이터는 개인의 자아와 연결되면서도 동시에 분리되어, 개인이 통제할 수 없는 인프라로 흘러간다. 데이터 자원이자 개인을 식별하는 얼굴-데이터는 여성에게 이중구속적 역할을 수행한다.

얼굴-데이터-액티비즘은 얼굴의 사물화에 대한 자각에서 출발해, 가면과 위장, 비가시화 전략 등의 구체적 실천으로 나타난다. 시위 현장에서 여성의 마스크 시위는 얼굴-데이터화의 맥락에서 등장한 대표(얼굴)가 없는 모두가 동등한 시위였다. 한편 딥페이크 사태에 대한 우려로 디지털 공간에 '올려둔' 얼굴-데이터를 다시 '내리는' 실천은 얼굴의 식별 가능성 자체를 차단하려는 시도이자 여성의 취약성을 나타내는 사례기도 하다. 젠더화된 가시성 경제에서 얼굴의 탈주와 익명화는 개인에게 실질적인 불편과 위험도 동반한다. 그럼에도 불구하고 얼굴-데이터-액티비즘은 FRT를 포함한 얼굴성의 추상 기계와 플랫폼의 젠더화된 가시성 구조가 작동하는 방식을 파악함으로써 시작한다. 얼굴을 사물이나 파편이 아닌, 정체성의 사유 주체로 회복하고 얼굴-데이터의 정치적 의미를 가시화하면서 얼굴이 어떻게 통치와 정체성, 젠더, 권력의 경합 속에서 구성되는지 살피는 작업은 얼굴-데이터로부터의 소외를 극복하고 오늘날 미디어 생태계의 작동 방식을 이해하는 데 필수적인 과제로 부상한다.

:: 참고문헌

고은이. 2025년 1월 19일.「'얼굴패스' 시장 열린다 … 토스, K팝 공연에 도입」.『한국경제』. https://www.hankyung.com/article/2025011956841.

국립현대미술관. 2022년 6월 13일.「히토 슈타이얼 ― 데이터의 바다」. 국립현대미술관 큐레이터 전시투어. https://www.youtube.com/watch?v=L5WxWE-t60c.

김경화. 2017.「휴대폰 카메라와 '사진 찍기'」.『언론정보연구』54(1) : 48~74.

김애라 외. 2024.『청년세대의 성별 디지털안전 경험 및 인식에 관한 연구』. 한국여성정책연구원.

김은주. 2024.「사물들의 플랫폼으로서의 디지털 폴리스와 행위자 네트워크 ― 블랙박스를 펼치는 물의 정치를 향하여」.『도시인문학연구』15(1) : 107~129.

김주희. 2021.「코로나 시대, '마스크 시위'와 페미니즘의 얼굴성을 질문하다」.『페미니즘 연구』21(1) : 7~45.

김지효. 2023.『인생샷 찍는 여자들』. 오월의봄.

김효정. 2025년 1월 24일.「'제자가 나를 딥페이크 음란물로 만든 날' … 그 후 내게 벌어진 일」. *BBC News Korea*. https://www.bbc.com/korean/articles/cgmy8gj34emo.

대한민국정부. 2024년 12월 23일.「딥페이크 성착취물, 고개를 돌려 거부합니다!」.〈대한민국정부〉. https://www.youtube.com/watch?v=m3KJjQEV5DI.

들뢰즈, 질·펠릭스 가타리. 2001.『천개의 고원 ― 자본주의와 분열증 2』. 김재인 역. 새물결.

양태경. 2019년 10월 16일.「구글(Google) '안면인식' 알고리즘 훈련, "어두운 피부톤" 노숙자 타겟 논란」.『AI타임스』. https://www.aitimes.com/news/articleView.html?idxno=120387.

이동후. 2004. 「카메라폰을 통한 여성의 문화적 의미 만들기」. 『미디어, 젠더 & 문화』 1 : 7~38.

이정현. 2023. 「젠더 패턴 — 인공지능 성별 인식 기술에 나타난 '젠더' 개념의 비판적 고찰」. 『한국언론정보학보』 121 : 78~105. https://doi.org/10.46407/kjci.2023.10.121.78

임연경. 2024. 「사회적 인터페이스로서의 얼굴 데이터 아카이빙 — 얼굴 인식기술을 돌봄 실천의 기술 양식으로 재전유하기」. 『언론과 사회』 32(1) : 86~119.

최순욱·오세욱·이소은. 2019. 「딥페이크의 이미지 조작 — 심층적 자동화에 따른 사실의 위기와 푼크툼의 생성」. 『미디어, 젠더 & 문화』 34(3) : 339~380.

크로퍼드, 케이트. 2022. 『AI 지도책 — 세계의 부와 권력을 재편하는 인공지능의 실체』. 노승영 역. 소소의책.

한의정. 2017. 「소멸하는 얼굴의 표현」. 『현대미술사연구』 41 : 95~117.

황의진. 2022. 「'자기사진'으로 관계 맺는 여성들 — 디지털 사진을 통한 소통과 소유 감각의 재구성」. 『한국문화인류학』 55(3) : 191~242.

Banet-Weiser, Sarah. 2018. *Empowered: Popular Feminism and Popular Misogyny*. Durham, NC: Duke University Press.

Buolamwini, Joy Adowaa. 2017. *Gender Shades: Intersectional Phenotypic and Demographic Evaluation of Face Datasets and Gender Classifiers*. PhD diss., Massachusetts Institute of Technology.

Caplan, Jane. 2001. "This or That Particular Person?: Protocols of Identification in Nineteenth-Century Europe." In *Documenting Individual Identity: The Development of State Practices in the Modern World*, ed. Jane Caplan and John Torpey. Princeton: Princeton University Press.

Chun, Wendy Hui Kyong. 2022. *Discriminating Data: Correlation, Neighborhoods, and the New Politics of Recognition*. Cambridge, MA: MIT Press.

de Vries, Patricia, and Willem Schinkel. 2019. "Algorithmic Anxiety: Masks and Camouflage in Artistic Imaginaries of Facial Recognition Algorithms." *Big Data & Society* 6(1): 2053951719851532.

Gates, Kelly A. 2011. *Our Biometric Future: Facial Recognition Technology and the Culture of Surveillance*. New York: New York University Press.

Goffman, Erving. 2009. *Stigma: Notes on the Management of Spoiled Identity*. New York: Simon & Schuster.

Kember, Sarah. 2014. "Face Recognition and the Emergence of Smart Photography." *Journal of Visual Culture* 13(2): 182~199.

Losh, Elizabeth. 2015. "Selfies | Feminism Reads Big Data: 'Social Physics,' Atomism, and Selfiecity." *International Journal of Communication* 9: 1647~1659.

Mayer-Schönberger, Viktor, and Kenneth Cukier. 2013. *Big Data: A Revolution That Will Transform How We Live, Work, and Think*. Boston: Houghton Mifflin Harcourt.

Projansky, Sarah. 2014. *Spectacular Girls: Media Fascination and Celebrity Culture*. New York: NYU Press.

Sekula, Allan. 1986. "The Body and the Archive." *October* 39: 3~64.

Singh, Richa, and Sarah Banet-Weiser. 2022. "Sky High: Platforms and the Feminist Politics of Visibility." In *Re-understanding Media: Feminist Extensions of Marshall McLuhan*, 163~175.

Van Dijck, José. 2014. "Datafication, Dataism and Dataveillance: Big Data between Scientific Paradigm and Ideology." *Surveillance & Society* 12(2): 197~208.

Fight for the Future 홈페이지. https://youtu.be/b8ZF8s7sOz4.

Reclaim Your Face 홈페이지. https://reclaimyourface.eu/.

ICC. "Nonfacial Portrait." 2018. https://www.ntticc.or.jp/en/archive/works/nonfacial-portrait/.

6장 페미니즘 생태 정치와 급진적 타자성인 행성적인 것

김은주

1. 기후위기와 정치적인 것의 한계

2024년 여름 장마는 예전과 달랐다. 유례없는 강수량뿐만 아니라, 여름철 호우 패턴이 바뀌어 예측이 어려워졌다. 기온이 1도 오를 때마다 수증기량이 10% 증가하는데, 한반도 지면 온도가 100년 만에 2도 높아짐에 따라 기후변화로 날씨의 복잡성과 변동성이 커지고 있다. 사계절을 재설정해야 할 필요성이 제기되는 실정인데, 이러한 극한의 현상은 오직 기후변화로만 설명할 수 있다(이재영·고은지 2024). 코로나19 같은 팬데믹을 유발할 수 있는 신종 감염병 또한 기후변화를 유발하는 생태 서식지 파괴와 밀접히 연관된다(Quzmmen 2012).

팬데믹 경험 이후, 기후위기를 피할 수 없는 거대한 해일처럼 느끼는 재난 상황에 대한 감각 역시 일상화되고 있다. 기후위기는 "세계를 경험할 수 있는 우리의 능력을 벗어나는 보편적인 것의 형상에 관한 문제를 제기"하는데, 이러한 보편적인 것은 "재앙에 대한 공유된 감각에서 발생"(차크라바르티 2023, 78)한다. 일상에서 느끼는 기후위기의 감각은 현재를 미래가 기대될 수 없는 재난 상황으로 파악하게끔 한다. 이러한 감각은 정부가 정한 온실가스 감축 목표의 불충분성을 환경권과 건강권 등의 침해로 주장

하고 기본권 구제를 청구하는 헌법소원 등의 기후정치 행위로 나타나고 있다.[1]

기후위기의 긴급성에 따른 기후정치의 해결책은 다음과 같이 두 가지로 정리된다. 먼저 기후변화를 일차원적 도전 과제로 바라보는 접근이다. 이 접근이 제시하는 주요 해결책은 온실 가스 배출량을 줄이고 인류에게 필요한 대체적 재생 가능 에너지로 이행하는 계획이다. 이러한 이행은 빈국과 부국의 역사적 관계 그리고 지금 세대와 미래 세대 사이의 관계에 관한 문제를 방기하며, 자본주의가 기후위기에 끼친 악영향을 분석하고 대안적 견해를 말할 자리를 빈칸으로 남긴다.

또 다른 방식은 경제 규모를 축소하고 탈성장으로 전환하여 인간의 생태적 소비를 줄이는 복수의 다른 세계 만들기의 필요성을 모색하는 것이다. 이는 기후위기를 비단 인간에 맞추어 문제화하려는 데 그치지 않고 인간중심주의적 지구 서사에서 벗어나 인간의 시간 척도와 지식, 이

---

[1] 「기후 헌법소원 ― 청소년기후소송」(2020헌마389), 청소년기후행동, https://youth4climateaction.org. 이러한 기후 소송은 한국뿐만 아니라 국제적인 상황이다. 2019년 12월 네덜란드 대법원에서 자국 정부가 2020년까지 온실가스를 1990년 대비 25% 줄여야 한다는 취지의 원고 승소 판결이 선고되었고, 2021년 4월 독일 연방헌법재판소도 연방기후보호법이 2030년 이후 온실가스 감축 목표를 정하지 않아 '미래 세대의 기본권을 침해한다'며 위헌 결정을 내린 바 있다.

상 그리고 가치를 내려놓는 비인간 전회를 제기하는 것이다(차크라바르티 2023).

비인간 전회는 지구를 인간만이 살아가는 시스템이자 환경으로만이 아니라, 인간 그리고 비인간들의 서식지인 행성으로 드러낸다. 행성적 관점에서 살피면, 기후위기는 지구가 수용할 수 있는 범위를 넘어선 인류의 생태학적 용량 초과에서 비롯한다. 행성의 생태적 순환은 다른 종의 삶과 필연적으로 관련을 맺는다. 인간의 해양 오염은 산소 공급원인 플랑크톤을 파괴하고, 탄소 순환의 다양한 시간성이 만들어낸 균형을 깨뜨리면서 종국에는 인간 문명 파멸을 자초한다. 그런 점에서, 기후위기와 지구온난화는 자연사와 인간사를 가르는 인간주의적 구별을 붕괴시키고, "지구적인 것이 인간에게 행성적인 것의 영역을 드러내는 역사의 한 지점의 도래"(같은 책, 125)를 알린다.

인류세 개념은 지구의 지질 환경에 가해진 직접적 인간 행위가 기후변화와 밀접한 관련성이 있음을 강조한다. 근대성의 경제가 목표로 삼은 성장과 발전 그리고 계몽과 진보를 향한 정치적인 것은 그 유효성의 측면에서 질문의 대상이 된다. 이러한 문제제기는 비인간 행위자와 기후를 정치의 전면에 내세운다(이헌석 2024). 이는 정치적 행위를 인간에만 한정 짓는 관점에서 벗어나 정치와 정의의 범위 그리고 행위성을 비인간 행위자로까지 확대할 것을 제안한다.

비인간 행위자는 인간의 잔여를 의미하지 않는다. 비인간 행위자는 인간의 조건인 단일하고 보편적 지구^{globe}가 아니라 대기와 산소의 역사를 드러내고 다양한 존재 방식과 공존하는 행성^{planet} 개념을 통해 분명해진다.[2] 이미 팬데믹 경험은 행위자를 의도와 자율성에 입각한 근대적 주체인 개인으로 이해하는 것의 한계를 알렸다. 바이러스로 인한 감염과 격리가 일으키는 중첩되고 중첩되지 않은 경계들은 단독으로가 아니라 얽히고 섞여서 존재하는 생명을 제시한다. 인간 행위자와 비인간 행위자는 연결되어 배치를 거듭한다(라투르 2021). 인간과 비인간의 얽힘이 늘어남에 따라 인간 중심적 문명화는 그 효력을 잃고, 이에 따라 근대화와 생태화 중 하나를 선택해야 한다는 압박이 느슨해지면서 행성적인 것 앞에 '우리'가 소환된다.

'우리'는 분명히 행성에 거주하나, 기후위기가 아니었

---

[2] 차크라바르티는 지구와 행성이 상호 배타적인 이원적인 것을 구성한다고 시사한 적이 없음을 분명히 한다. 이 둘은 "언제나 서로 연관된 실체들"이라는 것이다. "하지만 지구는 인간이 만든 것이며, 제국, 자본주의 기술의 작용과 그에 따른 영향을 포함하며, 이에 관한 서사의 주인공은 인간이다. 또한 지구적인 것은 500년의 기록된 역사에 속하여 대단히 특이하게 인간적이며, 특히 대지(earth)에 대한 인간의 경험에 초점이 맞추어져 있다." 이 글에서는 행성과 행성적인 것을 바꾸어 쓸 수 있는 의미로 다룬다. (차크라바르티 2024, 15~21)

더라면 서구 근대의 신화와 과학에 의존하여 인간을 중심으로 삼은 지구에만 머물렀을 것이다. 하지만 행성은 스피박이 지적한 대로, 또 다른 시스템에 속하는 타자성의 종에 있다(스피박 2008, 143). 행성적 관점에서 보자면, 인간은 결코 지구 행성을 소유하지 못한다. 오히려 인간은 행성의 시간대에서 늦게 도착한 존재, 지나가는 손님의 위치에 가깝다.

그러나 기계적 우주론을 채택한 과학혁명 및 산업혁명 이래로, 인간은 행성의 삶을 제외한 채 지구의 위상을 인간을 위해서만 존재하고 지속하는 것으로서만 이해해 왔다. 이와 같은 관점에서 지구의 천문학적 표상 또한 위에서 아래로, 신인동형설적 시선으로 지구 전체를 내려다보아 한눈에 파악하는 구글 맵스와도 같은 지도의 형상으로 재현된다.

행성으로서 지구는, 근대적 시공간의 단일한 좌표계로 구축되어 통제 가능한 실재로서 다루어진 인간 중심적 세계인 '지구'를 초과한다. 지구 행성은 태양을 초당 평균 약 29.76킬로미터로 공전하며, 물리적으로는 암석형 행성이자 대기 시스템의 순환에 영향을 주고받는 인간과 비인간의 서식지다. 행성적인 것은 기후변화의 과학적 문제가 다음과 같은 질문, '어째서 화성이나 금성과 달리 지구 행성은 산소가 대기의 17~21% 수준에서 유지되고 있는가?'라는 비교 행성 연구에서 출현했다는 점을 다시금 강조한다.

확실히, 기후위기는 행성의 타자성이 발휘하는 충격을 실감케 한다. 그리고 이러한 행성의 타자성은 페미니즘과 조우한다. 페미니즘은 문화/자연, 남자/여자, 정신/신체, 주인/노예, 이성/감정, 인간/비인간 등의 이원화된 쌍과 이분법적 구조화를 비판하고 저항해 왔다. 이 구조는 차이를 구분하고 영속화할 뿐 아니라, 권력을 가진 쪽과 착취당하는 쪽을 표시한다. 위계를 정하는 이분법은 '우리'가 자신을 포함한 다른 존재들과 맺는 관계를 다르게 이해할 수 있는 또 다른 사유 방식을 제한하고 억압한다. 하지만 페미니즘은 초월성과 동일성의 사유에 기댄 위계적 이분법으로 가치 절하된 타자성의 영역을 옹호한다. 또한 페미니즘은 생태 파괴, 군사주의, 자본주의, 인종주의, 식민주의, 이성애중심주의와 가부장제에 저항하는 행동주의이자 인식론일 뿐 아니라, 인간중심주의에서 멀어지는 존재론적 전회를 동반하는 세계 만들기다.

이 글은 행성적인 것의 급진적 타자성에 주목한 스피박의 문제의식을 공유하고, 에코페미니즘의 논의를 거쳐 "정치적인 것의 한계에서 정치적이기"(차크라바르티 2023, 29) 위한 '생태들'을 재구축하는 페미니즘 생태 정치 그리고 거주하기에 관해 질문하고자 한다.

2. 에코페미니즘과 '인간' 너머

페미니즘의 여러 논의들 중 에코페미니즘은 '자연' 지배와 '여성' 지배의 연결성을 찾고, 위계적 이원론의 권력 지배 체계 종식을 위한 행동주의를 통해 기후정치를 실행해 왔다. 무엇보다도 에코페미니즘은 '인간중심주의'를 겨냥하는 심층생태학의 '인간 중심'을 '남성 중심'으로 다시 읽어내어 비판한다.[3] 인간에 의한 자연 착취, 지배 전략이 남성에 의한 여성 지배 정당화 맥락과 본질적 유사성을 맺고 있다는 것이다.

특히, 반다나 시바와 마리아 미스는 그들의 저서 『에코페미니즘』에서 여성과 자연이 맺는 근원적 연관의 바탕을

---

3. 심층생태학은 자연 보호 입장의 생태주의가 근대적 '인간 중심'의 사고에 기대어 있음을 지적하며 '생태 중심적'으로 자연을 이해할 것을 주창하며 등장한다. 자연은 그 자체로 살아 숨 쉬며 자기 자신을 재생산하는 거대한 하나의 생명체라는 것이다. 이에 따르면, 인간은 다른 비인간 생명들과 동일하게 이 지구라는 거대 생명체를 구성하는 부분들의 작은 하나일 뿐이며 모든 부분들은 모두 서로 밀접하게 연결되어 있다. 1970년대, 자연이 총체적 유기체이듯이 인간 세계의 억압들이 상호 깊은 관련을 맺고 하나의 해방이 또 다른 종류의 해방들과 무관하게 얻어질 수 없다는 의식 아래 자연 해방과 여성 해방을 동일 맥락에서 바라봐야만 한다는 사유들이 등장한다(김상애·김은주 외 2019).

강조한다. 그들은 지구상의 생명체를 위협하는 파괴적 경향의 원인을 가부장제 자본주의 세계체제로 지목하고 "여성 및 이민족과 그들의 땅을 식민화함으로써 생겨나 뿌리내리며 유지"되는 과정과 "자연 역시 식민화하고 점차 파괴"(미스·시바 2020, 11)되는 상황을 분석한다.

시바와 미스는 가부장제와 근대적 인간관 그리고 자연관이 자본주의와 결합하면서 개발 명목의 자연과 여성적인 것을 착취, 억압, 통제하는 것이 정당화되는 과정과 이에 근거한 지배 종속 체계가 확산되는 경향을 지적한다. 근대화 및 개발 과정과 계몽은 서구 산업경제의 진보 모델에 의해 소위 제3세계 개발을 밀어붙여 그곳 여성을 빈곤으로 몰아세우고, 다국적 기업은 여성의 전통 지식을 생물다양성 보존이라는 명목으로 착취한다. 서구 근대 과학과 자본주의는 과학 기술을 앞세워 번영을 약속하나, 실은 이러한 성장 위주의 개발은 자연, 여성, 선주민, 다른 인종과 이주민에 대한 거대한 착취 없이 불가능하다.

이들이 『에코페미니즘』에서 강조하는 바는 자연에 위계가 존재하지 않는다는 것이다. 그에 따르면, 인간 사이에, 인간과 자연 사이에, 혹은 비인간 자연의 많은 형상 사이에 위계란 없다.[4] 또한 '차이와 다양성'을 대립과 갈등

---

4. 에코페미니스트들은 다른 삶과 다른 경험에 가치를 부여하면서, 위계적

의 원인으로 파악하는 동일성의 인식론에서 벗어나, 사실상 서로 차이 나는 것들의 공존과 상호연결성을 그 자체로 살아 숨 쉬는 생태계의 기반으로 제시한다. 이러한 점에서 에코페미니즘은 특히 근대성이 강조하는 '생산'이라는 개념에 착목하여, 자연을 조작·착취하지 않는 생산 개념을 탐구한다. 중요한 것은 개발과 진보의 목적 서사에서 벗어나 서로 차이 나는 것들의 공존과 연결로부터 일어나는 생태계의 생산이다.[5] 또한 시바와 미스의 에코페미니즘은 서구 근대가 찬양하는 '인간 이성'에서 여성, 비백인이 제외된 것을 전면적으로 문제화하고 탈식민주의와 인종주의에 대한 자각이 없는 페미니즘을 비판한다.

시바와 미스를 비롯한 다양한 에코페미니즘의 논의는 백인-정착민-이성애-가부장적 세계관과 겹쳐진 지금의 세계가 여성, 유색인, 퀴어, 동식물 그리고 비인간의 역량을 축소한 역사를 추적하고 비판한다. 이뿐 아니라 에코페미니즘은 인종주의와 식민주의의 역사를 지적하면서 물

인 존재의 대사슬을 거부하는데, 이 "대사슬은 기본적으로 백인 시스남성(cis-men)의 권리를 이른바 '자연'의 위계구조에서 가장 높은 곳을 차지하는 신 바로 아래에 위치시킨다"(애더슨·그루언 2024, 27).

5. 시바와 미스는 1980년대 중반 인도 둔 계곡의 나히깔라 마을의 여성 차문데이 등이 주도한, 석회석 광산개발을 빌미로 자행된 숲 파괴 저지를 위한 자발적 조직화와 자급자족 생활 방식에 주목한다.

질을 연결하는 경첩을 찾고, 물질과 여성이 비인간과 맺는 관계를 해명해 왔다. 이러한 에코페미니즘의 모색은 다른 세계 만들기의 역량을 탐색하는 것과 다름 없다. 이 점에서 에코페미니즘은 자연-인공, 자연-문화 연속성 안에서 물질을 설명하고 그 역량을 탐구하는 신유물론과 비판적 포스트휴머니즘 논의와 맞닿아 있다.6

이러한 에코페미니즘은 '인류세'라는 새로운 지질학적 시대에 "누가 그리고 무엇이 중요한가matter"라는 물음과 "물질matter을 어떻게 이해할 것인가"라는 질문을 던지면서 반향을 일으킨다. 에코페미니즘 철학자인 크리스틴 J. 쿠오모Christine J. Cuomo는 "근대를 보편적으로 단일화된 '인간'man의 시대로만 규정하는 바를 경고"(애더슨·그루언 2024, 68)한다. 캐스린 유소프는 새로운 지질학적 분류법이

---

6. 신유물론은 사물을 물러서는 객체가 아니라, 자연 문화 이분법이 해체된 관계에 얽혀 변이하는 존재이자 광범위한 연속체의 합생(concrescence) 혹은 집중적인 접힘(infolding)으로 이해하는 것이다. 신유물론은 우선, 물질의 이질적이되 연속적인 잠재성을 제시하는 들뢰즈와 가타리의 내재적 존재론과 시몽동의 전개체화 개념 그리고 페미니즘 사상에서 탐구한 여성 신체의 물질성에 관한 논의로 거슬러 올라갈 수 있다. 이 이론으로부터 영향받은 로지 브라이도티의 "비인간적이며 긍정적인 생명", 마누엘 데란다의 "배치이론", 그리고 브뤼노 라투르의 인간 행위자와 비인간 행위자의 협상과 추적의 행위자 네트워크 이론이 신유물론의 주요한 논의이다. 다른 한편에서는 페미니즘 인식론의 과학의 중립성 비판에서 분기한 도나 해러웨이의 이론과 애나 칭의 비인간, 비담론적 행위성에 관한 인식론 역시 신유물론의 주요한 이론의 장이다. (김은주 2023)

기도 한 인류세 개념에 인종과 식민이 누락되는 동시에 이 범주가 공고해짐으로써, 역설적으로 보편적 인본주의를 재건하는 방식이 되는 문제점을 비판한다(Yusoff 2018).

물론, 인류세는 인간에 의한 지구물질 파괴가 지금 시대를 정의하는 특징적 요소가 된 새로운 시기를 가리키는 이름이다. 그러나 모든 인간humans이 행성 자원을 재앙에 이를 정도로 추출, 착취한 것이 아니기에 기후위기에 있어 똑같은 책임을 물을 수 있는 것도 아니다. 더욱이 안트로포스Anthropos라는 특정 집단의 추출 행위는 오늘날의 기후위기를 야기한 문제에서만 새롭게 등장하는 것은 아니다. 이 행위는 선주민이 살던 생태계와 같이 과거에 존재했던 세계들을 종식시키고 이미 도착한 재난의 이유이기도 하다. 유소프는 근대 지질학이 전제하는 지구 이해 방식을 계승하는 논의에 저항하며, 지질학과 인종화가 맺는 깊은 관계성과 인류세 기원 설정이 지닌 정치성을 짚는다(Kathryn Yusoff 2018, 13~21). 시대 명명과 기원 결정의 정치는 생태위기와 기후위기의 복잡한 지층의 결을 단순화한다.

소수의 지배권력이 지구 행성과 여기에 거주하는 존재들을 변화시킨 사실은 지난 100여 년의 기간 동안 갑자기 일어난 것이 아니다. 인류세를 둘러싼 에코페미니즘은 현재를 명명하는 이름을 무비판적으로 수용하여 안트로포스라는 단일 묶음을 묶인하는 것이 아니라, 누가 안트로포스라는 범주에 포함되고 누가 그 범주에서 제외되는지를 명확히 식별함으로써 책임의 범위와 방식을 재정의하는 윤리 정치적 저항을 중요한 기획으로 삼는다.[7]

3. 급진적 타자성으로서의 행성, 생태, 조에

에코페미니즘은 타자성을 강조하면서 보편적·단일적·통일적 지구 시스템의 신화를 폭로하고 그 너머를 탐색해 왔다. 이러한 에코페미니즘은 '행성' '생태'를 재보편화하거나 재영토화하지 않고, 영토에 거주할 단 하나의 보편적 집단으로 공동체를 호명하는 데에 맞서면서 급진적 타자성을 강조한다.

에코페미니즘은 비인간 전회와 행성 개념 그리고 복합적이고 비선형적 계보로 얽혀 있다. 에코페미니즘은 자연

---

[7] "인류세라는 새로운 시대의 시작점은 아직 확실히 결정되지 않았다. 과학자들은 한 시대에서 다른 시대로의 뚜렷한 변화를 나타내는, 암석이나 빙하에 남아 있는 줄무늬나 흔적, 즉 '황금못'(golden spike)을 찾고 있다(빙하기의 황금못은 튀니지의 절벽에 남아 있는 줄무늬로 운석 충돌의 결과를 분명히 보여 준다. 홀로세의 황금못은 남극의 빙하 코어 줄무늬에서 발견되는 꽃가루다). 현재 가장 많은 지지를 받고 있는 인류세의 기원은 미국과 소련의 수소폭탄 실험이 시작된 1952년이지만, 인류세 워킹그룹(Anthropocene Working Group)은 여전히 황금못이 어디에 위치하는가를 확정하지 못했다." (애더슨·그루언 2024, 69)

과 기술(인공)을 가르는 이분법과 멀어져, 정체성의 균열과 경계 오염을 지양·극복할 것이 아니라 행위자들의 연결과 배치를 분석·실험하고 구성할 수 있는 것으로 긍정한다.

특히 스피박은 기후정치의 문제를 전 지구화 시대 만연하는 타자들뿐만 아니라 행성적인 것과 더불어 새로운 정치에 거주하고 소속될 권리를 탐구한다. 하위 주체subaltern의 재현 불가능성을 문제 삼으면서 하위 주체가 말하기 위해 필요한 자원, 말하기의 도모 그리고 듣기의 윤리를 강조하고 "집합성"collectivities(스피박 2008, 63)을 형상화하는 작업을 제안한다. 그는 집합성의 문제를 추상화된 일반화에서 이탈하여 경계선 넘기로 표현하며, 집합성을 끊임없이 변하는 것으로 이해한다. 이에 따르면, 중요한 질문은 "'우리는 누구인가'가 아니라 '우리는 얼마나 다수인가' 또는 '그들은 누구인가'"이다. 스피박은 '누구랑 연대할 것인가, 이 목적은 무엇인가' 같은 결정적 형상 없는 "미결정성"undecidability(같은 책, 65)을 강조한다. 이는 미결정성에 대한 휴머니즘의 공포를 넘어서 미결정성으로부터 '우리' 자신을 다르게 인식·상상·재작업할 것을 활성화하는 제안이며, 이로부터 '행성'the planet의 개념에 도달한다.

이른바 집합성이 경계선 넘기를 할 때 이들은 자신들을 대륙적인, 지구적인, 세계적인 것으로보다는 행성적인 것으로 상상한다. 행성the planet은 쉽사리 주장되어질 수 있다.…나는 행성이라는 단어가 세계the globe라는 단어를 덮어쓸 것을 제안한다. 세계화는 모든 곳에 동일한 교환체계를 강요하는 것이다. 전자 자본의 그리드 안에서 우리는 위도와 경도로 뒤덮이고 가상의 선에 의해 분할된, 한때는 적도와 열대 지방 등으로, 요즈음은 지리정보 시스템의 요구조건에 의해 분할되는 추상적인 구모양을 얻는다. 차등화된 정치적 공간이라기보다는 분할되지 않은 '자연적' 공간을 언급하면서 검증된 적 없는 환경보호주의식으로 행성에 관한 논의를 말한다는 것은 그 자체로 추상적인 방식으로 세계화의 이익에 봉사할 수 있다. … 세계는 우리의 컴퓨터상에 있다. 그곳에는 아무도 살지 않는다. 그것은 우리가 세계를 통제할 목표를 세울 수 있다고 생각하도록 한다. 행성은 또 다른 체제에 속하며 타자성의 종Spec ies 안에 있다. 그러나 우리는 그곳에 세들어 산다. 행성은 세계와의 멋진 대조에 딱 맞아떨어지지 않는다. 나는 "반면에 행성은"이라고 말할 수 없다. 내가 행성이라는 말을 불러낼 때 나는 이 독창적인 직관의 (불)가능성을 묘사하는 데 요구되어지는 노력을 생각한다.

(같은 책, 142~143)[8]

현재의 지구와 지구화는 인식과 비교의 축을 서구를 중심으로 삼아 설정되어 있는데, 스피박의 '행성', '행성적인 것'은 이를 재배열할 수 있는 차원을 제시한다. 행성적인 것은 급진적 타자성radical alterity이며, 문화적 상대주의나 가시적 대타성의 영역으로 포획되지 않는 "또 다른 체제에 속하는 것"(스피박 2008, 142~143)이다.[9]

이러한 "급진적 대타성은 타자의 모든 경우에서 불가능한 째고 들어가기, 함입invagination"(스피박 2011, 275)이다. 함입陷入은 타자를 서구 문명과 단절된 순수한 공간으로 상정하고 순수 타자를 자아에 오염되지 않은 것으로 보는 신화를 비판하면서 "그 세트의 경계에 속하지 않으면서 하는 참여"이다. 이러한 함입, "째고 들어가기에 의해 전체보다 더 큰 내부의 주머니 하나를 형성"하며, 이로부터 "예

---

8. 번역서에서는 행성을 지구로 번역하고 있으나, 행성으로 번역하는 것이 뜻에 맞아 수정함. 단, 원문을 참조하며 수정 인용함.
9. 스피박에 따르면, 타자성을 드러내는 방식이 곧 타자에 대한 책임이며, 타자에 대한 반응이다. 스피박의 급진적 대타성은 타자를 서구의 인식 틀로 환원하지 않으면서 그것의 표현 가능성을 완전히 포기하지 않는 '불가능한 것의 경험으로서의 윤리학'을 요청하는 것이다. 이러한 윤리학은 타자를 서구의 언어와 지식으로 구성하기란 불가능함을 받아들이며, 타자를 완전히 알 수 있다는 아집에서 벗어나는 태도를 취한다. (스피박 2016)

상할 수 없는 변경의 가능성"(같은 책, 276)이 생겨난다. 그 가능성은 타자의 목소리를 들리게 하는 것이다. 변경을 일으키는 급진적 타자성은 타자와의 관계가 완전히 분리된 것이 아닌, 서로 감염될 수밖에 없는 관계임을 일깨운다.

스피박은 행성성의 급진적 타자성을 '내 집 같은'homey 지구로부터 감각하는 '기괴함'uncanny의 느낌과 연결한다. 이러한 기괴함은 "프로이트가 사용한 단어 낯선unheimilich" (스피박 2008, 145)의 독일어 뜻에 비추어 살필 때, 집 같지 않음의 느낌이자 친숙한 것이 낯설게 느껴지는 감각이다. 프로이트는 친숙했던 것이 낯선 것이 되는, 그러한 장소를 모든 인간의 집이었던 곳으로 돌아가는 혹은 회복하는 본래적 장소이자 본래적 여성성으로 설명하며, 이로 되돌아가기를 제시한다. 그러나 스피박은 이와 같이 순수성을 희구하는, 때묻지 않은 자연 여성을 상정하고 이를 일치시키는 프로이트의 독법을 비판한다.

이러한 스피박의 비판은 생태학적 호소를 원래의 집으로 돌아가는 방식, 회복으로 이해하는 것에 의구심을 표명한다는 점에서 중요하다. 생태학ecology의 어원은 에코eco이며, 이는 그리스어 오이코스oikos의 번역이다. 오이코스는 가정, 집, 주거의 장소이자, 생명을 유지하고 보전하기 위한 서식처를 의미한다. 급진적 타자성으로서의 행성성은 본래적 자연으로 되돌아간다는 방향에 기반한 생태적 호소가 지향하는 원래의 집과 회복을 되짚으며, 그러한 집의 형상과 서식지 그리고 본원의 집에 머물기와 회복이 누구를 위한 것인가 묻는다. 이러한 물음은 라투르의 말처럼, "'생태'는 우리에게 더 살 만하고 지속 가능한 것으로 팔렸지만, 당장은 우리가 그토록 떠나고 싶어 하는 '경제'처럼 형태나 실체를 갖추고 있지는 않다"(라투르 2023, 49)는 사실을 드러낸다.

그런 점에서 타자성으로서의 행성은 바로 내 집 같은 것으로 삼아온 지구에서 감각되는 기괴함의 느낌으로 분명해진다. 이 감각은 본원적 자연을 가정하는 인간중심주의적 생태의 형상이 지닌 허구를 폭로하는 동시에 실은 생태의 형상 없음을 제시한다. 또한 이러한 감각은 기후위기로 집 잃음, 살 곳에서의 추방, 서식지 소실, 난민, 타자, 비인간을 일깨우면서, 거처 잃은 존재들의 다양한 역사적 시간성들과 맞닿는다. 이 감각은 생태를 회복할 수 있는 기원과 원초로 이해하는 바에서 이탈하게 하며, 생태의 어원인 오이코스가 인간적인 삶인 비오스에 의해 그 반대항으로서만 규정된 바를 비판하는 지점에 도달하면서, 집합성을 배치할 역량인 조에^{zoe}의 탐구에 이른다.

오랫동안 오이코스는 조에를 가리켜 왔다. 조에는 비

오스를 기준으로 타자이자 비인간의 영역으로 범주화하여, 여성, 어린이, 비자유인, 짐승 등으로 묶인 그저 종species에 불과하다고 여겨지는 살아 있음이라는 단순한 사실을 뜻해 왔다.[10] 이러한 조에는 공적인 것과 철저히 구분된 가정의 영역인 오이코스로만 한정되면서 폴리스에서의 좋은 삶을 위해 존재할 따름이었다.

시스템 지구는 조에를 비오스의 반대항으로만 한정 지어 타자화하거나 비가시화했다. 그러나 타자성으로서의 행성은 비오스와 조에를 구별짓는 경계 구성을 문제 삼으며 이 경계를 넘나드는 얽힘과 오염을 보이게 한다. 이러한 경계 얽힘, 오염은 인간만이 아니라 행성의 다른 종들을 망라하며 차이를 가로지르는 오염들을 포괄한다. 오염들은 분명한 목적을 지닌 방향이나 어떠한 뚜렷한 형상을 지니지 않는다. 그러나 오염은 해러웨이가 칭한 반려종과 같은 집합성의 방식으로 '우리'의 집합성을 개방하고 하나이지 않은 '우리'들을 재제작하고 배열하는 힘을 함축한다. 이는 경계 오염이 비인간, 온갖 다종들의 특유하고 다양한 현실과 경험으로 개방됨을 의미하며 지역적·토착적

---

10. 서구 사상에서 정치 공동체로서의 폴리스와 동일시되는 좋은 삶은 비오스로 불렸다. 비오스는 보통 그리스인들이 삶(생명)을 두 가지 용어 조에(zoë)와 비오스(bios)로 구분한 바에서 그 의미를 찾는다.

인간 공동체들과 비인간 존재들의 급진적 타자성을 부각하면서 생태적 행위에 힘을 실어주기 때문이다. 그러한 점에서 경계 오염은 비인간과 인간 경계를 가르는 권력을 재조정하는 것이자 계속적인 되기의 과정인 행성성의 분화로 이해할 수 있다(Braidotti 2008).[11]

4. 근대 면역 패러다임으로부터 벗어나 거주하기에 관한 물음들

지난 몇 세기 동안 인간 역사를 추동하는 질문은 '인간의 자유와 다양성을 어떻게 연결할 것인가'였다. 그러나 이와 같은 물음과 인간의 자유는 화석연료 사용이라는 기초에 바탕해 왔다. 칸트는 「추측해본 인류 역사의 기원」(1786)에서 계몽주의 이후 근대성 서사의 중요한 틀로 인간종의 도덕적 삶과 동물적인 삶의 분리를 제안한다(칸트 2009).

이러한 삶의 분리는 시스템화된 지구 그 밖의 미지의 영역, 근대의 면역 패러다임 공동체를 설정한다. 외부로부터 보호받은 채 내부에 존재하는 공동의 것을 나누어 공유

---

11. 브라이도티는 조에를 "인간과 동물의 상호연결망"으로, 동물을 "인간의 유전형제"(genetic brother)로 설명한다.

하고 교환하는 상호주의적 경제 체계를 이상적인 것으로 전제한다. 이 공동체는 동질적인 것들을 통해 정체성을 확인하고 경계지음의 안전을 조건으로 삼는 자유주의적 공동체나 공동체주의적 공동체의 형태로 등장한다. 전자는 개인을 고립된 원자로 가정하고 후자는 공동체를 하나의 실체로서 이해한다. 근대 면역의 신화는 외부와 벽을 쌓으면서 자아와 타자를 분명히 구분하고 내부를 군사적으로 보호해야만 면역이 강화되며 공동체가 유지된다고 주장한다.

그러나 인간이 자신의 생명을 유지하기 위해서는 자기 자신의 것이 아닌 에너지를 소비하고 섭취할 수밖에 없다. 그리고 그 과정에서 발생하는 경계들의 겹침과 감염은 불가피하기에, 자기충족적 생명 유지는 불가능한 환상이자 신화일 뿐이다.

해러웨이가 지적했듯, 지구 행성의 모든 크리터critter들은 저마다가 환기하는 오염과 감염을 모두 갖고 있다. 물론 모든 퇴비 더미의 섞기와 뒤집기에서 크리터들은 서로에게 위태롭다. 인간이든 아니든 크리터들은 심포이에시스라는 공동 생산의 얽힘의 시간과 물질의 모든 규모와 목록 속에서, 생태-진화-발생의 현실적인 세계 만들기와 해체하기 속에서 서로 함께-되고, 구성하고 분해한다. 보이지 않을 뿐 이미 경계의 중첩과 침해 그리고 연결은 존재하며, 연결 없이 생존은 불가능하다.

급진적 타자성으로서의 행성, 그리고 행성중심주의적 거주지로서의 생태는 호모^{Homo}로서의 인간이 아닌 구먼$_{guman}$(땅속의 일꾼)으로 변형된 휴먼^{human}을 위한, 타자성들로 가득 찬 공간으로, 이제 우리에게는 이러한 공간에 관한 상상력이 필요하다. 이러한 타자성들로 가득 찬 공간은 "미생물, 식물, 동물, 다른 인간들 등 다종적 배치$^{multi\text{-}species\ assemblage}$의 일원"(해러웨이 2021, 58)으로 "함께-되어가는"$^{becoming\text{-}with}$ "복수종들"(같은 책, 28)을 위한 거주지다. 이 "낯설고/비가족적이고^{unfamiliar} 기괴한^{uncanny} 것으로 불현듯 출현하는^{haunting}"(같은 책, 58) 거주지의 구축은 "이 과정-내-세계$^{world\text{-}in\text{-}process}$가 어디로 가는지도 모르는 채 다종적인 타자들과 공존하는 인내심"(Tsing 2021, 264)의 배움을 동반할 수밖에 없다.

기후위기의 긴급성은 급진적 타자성들과 더불어 '생태'들을 구축하는, 새로운 거주의 방식을 요구한다. 이와 같은 상황에서 몇 가지 질문을 던지며 글을 마친다.

1. 끝없는 경제 성장의 논리(근대 문명)를 되짚으며, 이 원리가 인류사에 보편적인가라는 질문이 필요하다. 이것 역시 신화 아닌가? 자본주의 논리에서도 축적을 위한 단

계를 설명한 바 있지만 절제와 근면을 강조한 바도 있다. 즉, 확대재생산적 삶의 형식과 논리가 경제의 보편성을 담지하는 것은 아니다. 잉여 추출과 자본화로 행성 거주가 사실상 가능한가? 탈성장의 경제, 면역의 공동체에서 벗어난 경제의 형상을 모색해야 한다. 이에 관해 경제economy의 다른 형상을 그 어원인 오이코스 및 조에와 더불어 진지하게 물어야 하지 않을까?

2. 역사의 기원 설정이 지닌 정치적 의미와 효과를 묻는 것 역시 필요하다. 역사적 상상력을 추동하는 인간과 비인간 시간성들의 연결, 기존의 거주지를 잃은, 절멸한 비인간들과 사라져가는 인간들의 다종한 시간성들의 층위를 탐구하는 적극적 담론이 요청되는 것은 아닌가?[12]

3. "행성의 환경 위기는 우리에게 정치와 정의의 관념을 생명체와 비생명체를 포함한 비인간으로 확대할 것을 요구"(차크라바르티 2023, 28)한다. 정치적인 것의 한계에서 정치적인 것을 사유하기 위해, 법과 정의를 비인간의 행위성과 연결하는 '사유하기'가 요구되는 것은 아닐까?

4. 기후위기의 경우, 동맹보다는 '협상'이 필요한 것은

---

12. 코스모폴리틱스는 우주 전체와 별이 총총한 하늘을 바라보는 칸트적 비전의 '코스모폴리타니즘'(cosmopolitanism)과 달리, 깊은 지층의 시간성, 그리드로 구획된 지구 표면이 아닌 행성 아래를 내려다보는 정치다.

아닐까? 기후위기에 관여하는 존재들의 다양성을 감안할 때, 어떤 질서와 평화를 확립하는 데 포괄적 실체나 관념 (이성, 자연, 신 등) 또는 모두가 동의하는 어떤 중재자에 의지할 수는 없지 않을까? 협상을 통해야만 정치가 출현할 수 있지 않을까? 그 어떤 선험적 합의점도 없는 상태에서 질서를 수립하는 것이 정치 아닌가?

5. 이자벨 스탄게르스가 제안한 코스모폴리틱스cosmopolitics(Stengers 2010)를 염두에 두자면, 물질을 문제화하고 급진적 타자성을 견지한다는 점에서 페미니즘 생태 정치는 중요하다. 이러한 정치를, 인간 그리고 비인간이 마주치고 부딪치는 경계 침범을 통해 공통적인 것을 확인하는 집합성 형성하기와 기술적 배치체들technological assemblages과 얽힌 다종 생태계multispecies ecologies인 다원적 세계 만들기로 이해할 수 있지 않을까?

:: 참고문헌

김상애·김은주·유민석·이승준·이지영·정유진. 2019. 『페미니즘 고전을 찾아서』. 에디투스.
김은주. 2023. 「비인간 전회의 지형과 신유물론 — 읽기, 쓰기 그리고 문학적 생산」. 『현대비평』 16:16~40 .
라투르, 브뤼노. 2021. 『나는 어디에 있는가? — 코로나 사태와 격리가 지구생활자들에게 주는 교훈』. 김예령 역. 이음.
_____. 2024. 『존재양식의 탐구』. 황장진 역. 사월의책.
미스, 마리아·반다나 시바. 2020. 『에코페미니즘』. 손덕수·이난아 역. 창비.
스피박, 가야트리 차크라보르티 외. 2016. 『서발턴은 말할 수 있는가? — 서발턴 개념의 역사에 관한 성찰들』. 태혜숙 역. 그린비.
스피박, 가야트리 차크라보르티. 2008. 『경계선 넘기 — 새로운 문학연구의 모색』. 문학이론연구회 역. 인간사랑.
_____. 2011. 『다른 여러 아시아』. 태혜숙 역. 울력.
애더슨, 캐럴 J.·로리 그루언 엮음. 2024. 『에코페미니즘 — 인간, 동물, 지구와 교차하는 페미니즘적 시선들』. 김보경·백종륜 역. 에디투스.
이재영·고은지. 2024년 7월 25일. 「[일문일답] 기상청장 "'유례없는' 올해 장마, 기후변화만이 설명"」. 『연합뉴스』. https://www.yna.co.kr/view/AKR20240724169100530.
이헌석. 2024. 「기후정치의 도약을 위하여」. 『녹색평론』 186.
차크라바르티, 디페시. 2023. 『행성시대 역사의 기후』. 이신철 역. 에코리브르.
_____. 2024. 『하나의 행성, 서로 다른 세계』. 이신철 역. 에코리브르.
청소년기후행동. 2024년 8월 29일. 「기후 헌법소원 — 청소년기후소송」(2020헌마389), 청소년기후행동. https://youth4climateaction.org.
칸트, 임마누엘. 2009. 『칸트의 역사철학』. 이양구 역. 서광사.

해러웨이, 도나. 2019. 「인류세, 자본세, 대농장세, 툴루세 친족 만들기」. 김상민 역. 『문화/과학』 97 : 162~173.

_____. 2021. 『트러블과 함께하기 — 자식이 아니라 친척을 만들자』. 최유미 역. 마농지.

Tsing, Anna L. 2021. *The Mushroom at the End of the World: On the Possibility of Life in Capitalist Ruins*. Princeton : Princeton University Press.

Quammen, David. 2021. *Spillover: Animal Infections and the Next Human Pandemic*. New York : W. W. Norton & Company.

Stengers, Isabelle. 2010. *Cosmopolitics I*. Minneapolis, MN : University of Minnesota Press.

Yusoff, Kathryn. 2018. *A Billion Black Anthropocenes or None*. Minneapolis : University of Minnesota Press.

Braidotti, Rosi. 2008. "The Politics of Life as Bios/Zoe." In *Bits of Life*, eds. Anneke Smelik and Nina Lykke. Seattle, WA : University of Washington Press.

4부 포스트휴먼 도시공동체의 상상과 실천

7장 김초엽 SF에 나타난 자연과 파국의 상상력
—『지구 끝의 온실』,『파견자들』을 중심으로 | 이혜정

8장 돌봄 윤리의 관점에서 본
기술 매개 노인 돌봄 | 박여리

7장 김초엽 SF에 나타난 자연과 파국의 상상력

『지구 끝의 온실』, 『파견자들』을 중심으로

이혜정

1. 들어가며

우리가 디디고 있는 지구 행성에 대해서 '파국'인가 아닌가를 묻는 것은 이제 무의미한 질문이 되어버린 듯하다. 팬데믹 이후 전지구적 재난이라는 말은 수사학적 표현이 아니라 언제든 인류에게 닥칠 수 있는 현실임을 누구도 부정하기 어렵게 되었다. 인류세를 살아가는 우리는 '파국'인가 아닌가를 묻는 대신, 더 나은 파국은 가능한가를 질문하는 한편, 더 나은 파국을 상상하기를 요청받고 있다.[1]

최근 활발하게 창작되고 있는 기후/생태 재난 소설들 또한 인류세 시기의 위기의식에서 다양한 형식으로 서사화되고 있으며, 인류세 담론의 확산과 함께 주목받고 있다.[2] 『지구 끝의 온실』(김초엽), 『온난한 날들』(윤이안), 『스노볼 드라이브』(조예은), 『두 번째 달 — 기록보관소 운행일지』(최이수), 「리셋」, 「7교시」(정세랑) 등의 장·단편소설, 연

---

1. 2014년 애나 로웬하웁트 칭은 '인류세 : 손상된 행성에서 살아가는 법'이라는 콘퍼런스를 기획하고 동명의 책을 출간한 바 있는데 손희정은 여기에 "더 나은 파국을 상상하는 법"을 더하고 있다(손희정 2024, 23).
2. (인)문학 연구에서도 기후 변화, 인류세, 기후 위기는 중대하게 다뤄지고 있으며, 아담 트렉슬러(Adam Trexler)에 의해 '인류세 소설'도 제안된 바 있다. 얼 엘리스(Erle C. Ellis) 또한 '인간과 자연을 연관시키는 새로운 서사'라고 본다(노대원 2024, 50~51). 특히 팬데믹 이후 기후 위기와 인류세 담론이 폭발적으로 증가하고 SF에서 또한 기후뿐만 아니라 생태, 환경과 관련된 소설들이 다수 창작되었다.

작소설집인 『기후변화 시대의 사랑』(김기창), 앤솔로지 형태의 『우리는 이 별을 떠나기로 했어』, 『미세먼지』, 『대멸종』 등에서 기후/생태 재난에 대한 작가들의 문제의식과 고심을 들여다볼 수 있다(황지영 2022, 180). 이 글에서 다루고자 하는 김초엽의 두 장편소설 『지구 끝의 온실』(2021)과 『파견자들』(2023) 또한 인류세 시기 지구 행성의 재난을 다루고 있으며, 특히 생태학적 사고의 전환을 통해 더 나은 파국을 상상하고 있다는 점을 주목하고자 한다.

김초엽은 『지구 끝의 온실』의 「작가의 말」에서 "우리가 이미 깊이 개입해 버린, 되돌릴 수 없는 그러나 우리가 앞으로 계속 살아가야 하는 이곳 지구를 생각했다"(김초엽 2021a, 389)고 말한 바 있다. 여기에는 전지구적인 기후위기로 촉발된 인류세의 지구 행성이 파국이라는 인식, 그리고 이 지구 행성에서 어떻게 살아갈 것인가에 대한 문제의식이 깔려 있다. 이러한 문제의식은 이 소설 이후의 단편들과 2년 후 출간된 장편소설인 『파견자들』에서 지속되고 확장되고 있다는 점에서 주목할 필요가 있다. 즉, 자연을 대상화하는 근대의 낭만주의적인 자연관을 해체하고 행위자로서의 지구와 비인간, 낯설고 기괴한 지구에 대한 알아차림을 사고실험함으로써 기존의 재난 서사가 인지의 방식으로 재난을 서사화하는 것을 넘어서 탈인지discognition

를 통해 지구 행성의 인류세적 문제의식을 서사화하고 있다.[3]

명실상부한 SF 대표 작가가 된 김초엽은 2017년 「관내분실」과 「우리가 빛의 속도로 갈 수 없다면」으로 등단한 이래 여러 편의 소설집과 두 장편소설, 에세이를 출간하면서 왕성한 활동을 하고 있으며, 대중의 호응은 물론 순문학장에서도 문학성을 인정받고 있다. 장르문학과 순문학의 경계가 해체되는 한편, 2020년 전후의 SF 열풍, SF 현상과의 연쇄반응은 김초엽을 비롯한 SF 작가의 소설에 대한 진입 벽을 낮추었을 뿐만 아니라 시의적절한 문제의식은 당대 비평과 학계의 담론과 분석의 대상이 되었다(연남경 2023, 66~68).[4] 즉, 인류세 담론과 더불어 주목되고 있는 포스트휴먼담론, 신유물론과 객체지향주의의 영향 관계 속에서 SF서사 분석이 활발하게 이루어지고 있는 것이다.

---

3. 탈인지(discognition)는 스티븐 샤비로가 『탈인지 : SF로 철학하기 그리고 아무도 아니지 않은 자로 있기』(2022)에서 제안한 개념으로, 샤비로는 인지과학과 인지심리철학에서 '인지'를 과대평가한 것을 문제제기한다.
4. 김초엽의 『우리가 빛의 속도로 갈 수 없다면』(2019)은 출간 6개월 만에 3만 3천 부, 누적 판매 수 20만 부(2021년 기준)로 기록되었다. 김초엽뿐만 아니라 천선란, 김보영, 정보라 등 여성 SF 작가들의 눈에 띄는 활약상을 펼치며 SF가 한국문학의 미래로 호명되는 한편 문학상을 받는 등 순문학장에서도 문학성을 인정받고 있고, 비평과 학술 장에서도 SF에 대한 다양한 논의가 이루어지고 있다. 이러한 SF 열풍에 대해 연남경은 'SF 현상'이라고 명명하고 있다(연남경 2023, 67~68).

김초엽의 경우, 여러 지면에서 이론적 탐색이 있었음을 시사했으며, 신유물론의 영향 관계를 전제하여 연구가 되기도 하였다(윤영옥 2023, 377). 김미현(2020), 김윤정(2021), 신성환(2020), 양윤의·차미령(2022), 연남경(2020), 이양숙(2022)에서 포스트휴머니즘과 페미니즘, 포스트휴머니즘과 장애의 문제, 포스트휴머니즘과 비인간 존재, 포스트휴머니즘과 새로운 감수성의 문제 등 포스트휴먼 담론과의 관련성에서 연구된 바 있으며, 윤영옥(2023), 이소연(2024)은 브뤼노 라투르Bruno Latour, 도나 해러웨이Donna Jeanne Haraway, 제인 베넷Jane Bennett, 스테이시 얼라이모Stacy Alaimo, 로지 브라이도티Rosi Braidotti 등 신유물론 사상과 개념을 통해 유의미한 분석의 결과를 내놓고 있다. 이러한 연구들은 김초엽 소설에 드러나고 있는 비인간과 인간의 공생관계를 이론적 분석 틀로 유효하게 분석하고 있지만, 소설적 상상력의 풍부함은 논의에서 사라지고 이론만 남게 되는 상황 또한 주의를 기울일 필요가 있다.[5] 이 글은 김초엽 소설에 대한 이론적 분석의 성과와 한계를 참조하며, 두 소설에서 낯선 지구 행성에서의 파국의 상상력을 가능하게 한 기제

---

5. 오윤호는 김초엽의 『지구 끝의 온실』의 연구사들을 검토하면서 동시대를 살아가는 소설가의 상상력과 과학 지식 및 이론의 공진화는 자연스러운 현상일 수 있지만 과도한 이론적 해석으로 문학이 과학이나 철학 이론을 증명하는 사례로 전락할 것을 우려하고 있다(2024, 4~5).

가 생태학적 사유의 전환이라는 점에 주목하고자 한다.

한편, 첫 장편소설인 『지구 끝의 온실』은 그간 단편소설에서 보여준 포스트휴먼적 존재론에 대한 작가의 문제의식 위에 기후 위기에 대한 인류세적인 문제의식이 더해졌는데, 이러한 시의성은 독자 대중의 환영을 받았을 뿐만 아니라 인류세 시대의 SF 재난서사로서 주목받았다(오윤호 2024 ; 오혜진 2023 ; 이소연 2022 ; 표유진 2024). 김초엽 소설을 비롯한 동시대 SF들이 전지구적 재난에 대한 대응과 감수성을 다루는 데 있어서, 기존의 재난서사와 차이 나는 지점들이 있다는 점과 재난 이후의 세계에 대한 비전을 제시하고 SF 장르의 특성에서 기인한 미래 지향성이나 유토피아에 대한 희구를 드러내고 있다는 점이 주목받은 것이다(이소연 2022, 58~59). 2020년대 이후 유토피아 담론의 소환과 더불어 디스토피아/유토피아 담론이 활발해지는 한편 인류세와 유스토피아에 대한 논의들이 제출되었다(최애순 2024, 198). 『지구 끝의 온실』에 대해서 기후 위기라는 전지구적 재난에 대한 디스토피아적 접근과 그에 대한 희망적인 서사는 리베카 솔닛Rebecca Solnit의 '재난 유토피아'나 마거릿 애트우드Margaret Atwood의 '유스토피아' 개념으로 인류세를 구심점 삼아 심도 있게 논의되었다(이양숙 2023 ; 전소영 2023 ; 황지영 2022). 더 나아가 유토피아 개념의 재정립의 필요성을 역설하면서, 루이스 멈퍼드Lewis Mumford의 '에우토피아' 개념으로 『지구 끝의 온실』의 해석하려는 시도가 있다. 즉, '어디에도 없는 곳'과 이상향이라는 모순적 의미로 판타지로 남게 되는 유토피아와 달리 현실에서 더 나은 곳을 이루려고 하는 실천을 강조하는 '에우토피아'를 통해서 지구 멸망의 시대 속의 작은 희망을 발견하는 『지구 끝의 온실』의 공동체 문제를 새롭게 해석하고 있다(최애순 2024, 199~200). 이러한 『지구 끝의 온실』의 식물과의 연대와 지구공동체의 가능성은 근대적인 공동체와 다른 새로운 공동체로서 인류세 시기의 대안적 공동체로서 주목받은 바 있다(손혜숙 2023 ; 오혜진 2023 ; 윤영옥 2022 ; 이소연 2022 ; 전소영 2023 ; 표유진 2024 ; 황지영 2023). 비교적 출간된 지 얼마 되지 않은 『파견자들』은 그간의 김초엽의 연구 성과들을 기반으로 비인간 존재와 비인간과의 공생과 공동체의 모색의 차원에서 비판적 논의가 이루어지고 있다(이소연 2024 ; 이혜정 2024 ; 표유진 2024).

SF의 장르적 특성상 당대 위기 담론을 반영하고 구체화한다고 했을 때, 2010년대 이후 한국 SF들이 환경 위기에 대해 기존의 녹색 문학과 다른 방식으로 다루고 있다는 점은 주목된 바 있다(이지용 2020, 54~56). 최근 활발하게 창작되고 있는 김초엽 소설을 비롯한 한국 여성 SF들은 이러한 장르적 특성을 반영할 뿐만 아니라 전복적인 상상력을 통해 기후 재난과 생태주의적 사유를 드러내고 있다(김윤정 2023, 207). 이 소설들에 대해서 생태주의적 사고의 전환과 밀접한 관련이 있는 신유물론이나 포스트휴먼 개념들을 통한 분석이 유효하게 작동하는 것도 이러한 맥락에서 볼 수 있을 것이다. 이 글은 이러한 이론적 분석의 유의미함을 가능하게 한 기제인 생태학적 사고의 전환 자체에 주목할 필요성을 제기하고자 한다.

특히, 이 글은 김초엽이 『지구 끝의 온실』과 『파견자들』, 그 전후 발표된 단편소설에서 다른 행성이 아닌 지구를 배경으로 내세움으로써, 지구-자연과 비인간 존재자들과의 공생에 대한 생태학적 사고의 전환을 추동하고 있다는 점에 초점을 맞추고자 한다. 『지구 끝의 온실』의 재난은 기후위기의 상황에서 과학기술에 대한 낙관이 초래했으며, 『파견자들』의 재난은 외계 존재인 범람체의 침투에 의한 것이라는 점에서 두 소설이 서 있는 지점은 상이해 보인다. 하지만 두 소설은 파국의 상상력을 통해 우리가 알고 있다고 생각하는 지구가 아닌 낯설고 어둡고 생동하는 지구를 사고실험하고 있다. 본고는 두 소설이 더 나은 파국이 가능한지, 그리고 어떻게 가능한지를 상상하고 있다는 점에 주목하고자 한다.

2. 생동하는 지구와 행위자들의 '열린 모임'

『지구 끝의 온실』은 기후 위기 시대를 구할 것이라 낙관했던 과학기술이 인간의 자만으로 멸망한 시대인 더스트 시대와 재건 이후 더스트 종식이 된 시대를 배경으로 전지구적 재난에서 살아남은 사람들의 이야기이다. 재건 시대의 생태학자인 아영은 공식 역사에 기술되지 않은 프림빌리지라는 온실공동체의 존재의 흔적을 증언을 통해 복원하고, 멸망의 시대에 '약속'을 지켰던 사람들을 기억하고자 한다. 납작하게 요약된 이 이야기가 인류의 재난 극복 서사를 넘어서는 지점은 행성 단위로 지구를 사유하고 사이보그, 기계, 식물 등 비인간 행위자를 통해 근대의 인간중심주의적 사고를 해체하고 지구공동체의 가능성을 서사화했다는 점이다. 즉, 인류세 시대의 비인간과 인간의 공존이라 테제의 문학적 형상화이며, 『지구 끝의 온실』은 그것을 제법 성공적으로 수행했다고 볼 수 있다.

기존 재난서사의 종말론이고 묵시론적인 세계 인식과 달리 2020년 전후 등장한 SF 재난 서사는 전지구적 재난에 대해 새로운 감수성을 보여주는데, 이는 미래지향적이며 유토피아에 대한 희구라는 SF 장르의 특성이면서 포스트휴먼적 감수성을 보여준다. 이들은 근대적 욕망을 포기하는 한편 인간중심주의적인 근대적 이념을 폐기하고 재난 상황에서 공생할 수 있는 새로운 정체성을 제시하고 있는 것이다(이소연 2022, 58~59). 서론에서 언급했듯이 『지구 끝의 온실』의 경우 더스트 시대라는 전지구적 재난에서 재건이라는 희망을 제시했다는 점에서 '재난 유토피아'로 논의되기도 하며, 이때 과학기술, 비인간 사이보그, 식물과의 연대라는 새로운 공동체의 가능성이 주목받았다.

이 글은 위의 논의들이 가능해진 지점이 『지구 끝의 온실』에서 기후/생태 재난에 있어서 기존의 이분법적 자연 개념을 해체하는 생태학적 사유의 전환이라는 점에 주목하고자 한다. 『지구 끝의 온실』에 등장하는 비인간 존재인 사이보그 레이첼의 역량과 비인간 존재인 식물과의 공생에 대해서는 그간의 논문에서 여러 차례 논의되며 이 소설의 특장으로 고평되어 왔다. 그런데 여기서 우리가 짚고 넘어가야 할 것은 이러한 비인간 존재를 드러나게 하고 비인간 존재와의 공생을 가능하게 하는 것이 지구 생태계 즉 자연에 대한 인식의 전환이라는 점이다. 더스트 시대라는 지구 멸망의 시대에서 인류문명이 재건되는 과정을 목격하면서 우리는 인간이 과연 자연을 관리할 수 있는가 하는 질문을 하게 된다. 기후 위기 상황을 테크놀로지로 해결하려고 했던 인간의 자만은 자가증식하는 먼지인 더스트가 온 지구를 덮는 재난을 초래했으며, "테크놀로지와 전 인류적 협력의 승리"(김초엽 2021a, 359)만으로 더스트 종식이 되었다는 인간중심적인 역사는 오류였음을 재건 시대의 생태학자 아영이 '지구 끝'에서 찾은 '온실'이 '증언'하고 있다.

인류가 만든 재난, 지구의 멸망의 끝에서 희망의 씨앗을 품은 장소가 '온실'이라는 것을 주목할 필요가 있다. 온실은 자연이자 인공이라는 모순을 품고 있다.[6] 그런데 인간은 온실의 모순성은 고려하지 않은 채, 먼 곳의 자연을 온실에 옮겨와 관리하고 통제하고자 한다는 점에서 온실은 인간중심주의적 사고의 산물로도 볼 수 있다. 지구를 거대한 온실로 착각한 인간들은 "기후 위기를 간단한 솔루션 하나로 해결해 보려는 데에 얄팍한 기대"(같은 책, 295)를 걸고 그 기대는 솔라리타 연구소에 의해 실행된 것에서 그 일단을 볼 수 있다. 하지만 소설에서 그려지고 있듯이 지구는 관리되고 통제될 수 있는 대상이 아니다. 기후 위기의 시대인 인류세를 살아가고 있는 우리에게는 자연을 대상화하거나 적대하는 근대주의적 사고의 전환이 필요

---

[6] "온실의 모순성을 좋아한다. 자연이자 인공인 온실. 구획되고 통제된 자연. 멀리 갈 수 없는 식물들이 머나먼 지구 반대편의 풍경을 재연하는 공간"(김초엽 2021a, 389).

하다.

이러한 자연-지구에 대한 사고의 전환은 환경주의자가 자연을 관리의 대상으로 여기는 것과 달리 생기적 유물론자가 지구를 생동하는 행위자로 여기는 것을 사변한다.

> 환경주의자가 자신을 지구 위에 사는 존재로 여긴다면, 생기적 유물론자들은 자신을 지구로서, 그러니까 자기 자신이라고 말할 수 있는 다양한 물질들의 역량과 한계('특징적 인상'jizz)에 주의를 기울이는 존재로서 여긴다. 환경주의가 우리를 둘러싸고 있는 생태계의 보호와 그에 대한 현명한 관리를 요청한다면, 생기적 유물론자는 우리 자신이라 할 수 있는 강력한 물질성이 행위적 배치 내에서 우리와 부딪히고 대립하는 이유를 들며 그러한 물질성에 전략적으로 개입해야 한다고 주장할 것이다. (베넷 2020, 273)

한편, 과학소설의 서사를 통해 인지를 넘어선 탈인지적인 감수성의 문제를 다루고 있는 『탈인지』에서 스티븐 샤비로Steven Shaviro는 결론의 자리에 자연에 관한 사변적 테제를 제시하며 이 테제들이 이 책의 논증을 가능하게 한 틀을 제공했다고 서론에서 밝히고 있다. 이를 통해 인간중심주의에서 벗어나, 인간을 자연으로부터 제외하지 않으면서, 자연을 인간의 이미지로 개작하지 않아야 함을 강조한다. 또한 자연이 역사적이고 구성적인 사회적 영역과 대립하는 것이 아니며, "그 자체가 항상 운동 중에 있고 과정이며, 구성 중에 있다는 것을 인식"할 필요가 있다고 말한다(샤비로 2022, 298~299). 즉 이러한 자연에 관한 사변은 인간/자연이라는 이분법적이고 인간중심주의적인 사고를 넘어 과정으로서의 자연, "다수의 개체화의 과정으로 구성"(같은 책, 302)되는 자연을 사변할 수 있도록 해준다.[7]

이러한 자연-지구에 대한 인식은 『지구 끝의 온실』에서 사이보그 레이첼이나 식물인 모스바나가 인간과 동등한 행위자로 존재하며 그 자신의 역량을 발휘하여 비인간-인간의 공동체를 가능하게 하는 기반을 마련해 준다. 인간들이 온실을 관리의 대상으로 삼은 것과 달리 레이첼은 자신의 식물들을 인간을 구하는 대상으로 도구화하지 않고 "순수한 호기심과 탐구 정신으로 식물들을 대"(김초엽 2021a, 375)하며 실험할 뿐이다. 레이첼은 이를 통해 더스트 저항종 식물뿐 아니라 더스트 제거 기능이 있는 식물 개량에 성공하고 그것이 바로 모스바나다. 프림 빌리지 사람들

---

[7] "자연 그 자체는 특수한 사물이나 특수한 과정이 아니다. 자연은 자연 속에서 일어나는 — 에너지 변환과 정보의 축적을 포함하는 — 모든 다종다양한 사물과 과정의 결코 완성되지 않는 총합이자 틀이다."(샤비로 2022, 306)

은 레이첼이 준 식물이 더스트 폭풍으로부터 마을을 지켜주자 레이첼이 자신들을 구했다고 하면서 인류를 재건할 구원자로 칭송하지만, 레이첼은 자신의 식물과 온실의 유지를 위해 지수의 제안에 응했을 뿐이다.

기존 연구에서 이미 지적한 것처럼 이 소설은 식물을 대상화하거나 도구화하지 않고 행위자로서의 식물의 역량을 그려내고 있다는 점이 주목받아왔다. 인간과 모스바나, 모스바나의 생태는 상호 간의 협력이라는 생태주의적인 전제가 투사된 것으로 생명체 간의 공생을 보여준다는 것이다(손혜숙 2022, 544). 그런데 이 논의는 이 모스바나가 기존의 이분법적인 자연관에서 기인한 자연으로서의 식물이 아니라는 점을 궁구하지 않고 생태주의를 논하고 있다는 점에서 이 글과 차이가 있다. "식물과 미생물, 곤충들은 피라미드를 떠받치는 바닥일 뿐이고, 비인간 동물들이 그 위에 있고, 인간은 피라미드의 꼭대기에 있다"(김초엽 2021a, 365)고 생각하는 인간중심주의적 역사에 반문하며 식물 중심으로 재건 시대의 역사를 다시 써야 함을 역설하는 서사에서 모스바나가 "자연인 동시에 인공"(같은 책, 371)이라는 점을 짚고 넘어갈 필요가 있는 것이다.

물론 이미 선행 연구에서 모스바나가 식물 엔지니어링과 유전적 편집을 통한 식물이라는 점과 인간의 기술과 식물의 자생력이 결합된 비인간 물질인 모스바나를 통한 상호의존적 생태 프로세스의 역동성이 주목된 바 있다(김윤정 2023, 212~215).[8] 그런데 이러한 식물 행위자의 능동성과 역동성을 가능하게 한 것은 식물 행위자의 역능만으로 가능한 것이 아니었으며 지구 생태계의 행위자들의 배치 assemblage에 의한 것이라는 것 또한 주목할 필요가 있다.[9] 기존의 연구들에서 모스바나라는 비인간 행위자 식물을 중심으로 이 소설의 생태학적 사고를 주목했다면, 이 글은 생동하는 지구에 더 주목하고자 한다. 즉, 행위자 식물이 기반한 지구 생태계에 대한 사고의 전환이 식물 중심의 재건의 역사를 가능하게 한 기제라고 보는 것이다.

모스바나는 사이보그 식물학자인 레이첼이 식물 자체로 대한 것 이상으로 경이에 가까울 정도의 역량을 보여준다. 레이첼은 온실 그리고 프림 빌리지를 자신의 실험실로 여기며 유전자 편집을 통해 식물들의 환경적 변이와 번식지를 통제하려고 하지만 "자연인 동시에 인공"인 모스바나는 레이첼의 예측을 벗어난다.

---

8. 식물 모스바나와 인간의 공진화에 대해서 해러웨이의 실뜨기 철학, 테라폴리스(terrapolis)를 통해 분석되고 있다(손혜숙 2022 ; 이소연 2022).
9. 애나 칭은 상호작용하는 구조가 아닌 존재하는 방식이 모인 것으로서의 열린 모임(gathering)으로서의 배치를 제시한다(2023, 56~58).

그건 저 역시도 예상하지 못한 결과였습니다. 모스바나는 원래 그 자체로 더스트를 닮은 생물로 끊임없이 증식하고 공격하고 침투하는 성질을 가졌습니다. 동시에 유전적 다양성이 없기에 단일 바이러스 하나에도 멸종에 이를 수 있는 취약한 생물이기도 했습니다. 저는 모스바나가 더스트와 같이 역사의 저편으로 사라질 것이라고 예상했습니다. 그러나 모스바나는 공존과 유전적 다양성을 습득하고 더스트 시대의 흔적을 자신에게서 지우는 것으로 살아남았지요. (김초엽 2021a, 366~367)

자연을 이분법적으로 생각하지 않는다는 것은 인간과 자연의 대립뿐만 아니라 인공/자연 또한 구분하지 않는 것이다. 『지구 끝의 온실』이 기존의 생태주의 서사와 차별되는 지점이 바로 여기에 있다. 샤비로의 자연에 대한 테제의 첫 번째는 다음과 같다.

빅 데이터, 세계를 아우르는 계산 및 통신망은 물론 인간에 의한 지구 온난화와 유전자 변형 유기체의 시대에 자연과 문화, "자연 상태"와 인간 사회, 또는 자연적인 것과 인위적인 것을 대비시키는 것에는 의미가 없다. 인간 존재자와 그것의 생산물은 자연과 분리된 것이 아니다. 그것들은 다른 모든 것과 마찬가지로 하나같이 "자연적"이거나 하나같이 자연적이지 않은 것이다. (샤비로 2022, 298)

인류세 시대에 인공/자연을 구분하는 것은 의미가 없다. 인공이자 자연인 온실을 희망으로 제시하며, 레이첼이 "식물이 잘 짜인 기계"(김초엽 2021a, 379)라고 생각하는 것은 단순히 과학기술 시대의 인식을 보여주는 것이 아니라 지구 생태계에 대한 사고의 전환에서 가능한 것이다. 레이첼의 실험에서 탄생한 모스바나는 레이첼의 예측을 벗어났을 뿐 아니라 그동안의 더스트 생태계를 원점부터 재고하도록 만든다.

처음에는 아영의 주장에 회의적이던 연구자들도 새로운 증거들이 등장하며 조금씩 태도를 바꾸고 있었다. 더스트 생태학계는 대격변이 일어난 분위기였다. 얼마 전까지만 해도 자연계의 동식물들이 돔 바깥의 온전히 인간과 분리된 상태에서 독자적인 적응 능력을 갖추게 되었다는 가설이 우세했는데, 인위적인 더스트 저항종 식물들의 등장은 그 가설을 원점에서 재검토하도록 만들었다. 앞으로 열릴 심포지엄에서는 더스트 적응종에 대한 인공적 개입설을 두고 대토론이 벌어질 예정이었다. 물론 이런 상황을 불

쾌하게 여기기보다는 흥미진진하게 받아들이는 연구자들이 더 많았다. (같은 책, 356)

베넷은 생태학적 사고는 '자연'에 대해 말하는 걸 중단하고, 자연에 대한 문화적 규정을 의미하는 '이차적 자연'을 말해야만 한다고 말한다. 생기적 유물론자들은 "문화란 인간 혼자서 만들어낸 결과가 아니라, 생물, 지리, 기후의 힘이 작용한 것임을 지적"(베넷 2020, 281)하는데, 인간이 과학기술과 전 인류의 협력만으로 지구 재난을 극복했다고 생각했던 것과 달리 모스바나와 여러 기후 조건이 작용했다는 것은 "재건의 역사를 식물들의 관점에서 재구성"(같은 책, 364)할 뿐 아니라 생동하는 지구에 주목하게 한다. 인간은 기후 위기라는 재난에서 인간만을 위한 돔을 만들고 도피하지만 식물을 비롯한 다른 종들은 더스트에 적응하고 변이하고 변형되면서 새로운 배치를 만들고 생태계의 풍경 또한 변한다.

세계 곳곳에 더스트를 피하기 위한 거대 돔이 세워졌을 때 사람들은 숲이나 들판의 생물들을 위한 돔은 만들지 않았다. 많은 종이 멸종을 향해 갔지만, 빠르게 더스트에 적응해 변이한 식물들도 있었다. 학자들은 더스트 자체가 유전자의 돌연변이를 유도해 빠른 변이를 촉진했을 것이라고 추정했다. 어떤 식물들은 펄럭이는 넓은 잎 대신 더스트를 걸러내는 길고 자글자글한 잎으로 변이했고, 높게 자라던 어떤 나무들은 키를 낮추었다. 더스트로 죽은 숲 위에 새로운 생물종이 숲을 꾸리는 덧생태계도 나타났다. 그렇게 생겨난 변형종들은 더스트가 사라진 이후에도 한동안 자연을 지배하면서 이전에는 존재하지 않았던 풍경을 만들어냈다. 그러다 21세기 후반부터는 더스트 적응종들이 더스트가 없는 환경에 맞추어 다시 변하며 생태계의 풍경을 바꾸고 있었다.
행성은 너무나 빠르게 변화했고, 생물들은 부지런히 그것을 따라잡았다. 아영은 그 과감함을 들여다보는 것이 좋았다. (김초엽 2021a, 82~83)

위에서 아영이 맞이한 재건 이후의 생태계의 모습은 후에 밝혀지듯이 인공/자연의 구분을 넘어선 행위자들의 영향의 결과라고 볼 수 있다. 자연이자 인공인 모스바나라는 식물, 그 식물을 편집한 사이보그, 프롬 빌리지의 해체 후 모스바나를 심은 사람들, 지구 생태계의 여러 존재들의 영향으로 생태계의 배치가 일어난 것이다.[10] 배치 안에서

---

10. 이양숙은 이 소설의 후반부에서 지수-레이첼의 서사가 도드라지며, 여

여러 생물종들이 서로 어떤 영향을 끼치는지는 알 수 없다. 어떤 것들은 방해하고 어떤 것들은 협력한다(칭 2023, 56). 아영이 지구 끝의 온실에서 찾은 진실을 통해 우리는 자연-지구는 관리하거나 통제할 수 있는 대상이 아니라 생동하는 지구로서 존재하며, 지구 생태계는 행위자들의 배치로 생동하고 있음을 사변할 수 있다.

3. 어두운 생태로서의 지구와 인간-비인간의 도시공동체

『지구 끝의 온실』이 인간과 자연, 인공과 자연의 이분법적인 세계관을 해체하였다면, 『파견자들』의 경우는 이 사고실험을 더욱 극단적으로 밀고 나간다. 김초엽은 『지구 끝의 온실』 이외의 단편에서도 외계, 지구, 비인간에 대한 다종다양한 사고실험을 한 바 있다. 특히 『지구 끝의

성의 연대를 부각하는 과정에서 인류세적 문제의식이 흐려지게 된 한계점을 짚어낸다(이양숙 2023, 185). 이러한 한계는 이 소설이 '결국은 인간의 이야기'로 회자되며 다시 인간중심주의로 환원하는 것처럼 보이게 하는 단초를 제공한다는 점에서 타당해 보인다. 이 글이 인간의 이야기에 가려진 자연-지구에 주목하고자 한 것도 이 한계점을 의식한 결과임을 밝힌다. 그러나 이 글은 인간의 이야기가 아닌 자연-지구에 초점을 맞춤으로써 이 소설이 시도한 사고실험의 의의에 보다 주목하고자 했다.

온실』이후 소설적 배경이 외계가 아닌 지구로 변화한 점을 주목할 만하며, 과학기술이든 외계에 의해서이든 그 지구를 낯선 곳 그리고 여러 비인간 존재들이 함께 공생하는 곳으로 그려내면서, 낯설고 새로운 지구의 모습을 사고실험하고 있다. 『지구 끝의 온실』과 같은 해에 출간된 『행성어 서점』(2021)에서 지구에 존재하는 비인간의 가능성을 제시하고 있으며, 『파견자들』 출간 전에 '파견자' 연작으로 발표된 「늪지의 소년」, 「오염 구역」, 「가장자리 너머」에서 낯설고 기괴해진 지구에 대한 사고실험이 행해진 바 있다.11 『지구 끝의 온실』의 지구가 돔시티와 프림 빌리지를 제외한 공간이 더스트로 뒤덮인 죽음의 공간으로 그려지는 것과 달리 이 소설들에서는 외계 식물의 침투 속에서 다른 방식의 삶을 만들어가는 사람들의 이야기가 그려지는데, 다른 종과의 마주침으로 인한 '오염'에 대한 사변을 보인다. 「우리 집 코코」에서는 외계 생명인 코코가 지구인들의 동반자가 되어 지구의 생태계가 새롭게 구축되고 있는 상황에 대해서 이것을 '오염'이라고 볼 수 있는지 질문하며, 이 '오염'이 가능하게 하는 삶에 대해 말한다.

---

11. '파견자' 연작 외에 「시몬을 떠나며」, 「우리 집 코코」, 「지구의 다른 거주자들」도 지구가 배경이며, 이 여섯 편은 '다른 방식의 삶'으로 명명되고 있다. 즉 지구에서의 다른 방식의 삶을 사고실험하고 있다. 이 단편들은 모두 『행성어 서점』에 수록되었다.

즉, 우리가 인간의 자연이라 생각하는 "순수한 지구"(김초엽 2021b, 150)에 의문을 제기하고 있는 것이다. 이러한 의문은 외계에서 온 무언가에 의해 오염된 것이라고 여겨진 생물체들이 오래전부터 지구에 있었다는 알아차림으로 이어지기도 한다.12 이 사고실험을 더 밀고 나간 『파견자들』은 외계의 침투로 오염된 지구가 과연 파국인가를 질문하면서 더 나은 파국을 상상하고 있다.

티머시 모턴Timothy Morton은 '자연 없는 생태학'을 주장하는데, 자연에 대한 이미지가 생태학적 사고의 걸림돌이 되기 때문이다. 모턴은 아름다움, 조화, 질서를 바탕으로 하는 낭만주의적 자연관을 폐기해야 하며, 자연에는 아름답지 않고 아이러니하며 추하고 해롭고 파괴적이기까지 한 어둡고 음침한 어둠의 요소들이 혼재해 있음을 주장한다. 이를 통해 자연에 대해 인간의 특권이 없음을 강조하면서 인간과 비인간의 그물망 속의 연관성을 드러내고 이

---

12. 「오염 구역」의 한 대목을 보자. "그런데 한참이나 연구가 이어진 끝에, 우리는 한 가지 기묘한 결론에 도달했어요. 어쩌면 우리의 가설이 틀렸을지도 모른다는 결론이었지요. 그것들은 외계에서 오지 않았어요. 원래부터 늪에서 살고 있던 겁니다. 오래전부터, 지구가 외계종으로부터 오염되기 훨씬 전부터요. 우린 지구를 제대로 관찰하지 않았기에 지금까지도 그 사실을 알아차리지 못했던 거예요. 아이러니하게도, 외계 식물들이 지구를 덮어버리기 전까지는 그랬던 겁니다." (김초엽 2021b, 168~169)

러한 상호연관성을 바탕으로 인간과 자연의 관계를 사고해야 한다는 것이다(김임미 2021, 26~27).『파견자들』에서 기묘한 비인간 존재만큼 주목되는 것은 아름답고 이상화된 자연이 아닌 알 수 없고 기괴한 자연의 형상이다.

『파견자들』에서 외계 존재인 범람체에 뒤덮인 지구의 모습은 낯설고 기괴하기까지 하다. 이 낯설고 기괴해진 지구에서 인간들은 지하도시에서 최소한의 생존만을 영위하고 있다. 범람체에 노출되는 순간 광증이 발현되고 인간이 아닌 존재가 되기 때문에 당국은 광증이 발현되는 비인간들을 배제하고 엄격하게 관리한다. 한편, 범람체에 의해 빼앗겼다고 생각하는 지구를 다시 되찾기 위한 프로젝트를 실행하려고 한다.

1부에서 지상/지하로 구분된 지구 행성의 상황이 제시되는데, 지상은 범람체에 의해 오염된 지역으로 광증저항성이 있을 뿐만 아니라 자격을 획득한 파견자들만이 오고 갈 수 있는 곳으로 태린을 비롯한 누군가에게는 선망의 대상이지만 네샤트와 당국에게는 혐오이자 적대의 대상이다.

> 지상은 하늘을 향해 열린 곳이었다. 바람이 불고 빛이 쏟아지고 물이 순환하며, 태양과 달이 함께 타원을 그리면서 계절을 바꾸는 곳. 이끼들이 땅에 몸을 납작 붙여 자라

고 그 위로는 키 큰 나무들이 밀림의 지붕을 이루는 곳. 지표면이라는 터전 위에서 인간은 발 닿는 곳 어디든 갈 수 있었다. 배를 타고 바다를 가로지르며, 때로는 하늘을 날아서. 그때 지구는 지구본처럼 작지만 꽉 찬 행성이었고, 사람들은 지구를 '우리 행성'이라고 불렀다. 하늘을 바라보면 시선 끝에서 끝까지 별들이 펼쳐져 있었다. 어떤 사람들은 그 먼 천체들에 닿고 싶어 했다. 우리의 행성을 발판 삼아 다른 존재들의 행성으로 나아가고 싶어 했다. 지구의 표면은 인간에게는 넓고 평평하게 느껴지지만, 조금 올라가서 바라보면 둥근 행성의 굴곡을 느낄 수 있고, 또 한참을 더 멀리 가서 뒤돌아보면 거의 보이지도 않는 희미한 점이 된다고 했다. 하지만 그 작고 푸른 점이 지금의 인간에게는 광증으로 뒤덮인 미지의 세계. 인간은 고향 행성을 빼앗기고 지하로 내려왔다. (김초엽 2023a, 45~46)

위에서 볼 수 있는 것처럼 지상 즉, 범람체에 오염되기 전의 지구는 아름답고 낭만적이고 순수한 자연의 모습으로 대상화되어 있다. 자연을 대상화하고 인간과 자연을 구분하면서 이룩된 인간의 역사는 철저히 인간중심주의적이다. 이러한 인간중심주의적 세계관에서 인간에게 생존이란 지구 위에서 자연을 관리하고 착취하면서 그 특권을 누리는 것이었을 텐데 불시착한 외계 존재인 범람체에 쫓겨 지하로 내려온다. 다른 생물종들이 범람체와 결합한 상태에서 결합하고 변이하면서 새로운 생태계를 만든 것과 달리 인간만이 개체성을 고수하며 범람체를 적대하고 혐오한다.[13]

범람체에 덮인 세계는 미지의 세계이자 위험한 세계로 인식되는데, 범람체에 노출되는 순간 인간은 인간의 고유성을 잃어버리고 자아를 상실하기 때문이다. 『파견자들』은 범람체와 한 몸을 공유하는 태린이 범람체의 존재를 탈인지하고 비인간 존재들을 긍정하고 함께 살아가는 방법을 모색하는 서사이다(이혜정 2024). 그런데 이 서사를 가능하게 하는 전제는 오염된 지구라는 장소다(표유진 2024). '우리 행성'이라고 불렸던 지구는 인간이 순수하고 아름다운 이상화된 공간, 인간에게 이로운 공간이었지만, 범람체로 뒤덮인 지상은 경이로우면서도 기괴한 곳으로 묘사된다.

---

13. "하지만 왜 그게 죽음이지? 다른 종들을 봐. 인간 외의 모든 것들은 우리와 결합한 상태에서도 번성하고 있어. 그 생물들 역시 변화하고 변이했어. 우리가 그 생물들의 신체로, 신경세포로 파고들어 변화시켰어. 그럼에도 그들은 여전히 살아 있어." (김초엽 2023a, 240)

도시는 기이한 아름다움을 품고 있었다. 색채로 일렁이는 세계. 곳곳에 강렬한 원색의 물감들을 흩뿌려놓은 것처럼 빠짐없이 찬란했다. 도시를 점령한 범람체들이 각자 경쟁이라도 하듯 빛깔을 드러내고 있었다. 색이란 색은 모두 사용한 거대한 유화 작품으로 지상을 덮은 것처럼, 마치 색이 그 자체로 살아 있어 도시를 통째로 움켜진 것처럼 범람체는 존재감을 발했다. (김초엽 2023a, 114)

인간은 순수하고 아름다운 자연을 침투한 범람체를 적으로 규정하고, 범람체를 정복하고 순수한 인간 개체로서 존재할 수 있는 지상 도시를 건설을 계획하고 범람화된 비인간들을 감시하고 처분하려고 한다. 태린은 당국의 이러한 계획을 모른 채 지상을 오갈 수 있는 파견자를 꿈꾸지만 자신의 뇌안에 있던 범람체의 폭주에 대한 대가로 생환 가능성이 희박한 지상으로 파견된다. 이 모험에서 범람화된 늪, 늪인, 범람체와 결합된 변이자 등 비인간 존재들과의 마주침을 통해 태린은 범람화된 자연에 대한 인식을 전환하게 된다. 즉, 범람체에게 지상을 빼앗긴 지구 행성의 상황을 파국이라고 생각했던 태린은 범람화된 채 살아가는 스벤을 만나고서 과연 이것이 "끔찍한 파국이기만 했던 것"(김초엽 2023a, 230)인지 되묻는다. 태린이 이미 인지했듯이 인간이 없어도 지상 위의 자연은 순환하며 잘 유지되고 있으며(같은 책, 70), 태린이 직접 목격했듯이 오히려 다른 종들은 범람체와 결합하고 변이하며 번성하고 있는 것이다.

이 소설을 읽어나가는 데 있어서, 이처럼 끔찍하고 위험하고 기괴한 자연-지구의 모습은 지구적 재난의 설정에만 그치는 것이 아니라 소설 전반에 걸쳐 우리가 인지하고 있는 지구 생태를 인지를 넘어서 감각하고 느끼도록 한다. 이 소설을 읽어가며 우리는 이미 안다고 생각했던 자연이 아닌 알 수 없는 자연, 어두운 생태를 알아차리게 되는 것이다. 모턴은 어두운 생태학은 생태적 알아차림ecological awareness이며, 이 생태적 알아차림은 낯설고 기묘하며, 어두운 것이라고 말한다(모턴 2024, 20, 196). 이 생태적 알아차림은 또한 다른 비인간 존재를 알아차리게 한다.[14] 자연 없는 생태학으로의 사유의 전환은 범람화된 늪, 범람화된 존재

---

14. "생태적 알아차림은 그 본질이 말할 수 없는 것인 한에서 어둡습니다. 생태적 알아차림은 광명이 더 큰 함정의 감각으로 이끄는 한에서 어둡습니다. 생태적 알아차림은 우리를 구성하는 멜랑콜리한 상처들을 인식하도록 강제하기 때문에 어둡습니다. … 지구에 대한 인간의 지배로부터 궤멸적이고 치욕적인 이성을 만들어낸 충격들과 트라우마들과 대격변들을 말합니다. 그러나 생태적 알아차림은 기묘하기 때문에 어둡기도 합니다. 철학은 에코그노시스에 조율될수록 비인간 존재자들과 더 많이 접촉하게 되며, 그 비인간 존재자들 중 하나는 에코그노시스 그 자체입니다." (모턴 2024, 196)

들을 알아차리게 하며, 태린은 인간의 신체 능력을 확장해 주는 뉴로브릭이라고 여겼던 자신의 뇌 속의 존재가 범람체라는 사실을 알아차리고 받아들이게 된다.

파견자들과 당국은 범람체를 비롯한 비인간 존재를 억압하고 배제하는 방식으로 지구에서의 생존을 도모하고자 했지만 어두운 생태로서의 자연과 비인간 존재들을 알아차리게 된 태린은 격리된 비인간들의 탈출을 돕고 비인간들과의 공존 구역의 가능성을 실현하고자 한다.[15] 최소한의 생존만이 가능했던 지하의 바깥을 나와 비인간 존재와 기꺼이 마주치고 오염을 통해 새로운 방식의 공동체를 창발하고 있는 것이다.[16]

물론 경계 지역은 불완전했다. 범람체와 인간은 너무 달

---

15. "범람체와 인간의 공존 구역을 설정하자는 것 같습니다. 그 구역에서 범람체와 결합된 인간들이 모여 마을이나 도시를 이루어 살아가겠다는군요. 이미 결합된 인간들은 지상에서 나는 것을 먹어도 광증이 더 심각해지지 않으므로, 식량은 자급자족하겠다고 합니다. 추가 요구사항은 이렇습니다. 더는 늪인들과 광증 발현자들을 죽이지 말고, 도시에서 발현자가 나올 경우 경계 지역으로 보낼 것. 그리고 범람체들이 지하를 인간의 영역으로 존중하듯이 도시의 인간들 역시 지상의 영역을 존중할 것." (김초엽 2023a, 408)
16. "우리는 마주침을 통해 오염된다. 우리가 다른 존재들에게 길을 열어줌에 따라 마주침이 우리 존재를 변화시키기 때문이다. 오염을 통해 세계-만들기 프로젝트가 변화하면 상호적인 세계와 새로운 방향이 창발할 수 있다." (칭 2023, 63)

랐고, 여전히 경계 지역 밖에서 범람체는 인간을 파괴했다. 그러나 사람들은 계속해서 더 멀리 가고 싶어 했다. 앞으로도 그 균형이 지금처럼 유지되리라는 법은 없었다. 그렇다면 이 불균형하고 불완전한 삶의 형태는 어떻게 지속될 수 있을까. 태린은 경계 지역에서 자라나는 아이들이 그 답을 찾아내 주기를 바랐지만, 어쩌면 아이들도 명확한 답에는 다다르지 못할지도 모른다. 단지 불균형과 불완전함이 삶의 원리임을 받아들이는 것, 그럼에도 끊임없이 움직이며 변화하는 것, 멈추지 않고 나아가는 것만이 가능한 방법일지도 모른다. 어느 쪽이든 태린은 그것이 계속해서 다음 세대로 이어질 질문이라고 생각했다.
(김초엽 2023a, 419)

『파견자들』은 인간종만을 위한 완전하고 완벽한 생존은 환상임을 역설하고, 경계지역이 불완전한 것과 같이 생존이란 불안정하고 다른 존재와의 협력으로 가능함을 보여준다(칭 2023, 66).

4. 더 나은 파국은 가능한가

『지구 끝의 온실』에서 더스트가 덮친 지구에서 인간들

은 인간들만을 위한 돔시티를 만들지만 결국 파국을 맞이하며, 지수가 경험한 대안 공동체들 또한 인간의 이기심과 의견 충돌 그리고 더스트에 대한 불가항력으로 오래 지속되지 못한다. 『파견자들』에서 외계 존재인 범람체의 불시착으로 인간은 지하로 쫓겨나며 이 파국을 초래한 범람체를 적대한다. 이러한 파국의 서사는 더 이상 우리에게 낯설지 않으며 대중문화는 이 파국을 소비하며 그 해결 또한 판타지로 소비된다(손희정 2024, 20). 김초엽의 SF 서사는 파국을 초래한 인간중심주의에 대한 고발이나 반성 혹은 손쉬운 해결을 통한 발전에 대한 환상을 넘어서며, 생동하는 지구와 어두운 생태로서의 지구를 사변하고 파국의 상상력을 통해 더 나은 파국은 가능한지 사고실험한다. 기존의 재난서사에서 파국이 더 이상 희망 없음으로 귀결되는 것과 달리 김초엽의 소설은 희망적인 낙관으로 귀결되는 것처럼 보인다. 그런데 여기서 파국이 종결된 것이 아니라 파국에 대한 관점을 달리했다는 점을 눈여겨 볼 필요가 있다.

『지구 끝의 온실』에서 인류 문명 재건을 이룩한 것처럼 보이지만, 재건 시대의 영웅들이 사실은 다른 사람을 짓밟으면서 생존한 인간들이라는 점에서 파국에서 벗어난 것이라 보기 어렵다. 하지만 더스트를 끔찍한 과거로 기억하는 노인들과 달리 지수(희수)는 아영에게 "흥미로운 존재들" 즉, "돔 시티 바깥에서 보았던 괴이한 돔 마을들, 송이버섯을 등에 매달고 다니던 야생동물들, 길에서 마주친 더스트 시대의 괴팍한 여행자들"(김초엽 2021a, 77)에 대해서 이야기해 준다. 이 소설의 성취인 행위자로서의 식물의 발견 이상으로 생동하는 지구의 다른 존재들이 드러나는 것이다. 이처럼 인간/자연의 이분법적 세계관에서 보이지 않는 존재들이 드러나고, 식물 행위자와 지구 생태계의 역동성으로 존재하는 자연-지구는 더 나은 파국의 가능성을 시사한다.

『파견자들』은 외계의 침투로 오염된 지구가 과연 파국인지를 질문하면서 어두운 생태로서의 지구를 사고실험한다. 인간들은 범람체에 의해 아름다운 지구를 빼앗겼다고 생각하지만 이는 자연을 대상화하고 인간과 자연을 구분하는 인간중심주의적인 사고로 인한 것이다. 인간 없이도 지구 생태계는 그 나름대로의 순환을 하며 인간이 아닌 다른 종들은 범람체와 결합하고 변이하고 번성하며 새로운 생태를 만들어간다. 이 낯설고 기괴한 자연-지구를 감각하고 느끼는 사고실험을 통해 우리는 이미 안다고 생각했던 자연이 아닌 어두운 생태로서의 지구를 알아차리게 된다. 모턴에 의하면 어두운 생태학은 생태적 알아차림이며, 이 생태적 알아차림은 다른 비인간 존재들 또한 알아차리게 한다. 어두운 생태로서의 자연과 비인간 존재를 알아차림은 인간-비인간의 도시공동체를 가능하게 한다. 지하도시에서 최소한의 생존을 유지하며 어둡고 기괴한 범람체를 적대했던 인간들은 범람체, 늪인, 범람화된 변이자 등의 비인간 존재들과 기꺼이 마주치고 있는 것이다. 인간이 파국이라고 하는 순간에도 변이하며 번성하는 어두운 생태로서의 지구를 사변함으로써 인간-비인간의 도시공동체라는 더 나은 파국을 제시한다.

    김초엽은 『지구 끝의 온실』의 작가의 말에서 지구가 외계 행성 같다고 스치듯 말한 바 있다. 작가의 말이 아니더라도 우리는 지구를 다 안다고 생각하지만, 낯선 외계 존재 같은 지구 생명체의 소식을 여전히 접한다. 그때야 우리는 신비와 경이로서 자연을 대하지만 이때도 우리는 여전히 자연을 대상화할 뿐이다. 김초엽의 두 장편소설은 인간/자연의 이분법적인 자연을 넘어서 과정으로서의 자연, 어두운 생태로서의 자연을 감각하고 느끼는 사변을 제시하고 있다. 전지구적 재난이라는 파국이 낯설지 않은 인류세를 살고 있는 우리에게 더 나은 파국의 가능성을 상상하게 한다.

:: 참고문헌

김미현. 2020.「포스트휴먼으로서의 여성과 테크노페미니즘 — 윤이형과 김초엽의 소설을 중심으로」.『여성문학연구』49 : 10~35.
김윤정. 2021.「김초엽 소설에 나타난 포스트휴머니즘과 장애」.『여성문학연구』54 : 77~107.
_____.「한국 여성 SF 문학에 나타난 재야생화(rewilding)와 생태주의」.『우리문학연구』79 : 203~234.
김임미. 2021.「인류세 시대의 어둠의 생태학 — 비이원론의 관점에서」.『신영어영문학』79 : 19~40.
김초엽. 2021a.『지구 끝의 온실』. 자이언트북스.
_____. 2021b.『행성어 서점』. 마음산책.
_____. 2022.『책과 우연들』. 열림원
_____. 2023a.『파견자들』. 퍼블리온.
_____. 2023b.『지구 끝의 온실 2주년 기념 소책자』[전자책]. 자이언트북스.
노대원. 2024.「인공지능은 기후 위기를 해결할까? — 한국 SF 속의 기후 위기와 AI 서사」.『대중서사연구』30(1) : 48~79.
모턴, 티머시. 2024.『어두운 생태학』. 안호성 역. 갈무리.
베넷, 제인. 2020.『생동하는 물질』. 문성재 역. 현실문화.
샤비로, 스티븐. 2022.『탈인지:SF로 철학하기 그리고 아무도 아니지 않은 자로 있기』. 안호성 역. 갈무리.
손혜숙. 2022.「'작은 가능성'에 대한 끝나지 않은 이야기 — 김초엽,『지구 끝의 온실』」.『리터러시연구』13(2) : 539~555.
손희정. 2024.『손상된 행성에서 더 나은 파국을 상상하기』. 메멘토.
신성환. 2020.「'확장된 마음'과 인간-기술의 올바른 연합 — 김초엽 소설 두 편을 중심으로」.『동남어문논집』49 : 137~167.
연남경. 2020.「여성 SF의 시공간과 포스트휴먼적 전망 — 윤이형, 김초엽,

김보영을 중심으로」, 『현대소설연구』 79 : 105~139.

_____. 2023. 「사변적 페미니즘으로 본 SF 현상과 연결됨의 윤리」, 『이화어문논집』 60 : 65~102.

양윤의·차미령. 2022. 「김초엽의 SF에 나타난 새로운 존재론의 모색」, 『비교한국학』 30.1 : 197~226.

오윤호. 2024. 「기술적 기후 재앙과 더스트 생태학자의 환영」, 『인문과학연구』 52 : 1~26.

오혜진. 2023. 「불평등한 재난에 맞서는 느슨한 공동체의 힘 ― 김초엽의 지구 끝의 온실과 조예은의 스노볼 드라이브를 중심으로」, 『어문논집』 95 : 373~397.

윤영옥. 2022. 「한국여성 SF에 나타나는 신체기술과 지구공동체 ― 김초엽의 『지구 끝의 온실』을 중심으로」, 『현대문학이론연구』 91 : 219~243.

_____. 2023. 「김초엽 SF에 나타난 물질로서의 몸과 생태학적 상상력」, 『국어문학』 84 : 371~399.

이소연. 2022. 「재난서사의 새로운 동향과 포스트휴먼 감수성의 출현 ― 김초엽, 정세랑, 듀나의 소설을 중심으로」, 『탈경계인문학』 32 : 55~77.

_____. 2024. 「노출된 몸과 소멸하는 자아 ― 김보영과 김초엽의 SF에 구현된 포스트휴먼 주체성」, 『대중서사연구』 67 : 301~333.

이양숙. 2020. 「한국소설의 비인간 전환과 탈인간중심주의」, 『한국문학과 예술』 34 : 227~259.

이양숙. 2023. 「인류세 시대의 유스토피아와 사이보그-'되기'」, 『도시인문학연구』 15.1 : 161~193.

이지용. 2020. 「한국 SF에 나타난 환경 위기 의식 연구」, 『반교어문연구』 56 : 53~74.

이혜정. 2024. 「비인간 존재에 대한 탈인지적 사유 ― 김초엽의 『파견자들』을 중심으로」, 『한국현대문학연구』 74 : 585~614.

전소영. 2023. 「미래는 끝나지 않았다 ― 마거릿 애트우드와 김초엽 소설에 나타난 지구 종말 이후의 이야기들」, 『동서비교문학저널』 63 : 291~309.

표유진. 2024. 「김초엽 장편소설에 나타난 면역정치와 전염으로서의 공동체 ― 『지구 끝의 온실』, 『파견자들』을 중심으로」, 『국제어문』 100 : 199~223.

최애순. 2024. 「2020년대 현실에서 찾는 더 나은 곳 '에우토피아' — 김초엽의 『지구 끝의 온실』을 중심으로」. 『한국어문교육』 48 : 197~228.
칭, 애나 로웬하웁트. 2023. 『세계 끝의 버섯』. 노고운 역. 현실문화연구.
황지영. 2022. 「재난 유토피아와 증언-하기의 윤리 — 2020년대 SF에 나타난 '기후/생태 재난'을 중심으로」. 『이화어문논집』 58 : 178~201.

8장 돌봄 윤리의 관점에서 본 기술 매개 노인 돌봄

박여리

I. 서론

"24시간 부모님 곁에서 정서, 생활, 인지 건강을 도와주는 AI돌봄 로봇"[1] 효돌은 2009년 ㈜효돌에서 개발한 AI 기반 노인의 돌봄을 보조하고 정서적 지지를 지원해주는 로봇이다. 효돌은 대화형 건강 문진을 통하여 복약 및 운동 지도가 가능하며, 노인의 건강 상태 및 생활 방식에 대한 실시간 모니터링이 가능하다. 또한, 다양한 상호작용 패턴을 통하여 대화를 유도함으로서 정서적 케어 또한 담당한다. 기존에는 사전에 입력된 답변만 가능하였으나, 최근 ㈜효돌은 챗GPT를 적용한 2세대 모델을 출시하였다. AI발전으로 효돌 뿐만 아니라 다양한 기술 매개 돌봄 상품에 AI를 도입하여 '인간'에 가까운 상호작용이 가능하고 맞춤화된 돌봄 방식을 추구하고 있다.

'효돌'은 인간, 그중에서도 아이와 유사한 외형의 인형 형태를 띠고 있다. 효돌 외에도 일본의 정서 지원 로봇 페퍼pepper 또한 인간과 유사한 형태의 휴머노이드 로봇이다. 왜 우리는 로봇이라는 전혀 다른 종(種)에 인간의 형상을 투사하는가? 왜 돌봄이라는 노동 수행에 더욱 적합한 형태의 효율적인 형태(예컨대, 팔이 여러 개 달린, 또는 박스

---

1. ㈜효돌 웹사이트. 2025년 2월 19일. https://www.hyodolshop.com/hyodol.

형 등)로 개발되지 않는가? 일차적으로는 적용 대상의 거부감을 최소화하기 위함일 것이고, 그 외에 다양한 원인이 있겠지만, 더 중요한 지점은 우리가 돌봄에 기대하는 특정한 이미지와 방향성이 '인간적'인 관점과 맞닿아 있기 때문이다. 돌봄은 인간이 노동의 직접적인 대상이면서 금전적인 계약 관계를 넘어선 상호작용, 즉 관계가 형성되는 특수한 형태의 노동이자 사회규범이다. 버지니아 헬드 Virginia Held는 돌봄이 노동의 한 유형이나 노동 그 이상으로 관계적이므로 돌봄 관계를 통하여 돌봄을 이해해야 한다고 주장한다(헬드 2017, 79). 우리가 돌봄을 관계 맺기로 생각한다면 돌봄을 수행하는 기술에도 인간적인 면모를 기대하게 된다. 여기서 '인간적'이란 의미는 단순히 외향이 인간형인 것을 넘어서 우리가 돌봄에 기대하는 여러 규범적 가치들이 인도주의적이고 관계 중심적이라는 것을 의미한다. 이 글은 한국의 기술 매개 노인 돌봄의 현황을 바탕으로 돌봄 윤리적 관점에서 기술 매개 돌봄의 여러 윤리적 쟁점들을 검토하고자 한다.

2025년 한국은 65세 이상 인구가 전체 인구 대비 20%를 초과하는 초고령 사회에 진입하였고, 이와 대비되는 저출산과 부양 인구의 급격한 감소로 노인 돌봄을 누가 담당할 것인가의 문제가 점차 심화하여 왔다(이재완 2025). 한국을 비롯하여 인구 감소와 고령화 문제를 겪는 여러 국가는 친족체계에 의존하여 노인을 돌보기 어려운 상황에서 주로 이주민에게 돌봄 노동을 맡기거나 로봇을 포함한 보조 기술Assistive Technology, AT(이하 AT)과 정보 통신 기술Information and Communication Technology, ICT을 기반으로 한 전천후 생활보조 기술Ambient Assisted Living, AAL(이하 AAL)을 발전시켜 왔다. 예컨대, 일본에서는 이주민 노동자의 유입에 대한 사회적 반발을 의식하여 2015년부터 정부 중심으로 '로봇 신전략'을 발족하고 돌봄 로봇 개발에 착수해 왔다(성지은·송위진 2023, 180). 일본은 인간형 정서 지원 로봇인 페퍼, 이동 보조 로봇인 허그Hug 로봇들을 개발하여 실제 돌봄 현장에서 운용하고 있다(Wright 2023, 14). 유럽은 2014년부터 호라이즌Horizon 2020 정책 기조를 기반으로 고령친화 기술 개발에 투자하여 AAL 프로젝트를 진행해 왔다(박선미·김수범 2019, 20). 한편, 한국은 지금까지 이주민 노동자들이 주로 대체 돌봄 노동력으로 이용됐으나, 최근 AI와 사물 인터넷Internet of Things, IoT(이하 IoT) 발전에 힘입어 자체적으로 효돌을 포함한 다양한 로봇을 개발하거나 IoT 기반 홀몸노인 지원 사업 등을 시행하고 있다(성지은·송위진 2023, 180).

 AT는 노인의 독립성을 유지 및 연장하고, 정신적 기민

함을 자극하며, 외부와의 연결을 유지하기 위한 네트워크를 만들고, 고립감을 줄이며, 안전감을 증진하기 위해 설계된 컴퓨터 기반 도구들을 의미한다(Rodeschini 2011, 523). AT는 크게 세 가지 종류로 나뉘는데 (1) 이동 감지 센서 바닥 등 행동 감지 도구들, (2) 스마트 홈 기술, (3) 원격 의료 기술 등이 있다(Rodeschini 2011, 523). ICT는 인터넷과 통신 기술을 기반으로 한 웹캠이나 화상 전화 등 원격 소통 및 정보 제공을 위한 기술들을 의미한다(Blaschke et al. 2009, 643). 기술 개념의 정의에 따라 범위의 차이가 있겠으나, 이 글에서는 단순한 도구적 의미의 기술보다는 고도화된 정보통신 및 컴퓨터를 기반으로 개발된 기술을 기반으로 한 돌봄 기술care technology 2의 고령층 대상 활용에 관한 윤리적 쟁점에 관해 다루고자 한다. 돌봄 기술은 디지털 헬스케어, 홈케어, 원격 돌봄 등의 기술을 사용하여 돌봄을 제공하는 것을 의미한다(최인희 외 2023, 24). 이 개념은 정보통신 기술과 같은 도구를 사용하여 건강 모니터링, 원격 상

---

2. 이 글에서는 돌봄 기술이 아닌 기술 매개 돌봄이라는 용어를 사용하였다. 그 이유는 이 글이 '기술'의 활용성과 발전 방향이 아니라 기술이 돌봄에 적용된 상황에서 돌봄 윤리를 어떻게 이해할 수 있을지, 즉 기술이 접목된 행위로서의 '돌보기'(caring)에 주목하고 있기 때문이다(Gherardi and Rodeschini 2016, 268). 이 글은 행위자-네트워크 이론(Actor-Network Theory)에 기반하여 기술을 단순히 돌봄을 보조하는 도구 또는 대상이 아니라 또 하나의 돌봄 행위자로 해석하고자 한다.

담, 약물 관리, 안전 감시 등 다양한 방식으로 돌봄의 질을 향상하고, 더 많은 사람이 효과적인 돌봄을 받을 수 있도록 돕는 것을 목표로 한다(Rodeschini 2011, 523). 이 글에서는 돌봄 기술 중에서도 특히 고령자를 위해 개발된 기술과 서비스를 통칭하는 고령친화기술AgeTech의 활용에 관한 윤리적 쟁점에 주목하고자 한다(대한민국정부 2020a).

이 글은 인본주의적 돌봄을 대안 모델로 제시하는 돌봄 윤리적 관점을 바탕으로 기술 매개 돌봄의 발전으로 인하여 인간이 아닌 종種이 노인 돌봄의 영역에 함께하게 되면서 발생할 수 있는 윤리적 쟁점들을 살펴보고자 한다. 노인 돌봄은 그 대상이 '노인'이라는 특수한 생애 주기에 위치한 대상이기 때문에 기술 매개 돌봄이 적용되는 방향성 및 적용에 따른 윤리적 쟁점이 다른 돌봄과 다를 수 있다. 이 글은 한국의 돌봄 기술이 노인 돌봄에 적용되는 사례를 소개한다. 다음으로 기술 매개 돌봄을 돌봄 윤리적 관점에서 어떻게 바라볼 수 있는가를 고찰한 후, 이를 바탕으로 기술의 적용에 따른 윤리적 쟁점을 논의하고자 한다.

II. 국내 기술 매개 돌봄 현황

국내에서도 ICT, AI, IoT 등을 활용한 돌봄혁신정책이 추진되어 왔으며, 특히 국내는 시설 중심의 노인 돌봄 서비스 방식에서 탈피하여 보조기술을 통해 노인들이 거주지에서 생활할 수 있도록 하는 지역사회 계속 거주Aging in Place의 기조로의 전환을 목표로 개발을 진행해 왔다(임정원 외 2021, 5). 주로 홀몸노인 등 사회적 취약계층 노인들의 거주지에 IoT센서, AI 스피커 등을 설치하여 응급상황에 대응하는 모니터링 중심의 사업이 시행되어 왔다(성지은·송위진 2023, 181). '제4차 저출산 고령사회 기본계획(2021~2025)'에서는 고령친화 경제로의 전환을 목표로 삼고 있으며, 이를 위해 '스마트 돌봄 로봇 개발', '비대면 건강·안전관리 서비스' 등 고령자의 자립을 지원하는 기술 개발을 주요 과제로 제시하고 있다(대한민국정부 2020a). 또한, 2020년 발표된 '한국판 뉴딜'의 '디지털 뉴딜'에서는 '스마트 의료 및 돌봄 인프라 구축'의 목적으로 '건강 취약계층 스마트 건강관리' 과제가 포함되었다. 구체적 추진 내용에는 건강 취약계층의 맞춤형 건강관리 서비스를 위한 모바일 헬스케어 확대와 노인을 포함한 건강 취약계층에게 IoT·AI 기반 디지털 돌봄 시범사업 추진, 그리고 돌봄 노동자의 노동을 보조하는 돌봄 로봇 개발 추진 등이 있다(대한민국정부 2020b). 또한, 윤석열 정부는 100대 국정과제 중 하나로 '4차 산업혁명 기술을 활용한 생활밀착형 돌봄 확산'을 포함하여 돌봄서비스의 기술 적용을 강조하고 있다. 예컨대, 활동감지센서 등을 활용한 응급안전안심서비스 및 보건소 AI-IoT 기반 건강관리사업 확대, 고령친화산업과 연계한 돌봄 로봇 등 복지기술 연구개발R&D 강화 및 복지관·요양시설의 리빙랩 지정 등을 통한 돌봄기술 개발 지원 등을 기획하고 있다.

현재 국내에서 진행되고 있는 기술 매개 돌봄의 사례는 다음과 같다.

1. IoT·AI 기반 어르신 건강관리사업

기존에 진행되던 노인 대상 건강관리서비스는 방문 위주의 대면 서비스 중심이었으나, 전문 인력 부족 등의 문제로 취약계층을 중심으로 제한된 서비스만 제공되어 왔다. 그러나 코로나19 이후로 대상자와의 대면이 어려워지면서 어르신의 건강 격차 심화를 방지하기 위하여 IoT·AI 기술을 도입한 건강관리 사업을 추진하였다(박나영 2023, 23). 보건복지부와 한국건강증진개발원, 한국사회보장정보원이 사업 운영과 관리를 담당하며, 2024년 기준 전국 178개 지자체가 사업에 참여하고 있다(허종호·황종남 2024, 10). 이 사업은 어르신의 허약 정도에 따라 3가지 대상군으로 나누고 각 대상에 따른 비대면 건강관리 서비스를 제공한다. 다양한 의료진과 건강 전문가들의 비대면 관리뿐 아니라 AI 스피커와 손목 활동량계 등의 디지털 디바이스를 활용하여 건강 상태를 모니터링하면서 복약지도, 운동 지도 등을 진행한다.

2. 홀몸노인·장애인 응급안전안심서비스

이 사업은 ICT 기반의 장비를 설치하여 홀몸노인과 장애인 가정의 화재나 낙상 등의 응급상황을 빠르게 인지하고 대처를 지원하고 있다(같은 글, 13). 대상자 가구에 화재감지기, 활동량 감지기, 응급호출기, 출입문 감지기 등을 설치하고 센서가 관련 정보를 응급안전안심서비스 운영시스템에 전송하여 응급상황 발생 시 신속하게 담당 소방서에 신고할 수 있도록 지원한다. 특히, 실시간 모니터링을 통하여 화재 등 발생 시 빠른 대피 및 신고가 어려울 수 있는 노인이 직접 신고가 쉽도록 버튼을 제공하고, 또는 직접 신고하지 않더라도 ICT가 자동으로 위험을 감지하여 신고하도록 하는 방식으로 운영된다. 2024년 3월 기준 전국 26만 7천 가구에 서비스를 제공 중이다.

3. AI 기반 안부·돌봄 전화

네이버, SKT, KT 등의 기업에서 제공하는 AI 스피커와의 연계 사업으로, 노인과 취약계층에게 AI 스피커를 제공하고 사용자 동의 후 AI가 주 1~3회의 안부 전화를 거는 시스템이다. 현재 네이버는 '클로바케어콜', KT는 'AI 케어 서비스', SK는 'AI 돌봄 서비스' 사업을 통하여 제공하고 있다. AI는 대화의 맥락을 기억하고 사전에 입력된 여러 건강 및 생활 정보를 반영하여 개인화된 대화를 제공한다. 이후 지방자치단체 담당자가 응답 현황과 통화 내용을 모니터링 하여 긴급 상황 시 대응하도록 설계되었다. 가정에 배부된 AI스피커는 안부 전화뿐 아니라 복약 알림, 음악 감상 등의 정서적 지원, 인지장애 예방용 게임 제공 등의 다양한 기능을 제공한다.

4. 돌봄로봇

2018년부터 보건복지부는 지역사회 통합 돌봄 기본계획에 따라 IoT와 AI를 활용한 스마트홈 서비스와 돌봄 로봇 시범사업을 추진하였다(같은 글, 22). 돌봄 로봇은 말벗 기능과 여러 편의 기능을 제공하면서 건강 및 정서를 지원하고 데이터베이스를 통하여 자살 및 우울증 위험군을 판별하고 대상자를 보호자와 자살방지센터와 연계한다. 현재 국내에서 생산 및 이용되고 있는 돌봄 로봇은 '효돌', '다솜', '복동이', '키미' 등이 있다. 돌봄 로봇은 일부 지역에서 시범적으로 각 가정에 보급 및 운영되고 있으며, 효돌의 경우 홀몸노인이나 우울증 및 자살 고위험군의 어르신 가정에 먼저 보급되었다(Shin and Jeon 2024, 181).

위에서 분류된 네 가지 범주 외에도, 통신사와 협업하여 치매 환자와 발달장애인의 위치를 실시간으로 추적하는 '행복 GPS' 배회감지기 사업이 진행되고 있으며, 기존 방문건강관리사업에 ICT 기술을 접목하는 등 다양한 사업이 추진되고 있다. 또한, 고령친화기술 개발을 위한 보건복지부의 R&D 사업도 활발히 진행 중이다(성지은·송위진 2023, 183).

이처럼 국내에서도 고령자를 위한 돌봄 기술 개발 및 보급이 활발히 이루어지고 있지만, 대부분이 시범사업 단계에 머물러 있으며, 중앙 정부 주도로 기획되고 하향식으로 진행되는 선형적인 정책 전달 모델로 인해 한계가 존재한다(같은 글, 178). 하향식 전달 모델에서는 공급자 중심의 개발이 이루어지는 경향이 있다. 이로 인해, 돌봄 기술이 이동 보조나 복약 보조 등 특정 행위를 지원하는 데 집중되면서, 돌봄이 요구하는 전반적인 통합적 지원을 충족하기 어려운 상황이 발생할 수 있다(최인희 외 2023, 172). 또한, 각 주체가 단기 사업 중심으로 개별적으로 활동하여 국내에서는 기술 매개 돌봄이 아직 고령자 돌봄의 통합적인 모델로 자리 잡기 어려운 현실이다. 그뿐만 아니라 기술이 노인 돌봄에 도입될 때의 윤리적, 사회적 맥락에 대해 숙고되지 않은 상황에서 기술의 공급 및 개발에 집중된 현 정책은 기술의 무분별한 남용과 오용을 일으킬 여지가 있다.

Ⅲ. 돌봄 윤리에서 '인간적' 돌봄의 함의

전 세계적으로 기술을 매개로 한 돌봄의 형태가 점차 증가하는 추세에서 기술을 어떻게 올바른 방향으로 사회에 적용할 수 있을까에 관한 논의가 이루어져야 한다. 다시 말해, 기술 매개 돌봄에 관한 윤리적 고찰이 필요하다. 돌봄이 그 안의 다양한 행위자들의 관계 맺음과 정서적 교류가 중요한 행위라면, 단순히 기술을 노동에 접목한다는 관점으로만 이 현상을 이해한다면 기술 매개 돌봄의 중요한 맥락을 놓칠 수 있다. 이에 필자는 돌봄을 신자유주의 시대의 대안적 도덕 윤리로 제시하는 돌봄 윤리적 관점에서 기술 매개 돌봄이 추구해야 할 '인간적' 돌봄에 대해 고찰하려 한다. 이 절에서는 돌봄 윤리적 관점에서 돌봄의 의미를 살펴보고, 그 기반으로 기술 매개 돌봄을 어떻게 이해할 수 있는지를 살펴볼 것이다.

> '돌봄'은 사회적 역량이자, 복지와 번영하는 삶에 필요한 모든 것을 보살피는 사회적 활동이다. 무엇보다도 돌봄을 중심에 놓는다는 것은 우리의 상호의존성을 인지하고 포용하는 것을 의미한다. 그러므로 우리는 이 선언문에서 '돌봄'이라는 단어를 가족 간의 돌봄, 돌봄 시설이나 병원에서 돌봄 종사자들이 수행하는 직접적인 돌봄, 교사들이 학교에서 수행하는 돌봄, 그리고 다른 필수 노동자들이 제공하는 일상적인 서비스로서의 돌봄을 모두 포함하는 확장된 개념으로 사용한다.…돌봄은 누구나 가지고 있는 개인적인 능력이다. 이 능력은 지구상에 사는 대부분 사람과 생물체들이 번성하고, 지구도 함께 번성할 수 있도록 하는 정치적·사회적·물질적·정서적 조건을 마련한다. (더 케어 컬렉티브 2021, 17~8)

오늘날 세계가 마주한 위기 상황을 해결하기 위한 대안적 삶의 가치로서 돌봄을 제안한 〈더 케어 컬렉티브〉는 페미니즘 관점에서 돌봄의 영역을 '모두를 포함하면서 인간의 상호의존성을 인정하는' 확장적 개념으로 사용하고 있다(더 케어 컬렉티브 2021, 17). 돌봄 윤리의 관점에서 돌봄은 노동의 한 종류이지만 다른 노동들과 구별되어 관계성이 그 핵심으로 자리하고 있다(헬드 2017, 79). 이들이 말하는 돌봄은 돌봄의 형태를 띠고 있지만, 금전적인 이익을 위해 과시적인 용도로 사용되는 "돌보는 기업"들의 "무늬뿐인 돌봄"carewashing이 아니다(같은 책, 28). 이 팀은 신자유주의 시대에서 점점 개인주의화 되어가고 타인에게 무관심해져 가는 세상에서 우리가 '관심'을 두는 친족의 의미를 무한히 확장한 "난잡한 친족모델"을 기반으로 한 "보편적 돌봄"을 지향한다. 난잡한 친족모델하에서는 돌봄의 대상이 나의 이익에 기반을 둔 사람, 나와 비슷한 사람 또는 나와 아주 가까운 사람에 국한되지 않으며, "전장에서 군의관이 돌봄의 의무를 부상당한 적군에게까지 확장하는 것"(같은 책, 77)처럼 다름을 넘나든다. 이러한 친족 모델을 기반으로 한 보편적 돌봄이란 "돌봄을 삶의 모든 수준에서 우선시하며 중심에 놓고, 직접적인 대인 돌봄뿐 아니라 공동체를 유지하는 데 필요한 모든 종류의 돌봄에 대해 모두가 공동의 책임을 지는 사회적 이상을 말한다"(같은 책, 55).

보편적 돌봄을 추구하는 관점에서 돌봄 윤리는 크게 세 가지 요소로 이해될 수 있다. 첫째, 돌봄 윤리는 관계적이다. 버지니아 헬드(2017, 38)에 의하면 돌봄 윤리는 계약 관계를 기반으로 도덕 윤리를 설명하는 홉스의 논의를 기반으로 한 주류 도덕 윤리와 차별점을 가진다. 주류 도덕 윤리는 개인 간의 계약관계를 기반으로 하므로 관계를 개인적이고 공적인 관계로 상정한다. 여기의 개인은 합리적이며 이성적인, 그리고 개인의 이익을 기반으로 움직이는 존재로 전제된다. 개인은 마치 비의존적이고 자율적인 개체들인 것처럼 묘사된다. 반면, 돌봄 윤리는 언제나 사적이자 여성의 영역으로 여겨져 왔던 돌봄의 영역을 윤리의 장으로 드러내며 기존에 사적으로 여겨졌던 관계의 중요성을 강조한다. 이 장에서 개인은 관계성에 호의적이고 책임이 자율 의지에 의한 계약 때문에 형성된 일시적 의무가 아니라 역사적, 사회적 맥락 안에서 우리 안에 체현된 우연에 의해 드러나게 된 것으로 이해한다(같은 책, 38). 인간의 개체적 정체성은 본질적으로 관계 속에서 형성되므로 사회적 구성물이며, 사회 역동과 권력 구조가 체현된 결과다(Christman 2004, 143). 문화적으로 자아self의 개념이 다르게 이해된다는 점은 자아라는 개념이 문화적, 즉 사회관계 속에서 형성되어 왔다는 점을 보여준다(같은 글, 146). 개인은 비의존적인 존재가 아니라 언제나 사회 속에서 자신을 위치 지어 왔으므로 관계 의존적이라는 것이다. 우리는 항상 보이지 않는 상호의존성(기관, 가족, 마주하는 다양한 사람들) 속에서 살아가고 있어 의식하지 않을 뿐 온전히 자율적인 개체로 존재하지 않는다(Portacolone 2011, 821). 헬드는 이 지점에 주목하여, 자율성 개념을 성립할 때 필연적으로 관계의 영향을 받는다는 점을 부정하지 않고 받아들여야 함을 강조한다. 다시 말해, 돌봄 윤리는 그 자체로 관계적이어서 돌봄 관계를 상정하지 않고 돌봄 윤리를 논할 수 없다(헬드 2017, 91).

둘째, 돌봄 윤리는 감정적이며 공감적이다. 그러나 여기에서 감정은 종종 주류 도덕이론에서 이성의 반대급부인 '비이성적' 또는 '비합리적'으로 묘사되는 감정을 의미하지 않는다. 오히려 감정은 타자를 신경 쓰게 하고care about, 관심을 두게care for 하는 동기가 된다(김관욱 외 2024, 9~10). 기존의 도덕관념과 신자유주의적 사회 발전론이 이성적인 개인을 상정하여 타자의 고통에 대해 무관심한 사회를 만들어왔다면, 감정으로의 회귀, 특히 개인적인 감정을 넘어서 타자를 포용하는 감정적 공감은 무관심이 초래한 돌봄의 위기를 타파할 수 있는 계기가 될 수 있다. 돌봄 윤리에서 우리가 타인의 아픔을 보았을 때 자연스럽게 느껴지는 감정은 이성적으로 떨쳐내야 할 어떤 것이 아니라 오히려 수용하고 더 확장해야 하는 어떤 것이다. 관계적이고 감정적인 존재를 전제한 돌봄 윤리의 '인간적' 돌봄은 필연적으로 상호의존적이다.

셋째, 돌봄 윤리는 실천적이다. 돌봄 자체가 옳고 그름을 판별하는 윤리적 가치이기 이전에 노동이기 때문에, 돌봄 윤리는 돌봄 실천을 기반으로 한다. 게라르디와 로데스치니는 '돌봄'care이 명사로서 도덕적 질서와 선과 악에 대한 가치 및 관심사를 탐구하게 하지만, '돌보기'caring가 동사로 사용될 때에는 돌봄이 수행되는 방식과 그 가치가 실천의 맥락에서 주장되거나 논쟁 되는 방식을 탐구하게 한다고 주장하며 둘을 구분하였다(Gherardi and Rodeschini 2016, 268). 이는 돌봄의 실천적 맥락을 잘 드러낸다. 돌보기는 상황적 실천situated practice으로서 돌보고 관심을 두는 집합적인 능력, 그리고 돌봄의 수요에 대해 지속적이고 적응적이며 개방적인open-ended 대응을 통해 축적되는 지식을 의미한다(같은 곳). 타인을 돌보는 행위는 오감을 다 사용하여 타인에게 집중한다는 것을 의미하며, 단순히 이론적으로 습득한 지식으로만 행해지기 어렵다. 돌봄은 여러 번의 실천 끝에 체현된 지식으로서 존재한다. 돌보는 사람이 돌보는 대상을 끊임없이 마주하고, 대상의 수요를 파악하고, 서로 관계를 맺어가는 실천의 과정이 부재한다면 정확한 돌봄이 이루어지기 어렵다. 다시 말해, 돌봄은 1:1의 관계를 넘어서 돌봄 관계를 둘러싼 여러 행위자의 실천이 전부 엮인

"집합적 유능함"collective competence이자 "감각적 지식"sensible knowledge인 것이다(같은 글, 269). 돌봄 윤리의 실천적 특성은 또 다른 중요한 지점, 즉 돌봄이 자연스럽게 획득하는 어떤 것이 아니라 우리가 끊임없이 관계 맺음을 위해 노력하는 실천 속에서만 가능하다는 점을 강조한다. 돌봄은 "실천이자 가치로서 개인적 행동의 나열이 아니라 개인의 도덕적 태도가 함께하고 발전하는 실천이다"(헬드 2017, 89).

앞선 세 가지 돌봄 윤리의 주요한 요소를 기반으로 '인간적' 돌봄을 이해한다면, 돌봄 윤리적 관점에서 우리가 추구해야 할 인간적 돌봄은 단순히 인간이라는 종이 돌봄을 행하는 것의 문제가 아니라 정서적 지지와 돌봄 실천을 필수로 여기는, 즉 돌봄에 참여하는 대상을 관계맺음의 동등한 행위자로 이해하는 것을 의미한다. 기존의 사회가 상호의존적인 인간으로서 타자에게 갖는 관심을 옳지 않은 것으로 치부하고, 개인적이고 합리적인 방향으로의 발전이 '옳은' 것처럼 사람들을 이끌어왔다면, 돌봄 윤리는 반대로 상호의존성의 필연성을 받아들이자는 것이다. 서로가 서로에게 의존하고 있음을 전제한다면 타인을 배척하지 않고 관심을 둘 것이다(더 케어 컬렉티브 2021, 61). 돌봄 윤리를 실천한다는 것은 우리가 배타적으로 대해 왔던 '타인'을 돌봄의 영역에 포섭하고 그들과 관계 맺음의 실천을

해 나간다는 의미이다. 또한, 전 지구적으로 겪고 있는 위기 상황에 대하여 타자적 관점으로 대할 것이 아니라 내가 사회의 구성원으로서 관심을 두고caring for 돌보아야 한다는 책임감을 갖는 것이다.

이러한 관점에서 본다면 인간적 돌봄에 기술과 동물들 또한 행위자로 포섭될 수 있다. 돌봄 윤리가 전제하는 인간적 돌봄이 세계를 살아가는 주체들의 상호의존성에 관한 논의라고 하였을 때, 포스트모던 시대에서 돌봄이 더는 '인간종'에 국한된다고 하기 어렵다(Gherardi and Rodeschini 2016, 268). 기존의 도덕 윤리가 내재한 자연과 문명, 정신과 육체, 동물과 인간, 유기체와 기계, 원시와 문명 등의 이원론은 절대적 진리가 아니라 사회적 구성물이며 가부장적 헤게모니로서 유색인종, 여성, 동물 등 비인간 등의 '타자'를 지배하는 논리 및 실천 체계임을 많은 포스트모던 학자들이 밝혀 왔다(해러웨이 2019, 77). 다시 말해, 포스트모던 시대에서 돌봄의 행위자를 인간/비인간으로 구별 짓는 것은 돌봄 윤리가 포용하는 범위를 제한하게 되며 "지구상의 생태계가 번성할 수 있도록 사회적 조건을 마련한다"(더 케어 컬렉티브 2021, 17)는 돌봄의 정의를 한정 짓게 될 것이다.

돌봄 관계 안에서 행위자의 경계를 흐트러뜨리는 작업

은 흔히 기술 개발의 영역에서 상상하는 돌봄 노동의 완전한 비인간화를 의미하지 않으며, 이를 추구하지도 않는다. 오히려, 돌봄 노동의 복잡한 관계성과 네트워크를 고려한다면 어떠한 첨단 기술이 도입되더라도 이를 뒷받침하는 인간이 행위자로 존재할 수밖에 없다는 사실을 깨닫는다. 예컨대, 일본에서 노인 돌봄을 대체할 로봇이 현장에서 적용되는 사례를 민족지적으로 연구한 라이트(Wright 2023)의 연구는 로봇이 돌봄 노동을 온전히 대체할 것이라 기대한 개발자들의 의도와 다르게 그 로봇을 '돌보는' 추가적인 인력이 필요해졌을 뿐 아니라, 기존의 돌봄 노동자들이 로봇 또한 돌봐야 하며, 돌봄 대상자인 노인 또한 로봇을 돌보는 현실을 보여준다. 결국, 기술 매개 돌봄이라 할지라도 돌봄 윤리적 관점에서 본다면 관계의 확장에 가깝고 인간이 온전히 대체되기 어렵다. 다만, 포스트모던 시대에서 기술은 인간 노동의 보조 수단에 그치는 것이 아니라 돌봄의 행위자로서 그 지위를 인정받는다. 브뤼노 라투르(Latour 2018)에 의하면 기술을 포함한 비인간은 인간과 온전히 구별되는 존재가 아니며, 인간의 부속물도 아니고 그 자체로 관계를 형성하는 행위자이다. 중요한 것은 인간과 비인간의 구분이 아니라(그 구분도 명확하지 않지만), 행위자들이 구성하는 관계망이다.

앞서 논의했던 돌봄 윤리의 세 가지 요소로 돌아가면, 돌봄 윤리는 관계적이며, 공감적이고 실천적이다. 기술 매개 돌봄에서 기술 또한 관계의 행위자로 존재할 수 있다. 기술 매개 돌봄은 기술과 인간이 '함께' 돌봄이라는 노동을 수행한다는 의미에서 실천적이다. 인간과 기술은 돌봄 실천을 통하여 관계를 형성한다. 예컨대, 아이보[Aibo3], 효돌과 같은 소셜로봇의 경우 이들이 인간을 돌보는 동시에 인간 또한 이들을 돌보면서 서로 돌봄의 관계를 형성해 나가며, 감정적인 유대를 이끌어낸다(Shin and Jeon 2014, 190). 마지막 공감성에 대해서는 논의의 여지가 남아있지만, AI가 발전하고 있는 추세임을 생각할 때, 영화 〈HER〉이나 〈A.I.〉에서 등장하는 공감하는 AI가 나타난다면 공감의 의미에 대해 다시 상상할 여지가 있다. 또한, 돌봄에서 중요한 것이 우리가 알 수 없고 강제할 수 없는 돌봄 노동자의 '진짜' 내면이 아니라 이들이 표현하는 언어와 구체적 실천을 통한 의례라는 관점에서 본다면(Aronsson 2020, 440~41), 기술 매개 돌봄의 기술은 돌봄 실천을 통하여 인간과 감정적인 유대를 형성하게 될 것이다.

돌봄 윤리의 관점에서 인간적 돌봄 개념은 돌봄을 인

---

3. 일본에서 개발하고 상용단계에 있는 소셜 로봇으로 강아지의 형태를 띠고 있다.

간의 배타적 권리로 해석하기보다 오히려 관계 확장의 가능성을 열어준다. 돌봄의 범위가 생태적 범위로 확장되는 만큼, 돌봄의 행위자들과 이들이 만들어 나가는 관계 또한 무한히 확장될 수 있다. 그리고 이러한 관계의 확장은 상호의존과 포용을 전제로 하는 인본주의적 관점에서 이루어지게 될 것이다. 돌봄 윤리에 기반을 둔 기술 매개 돌봄은 인간적 돌봄의 추구를 통하여 돌봄의 본질 — 상호의존성 — 에 다가갈 수 있다. 따라서 기술 매개 돌봄이 신자유주의적 이윤추구를 위한 상품으로 전락하지 않으려면 돌봄 윤리에 기반을 둔 윤리적 접근이 필요하다.

IV. 기술 매개 노인 돌봄의 윤리적 쟁점

이 장에서는 기술 매개 돌봄이 인간적 돌봄의 지향성을 갖는 방향으로 발전하기 위하여 고려되어야 할 윤리적 쟁점들에 대하여 살펴보고자 한다. 기술이 인간의 삶에 적용되는 과정에서 고려해야 할 윤리적 문제들에 관해 다룬 여러 논의가 있지만(정광수 2017), 여기서는 노인이라는 특정한 인구 집단을 대상으로 진행하는 돌봄에 기술이 관여하였을 때 발생할 수 있는 윤리적 문제들에 주목한다. 먼저, 돌봄 실천에서 기술이 매개 되었을 때 노인의 자율성의 문제를 다룰 것이다. 다음으로 기술이 개입함으로 인하여 오히려 비가시화되는 돌봄의 사각지대를 다룰 것이다. 마지막으로 신자유주의 시대의 기술의 접근성과 평등을 논의할 것이다.

1. 자율성

우리가 흔히 상상하는 기술적 자율성은 인간의 명령으로부터 독립되어 사고하고 인간의 개입 없이 업무를 수행하는 방식일 것이다. 이는 온전히 독립적인 개체로 기능할 수 있을 것이라는 "원자적 자아의 자율성"이라는 상상력에 기반을 둔다(헬드 2017, 101). 돌봄의 영역에 기술을 도입하는 의도도 인간의 노동력이 부족해지자 이를 완전히 '대체'하거나 최소한의 인력으로 돌봄노동을 할 수 있게 하기 위함일 것이다. 그러나 현재의 기준으로 돌봄에 도입되는 기술은 그 이면에 여전히 인간의 개입을 전제하고 있다는 측면에서 온전히 자율적이라고 보기 어렵다. 특정한 기술(그것이 최첨단 로봇이든, GPS이든, 센서 감지 패드이든)을 적용할 때에는 반드시 인간이 명령을 기록해야 하며, 이를 보조하는 다른 돌봄 인력들이 필요하다(Grosen and Hansen 2021, 261). 예컨대, 노인의 움직임을 모니터링을 하는 기기의 경우 기술은 정해진 명령대로 모니터링을 하고 위험 발생 시 알림을 제공할 수 있지만 이를 정확하게 판단하고 위급상황에 직접 개입하는 것은 여전히 인간의 몫으로 남아있다. 돌봄 윤리가 관계적인 것처럼 기술 매개 돌봄 또한 모든 상황에서 기술(비인간)과 인간은 관계적이며 상호작용하게 되며, 온전히 독립적으로 기능하지 않는다. 돌봄의 자율성은 원자적 자율성이 아닌 "관계적 자율성"이라는 맥캔지와 스톨자르의 논의를 차용한 헬드의 논의에 기반한다면, 돌봄의 영역에서 자율성의 의미는 다른 층위에서 이해될 수 있다.

돌봄인이 자율적일 수 있을까? 편서 『관계적 자율성』은 관계적 인간의 자율성을 재개념화한 글들을 모았다. 자율성은 여전히 추구되지만, 자족적이고 무자비한 인간으로 증발해 버릴 수 있는 원자적 자아의 자율성이라는 전통적 자유주의 이론과는 판이한 종류의 자율성이다. 편집자들은 "관계적 자율성이란 인간은 사회적으로 내장되었고 행위자의 정체성은 사회적 관계의 맥락에서 형성된다는 확신"을 바탕에 두는 관점의 범주로 이해한다. 인간은 인종, 계급, 성, 민족 그리고 가족과 공동체의 유대를 포함하는 복잡하게 교차하는 사회적 요인들에 의해 형성된다. 편집자들은 "관계적 접근이 주목하는 것은 자아다움

과 정체성의 간주관적이고 사회적인 차원의 함의를 분석하는 것"이라고 한다. (헬드 2017, 101)

돌봄 윤리는 인간의 상호의존성을 전제하고 있으므로, 자율적 존재 또한 관계 속에 놓여 있음을 강조한다. 기술이 매개된 노인 돌봄의 현장에서 노인의 자율성은 이러한 관점에서 해석될 수 있다. 돌봄 기술은 인간-비인간의 관계 속에서 간주관적이고 관계적인 자율성의 의미를 구성한다. 노년에 겪는 신체적 및 인지적 능력의 저하 또는 만성질환이나 인지증으로 인한 일상생활능력의 감소는 노년에 타인에 의존할 가능성을 높인다. 이러한 의존성의 증가는 독립적 주체로서의 자아정체감의 상실과 우울증을 야기하기도 한다(김미혜·이금룡·정순둘 2000, 213). 유럽에서 진행된 Horizon 2020 프로젝트는 이 지점에 기술을 개입하여 노인의 거주공간에서 일상생활을 돕는 전천후 생활보조 기술Ambient Assisted Living, AAL을 중심으로 돌봄 기술을 발전시켜 왔다(박선미·김수범 2019). Horizon 2020 프로젝트는 노년이 생활능력이 약화하였을 때 시설로 입주하는 것이 아니라 지역사회에 계속 거주Aging in Place하는 것을 모토로 삼고 이를 보조할 수 있는 여러 기술을 개발해 왔다(Capodieci et al. 2018, 936). AAL이 추구하는 노년의 모습은 노인이 기술을 통해 새로운 방식으로 일상을 재편성하여 인간-비인간 관계의 맥락에서 자율성을 구성하는 지점을 보여준다.

소셜 로봇은 돌봄 기술을 통하여 관계적 자율성을 형성하는 구체적인 사례 중 하나이다(Liu et al 2022, 299). 노인은 자신의 신체와 인지의 능력이 저하되면서 생활을 온전히 관리하지 못하는 데서 오는 좌절감과 우울감을 소셜 로봇과 함께함으로써 완화하고 관계 속에서 자율성을 유지할 수 있다. 소셜 로봇은 직접적인 관계 맺음뿐 아니라 로봇의 일상 보조로 활동 영역이 확장되는 데에 따른 다른 사회적 관계망의 유지와 형성에도 기여할 여지가 있다.

그러나 국내에 도입되거나 개발된 돌봄 기술들은 여전히 노년의 관계적 자율성을 고려하고 있다기보다 비일상적인 노년의 삶을 통제하려는 시도에 머물러 있는 것으로 보인다. 또는 노인을 수동적인 돌봄 수용의 대상으로만 한정 짓는 경향이 있다. 예컨대, IoT·AI 기반 돌봄 사업이나 안부 전화 사업은 AI를 활용하긴 하지만 간단한 유희거리 제공 외에는 일방향적인 정보전달 또는 복약 관리 등의 스케줄 관리와 일상의 위험 요소 감시에만 중점을 두고 있다. 소셜로봇의 경우 의사소통이 가능하나 아직 그 기능은 사전에 입력된 답변만 출력하는 수준으로 머물러 있으며,

주요 목적은 여전히 노인의 신체 및 정신건강의 모니터링에 맞춰져 있다. 기존에 대인을 통한 돌봄에서는 양방향의 상호작용이 돌봄의 실천에서 필수로 여겨졌지만, 돌봄 기술의 발전에서 돌봄의 관계적 맥락을 의식적으로 고려하지 않은 설계는 노년의 자립이 아닌 통제에 초점을 맞춘 방향으로 나아가기 쉽다(Sharkey and Sharkey 2012, 33). 통제와 감시가 중심이 되는 기술은 노년의 관계적 자율성을 강화시키는 것이 아니라 오히려 노인의 활동을 제한시키는 결과를 가져오기도 한다. 노인이 기술 적용의 대상화되는 경향 속에서는 노인들도 비록 그 기능은 젊은 세대에 비해 다소 떨어질지라도 여전히 자신을 돌보고 때로는 돌봄 제공자에게도 돌봄을 제공하는 존재임을 간과할 여지가 있다. 돌봄 윤리의 관계적 자율성에 기반하여 노년을 상상하였을 때 기술의 발전 방향은 감시와 통제가 아니라 상호작용을 통하여 노년을 — 다소 삐걱거리더라도 — 살아 나갈 수 있게 하는 동반자를 생성하는 방향으로 나아가야 한다.

2. 비가시화

돌봄 실천에 기술이 매개 되었을 때 나타나는 두 가지 측면의 비가시화 현상에 대해 논의해 볼 필요가 있다. 현재의 기술 매개 돌봄이 적용된 현장에서는 특정한 돌봄 노동을 비가시화하는 동시에 돌봄 대상, 즉 노인의 여러 요소 중 일부만을 드러내고 나머지를 비가시화하는 경향이 있음이 발견되었다(Grosen and Hansen 2021 ; Rodeschini 2011 ; Sharkey and Sharkey 2012). 먼저, 인간의 직접 노동을 줄이기 위한 돌봄 기술이 특정한 행위에만 초점이 맞춰지게 되어 기술을 '돌보기' 위한 추가적인 노동과 돌봄 노동자의 체현된 실천 등의 영역을 비가시화하고 있다(Grosen and Hansen 2021, 266). 돌봄 기술을 고려하기 전의 돌봄은 반복적인 몸의 실천을 통하여 노동자 감각의 체현과 돌봄 대상자와의 유대관계를 바탕으로 맞춰진 루틴에 따라 수행됐다. 돌봄 윤리의 관점에서 돌봄이라는 노동은 총체적이며 관계적이기 때문에 분절되기 어렵다. 그러나 현재 돌봄 현장에 적용되는 여러 기술은 여러 돌봄의 노동 형태 중 특정한 노동만을 수행하게 되어 있다. 이를 적용하면 해당 형태의 노동에 대해서는 인력을 투입할 필요가 적어지나, 분절적인 형태의 돌봄이 포용하지 못하는 다른 영역들을 배제하게 된다. 예컨대, 그로센과 한슨은 양로원의 돌봄 노동자들이 양로원의 각 방을 특정 시간마다 순회하면서 입주 노인들과 인사를 나누고 그들의 필요를 채워주었던 노동 방식이 바닥 감지 센서를 도입한 이후 노동 형태가 변화하였음에 주목하였다(같은 글, 264). 노인의 움직임을 확인하는 바닥 감지 센서 도입 이후 정해진 루틴이 사라진 대신 비상대기체제로 변화하고 돌봄 노동자가 입주민과 소통하기 어려워졌다. 기존에 노동자가 노인과 매일 마주하면서 맺었던 관계가 평면화되고 돌봄은 기술에 기반한 '관리'로 변화하게 된 것이다. 센서 도입으로 양로원은 노동 인력을 개편했으나, 실질적으로 비상대기체제와 센서 등의 관리와 모니터링을 위한 노동이 추가되면서 한 명의 업무 부담이 증가하였다. 또한, Wifi 권외에 있어 센서가 감지하지 못하는 "죽은" 영역이나 기존에 돌봄이 필요했던 영역(침대 위의 상황이나 노인과 대화를 나누는 것 등)에 관해 상대적으로 관리가 소홀해지게 되었다(같은 글 2021, 268). 돌봄 실천은 돌봄 받는 사람의 개인 습관과 생애사를 이해하고 이를 바탕으로 대상자의 욕구를 파악하는데, 기술의 단편적 사용은 총체적 관계 맺음의 가능성을 일축한다.

파편화된 기술 매개 돌봄은 노동의 비가시화뿐 아니라 돌봄 대상, 즉 노인 자체를 비가시화한다. 기술의 발전이 주로 보조가 필요하다고 여겨지는 특정한 영역에 집중된 현재, 그러한 기술로 보조하는 것이 '정상'의 신체라는 정상성의 담론을 생산할 수 있다. 노인이 신체의 노화를 받아들이는 시간을 고려하지 않고 기능적인 보조에만 초점을 맞춘 기술 매개 돌봄의 도입은 노인이 자신의 노화된 신체를 긍정하고 수용할 기회를 잃고 마치 보조를 받는 신체가 '정상'인 것처럼 상상하게 한다. 노인의 몸은 이러한 방식의 기술 매개 돌봄에서는 무가치한 돌봄의 '대상'으로 전락한다(Rodeschini 2011 ; Sharkey and Sharkey 2012). 그뿐만 아니라 일방적인 기술의 공급은 같은 질병이나 노화의 단계에 있다고 할지라도 개별 노인은 모두 다른 역사성을 체현한 몸이라는 점을 간과할 수 있다. 또한, 현재 상용화된 기술 매개 돌봄은 같은 질병이라도 그 단계마다 돌봄의 방식이 달라질 수 있다는 점이 충분히 고려되지 않고 있다. 예컨대, 인지증을 겪는 노인은 인지증의 단계마다 다른 형태의 기술이 고려되어야 할 수 있다(Lorenz et al. 2019, 734). 노년의 주체성과 자율성 함양을 위해 도입되는 돌봄 기술이 역설적으로 노년의 몸을 비가시화할 여지가 있다.

3. 접근성과 평등성

현대 사회에서 기술의 발전은 신자유주의 패러다임과 깊게 결부되어 있다. 노동자를 대신하고 노동을 규격화하기 위한 포드의 컨베이어 벨트의 개발에서부터 AI에 이르기까지 효율적인 생산을 목표로 발전되어 온 경향이 있다. 돌봄 기술의 발전 또한 신자유주의의 맥락에서 크게 벗어나지 않아 왔다. 특히, 많은 경우 기술은 그 자체로 상품화되어 있기 때문에 이를 구매할 여력이 있는 사람만이 돌봄에 적용 가능할 것이다. 다시 말해, 돌봄은 필요를 충족하기 위해 제공되는 노동이지만 역설적으로 돌봄 기술이 필요에 따라 분배되는 것이 아니라 경제력에 따라 분배될 수 있다. 예를 들어, 총체적인 돌봄이 필요한 취약계층은 기술이 자본의 논리에 따라 배부되는 이상 기술 매개 돌봄이 그리는 미래에서 배제될 수 있다. 구매력의 문제와 더불어 기술이 노년의 일상과 몸을 고려하지 않는다면 노년의 돌봄 기술에 대한 접근성은 더 낮아질 것이다(Rodeschini 2011, 526).

현대 자본주의 사회에서 기술은 종종 상품처럼 취급되어 왔다. 기계체뿐 아니라 기술과 관련된 지식 또한 특허권을 통해 독점하는 방식으로 상품화되어 왔다. 그러나 돌봄은 신자유주의 상품화 논리에 온전히 합치하지 않는다(트론토 2023, 104). 트론토(2023)에 의하면 시장에서 노동은 경제적 가치로 환원됐다. 신자유주의 이데올로기는 개인이 합리적인 소비 선택에 의해 모든 것을 결정하는 것처럼 포장하여 선택의 기회를 동등하게 제공하는 평등한 사회라고 주장한다. 그러나 합리적인 선택은 상상의 신화일 뿐이며, 그 내면에 특정한 선택을 유도하거나 선택 가능한 대상을 선별하거나 배제하는 권력관계에 의해 작동된다.

신자유주의에서 모든 책임은 개인 선택의 문제로 환원되므로 도덕적 책임은 개인에게 전가된다(같은 책, 106~8). 그러나 돌봄 윤리에서 논하는 돌봄은 사회 구성원의 상호의존성을 전제하기 때문에 경제적 가치로 환원되는 노동력 그 이상으로 민주사회를 구성하는 힘을 지닌다. 상품화되는 돌봄의 영역은 일부에 불과하다. 돌봄은 신자유주의에서 주장하는 기회의 평등이 아닌 모든 사람이 돌봄 제공자이자 돌봄 수혜자로서 관계를 맺고 서로의 돌봄 필요를 충족시키는 민주적 평등의 기반이 된다.

기술이 주로 상품화의 맥락에서 발전되어 온 신자유주의의 역사에서 기술 매개 돌봄이 자본의 논리에 의해 그 접근성이 정해진다면 돌봄 윤리 관점에의 민주적 평등을 지향한다고 보기는 어렵다. 그러므로 돌봄을 위한 기술의 영역에서는 접근성과 평등성을 고려한 대안적인 기술 발전이 요구된다. 〈더 케어 컬렉티브〉는 돌보는 공동체를 조성하기 위한 네 가지 핵심 특성을 제시한 바 있다. 상호지원, 공공 공간, 공유 자원과 민주주의가 그것이다(더 케어 컬렉티브 2021, 90). 상호지원은 좋은 이웃 되기의 개념으로 지역화된 상호지원 실천을 의미한다. 공공 공간과 공유 자원은 신자유주의 사유화를 거부하고 공유 인프라를 창조하는 것이다. 민주주의는 지역 공동체 중심의 인소싱을 의미한다. 돌봄 기술이 위에 제시된 네 가지 특성에 합치하는 방향으로 발전되고 돌봄에 적용된다면 돌봄 윤리에 기반한 방향성을 구축할 수 있을 것이다. 기술의 상품화, 사유화를 지양하고 공유 자원으로서의 돌봄 기술을 개발하는 가능성도 존재한다. 기술의 개발 또한 공공에서 우선시되어야 하며, 발전된 돌봄 기술을 노인 모두가 이용할 수 있는 기술 매개-공공 공간이 구축되어야 한다. 더 나아가 기술 매개 돌봄이 현재의 노동 집약적 돌봄 방식을 변화시킬 가능성이 있다면, 다소 인력이 부족한 지역 공동체에서도 기술을 기반으로 돌봄 공동체를 형성할 수 있을 것이다. 사유화되지 않은 기술은 돌봄 공동체의 확장에도 이바지할 수 있다. 돌봄 기술이 공공을 중심으로 발전할수록 기술 매개 돌봄이 돌봄 윤리에서 말하는 인간적 돌봄과 맞닿게 된다.

V. 결론

트론토는 돌봄의 과정을 아래와 같이 다섯 단계로 규정한 바 있다. 첫 번째 단계는 관심돌봄caring about으로 돌봄의 필요를 감지하는 것이며, 두 번째 단계는 안심돌봄caring for으로 관심받는 대상에게 필요 충족이 될 것이라는 확신을 주는 것이며, 세 번째 단계는 돌봄제공care giving으로 실질적인 돌봄 실천을 의미한다. 네 번째는 돌봄수혜care receiving로 돌봄 실천을 통해 변화하는 환경과 대상자의 반응이다. 마지막 다섯 번째가 돌봄 윤리에 기반을 둔 사회를 구성하는 핵심으로 함께돌봄care with으로써 "돌봄 필요와 돌봄 필요가 충족되는 방식이 모든 사람을 위한 정의, 평등, 자유에 대한 민주적 기여와 상통해야 하는" 단계이다(트론토 2023, 78~9). 기술 매개 돌봄이 인간/비인간의 관계의 패러다임을 변화시키는 현재, 민주주의 사회를 위한 돌봄의 마지막 단계로의 진입을 위해서는 지금까지 논의했던 윤리적 고려가 선행되어야 한다. 기술 매개 돌봄이 민주주의 공동체를 만들어가는 데에 이바지하는 방향으로 발전하는 인간/기계의 "함께 돌봄"의 단계로 나아가기 위해서는 신자유주의 이데올로기에서 한 발짝 멀어져 기술을 새롭게 정의할 필요가 있을 것이다.

앞서 살펴본 윤리적 쟁점이 우리 사회에 내재한 이유는 기술을 단지 돌봄을 대신할 수단으로 생각하는 사회적 맥락이 자리하고 있기 때문이다. 저출산 고령화 시대에 기술 매개 돌봄이 필연적으로 도래할 미래라면 돌봄의 영역에서 비인간이 합류하였을 때 돌봄의 상호의존적 본질을 담아낼 수 있을지를 고민할 필요가 있다. 기술(또는 비인간)과 인간의 경계가 흐트러진 포스트모던 시대에서 우리는 모두 기술을 매개로 살아가고 있다. 무엇이 돌봄 윤리에서 말하는 인간적 돌봄인가를 논할 때, '인간'의 정의를 인간/비인간의 구별이 아닌 인간적 돌봄을 가능하게 하는 관계적 존재성, 실천을 바탕으로 하는 도덕 체계에 주목한다면 기술 매개 돌봄에서도 돌봄 윤리를 적용할 가능성이 있다. 기술 또한 행위자로서 돌봄 실천을 통하여 끊임없이 관계를 생성해 나가는 주체이기 때문이다. 더욱 주목해야 하는 것은, 기술이 인간을 대체할 수 있느냐의 문제보다 기술 매개 돌봄이 인간적, 다시 말해 보편적 돌봄을 지향하고 있느냐이다. 이 부분에 관하여 충분한 사회적 합의가 있었는지 아니면 돌봄 기술이 신자유주의적 논리에 의해 무분별하게 개발됐던 것은 아닌지 생각해보아야 할 시점이다.

:: 참고문헌

김관욱·김희경·이기병·이현정·정종민·의료인류학연구회 편. 2024. 『달라붙는 감정들 — 일상적 참사는 우리 몸과 마음에 무엇을 남기는가』. 아몬드.

김미혜·이금룡·정순둘. 2000. 「노년기 우울증 원인에 대한 경로분석」. 『한국노년학』 20(3) : 211~226.

대한민국정부. 2020a. 「제4차 저출산·고령사회 기본계획」. 〈저출산고령사회위원회〉. https://www.betterfuture.go.kr/front/notificationSpace/pressReleaseDetail.do?articleId=117.

_____. 2020b. 「한국판 뉴딜 종합계획」. 〈기획재정부〉. https://www.korea.kr/briefing/pressReleaseView.do?newsId=156401053.

더 케어 컬렉티브. 2021. 『돌봄선언 — 상호의존의 정치학』. 정소영 역. 니케북스.

라투르, 브루노. 2018. 『인간·사물·동맹 — 행위자 네트워크 이론과 테크노사이언스』. 홍성욱 엮음. 이음.

박나영. 2023. 「AI·IoT 기반 어르신 건강관리서비스 사업의 효과 및 발전 방향」. 『보건복지포럼』 322 : 22~37.

박선미·김수범. 2019. 『초고령사회 대응을 위한 ICT 활용 사례 연구』. 서울디지털재단.

성지은·송위진. 2023. 「초고령사회 대응을 위한 과학기술기반 복지·돌봄 혁신 방향에 관한 연구 — 기술·서비스 통합도 및 돌봄 당사자의 주체화를 중심으로」. 『도시연구』 23 : 177~214.

이재완. 2025년 2월 19일. 「초고령사회 진입, 2025년 한국 앞 놓인 과제」. 『오마이뉴스』. https://www.ohmynews.com/NWS_Web/View/at_pg.aspx?CNTN_CD=A0003094057.

임정원·최종혁·김수완. 2021. 「독거노인 대상 ICT/IoT 기반 복지기술 서비스의 현황과 쟁점 — 서울시 사례를 중심으로」. 『한국사회복지교육』

55 : 1~38.
정광수. 2017. 『과학기술윤리연구』. 한국학술정보.
최인희·배호중·김소영·추진희·김영선·김지미. 2023. 『과학기술 변화에 따른 노인돌봄의 변화와 성인지적 정책과제』. 한국여성정책연구원.
트론토, 조안 C. 2023. 『돌봄 민주주의』. 김희강·나상원 역. 박영사.
해러웨이, 도나 J. 2019. 『해러웨이 선언문 — 인간과 동물과 사이보그에 관한 전복적 사유』. 황희선 역. 책세상.
허종호·황종남. 2024. 「노인의 삶의 질 향상을 위한 과학기술 적용의 현황과 미래 — 보건·복지 분야를 중심으로」. 국회미래연구원.
헬드, 버지니아. 2017. 『돌봄 : 돌봄윤리 — 개인적·정치적·지구적』. 김희강·나상원 역. 박영사.
Aronsson, Anne Stefanie. 2020. "Social Robots in Elder Care : The Turn Toward Emotional Machines in Contemporary Japan." *Japanese Review of Cultural Anthropology* 21 (1) : 421~455. doi:10.14890/jrca.21.1_421.
Blaschke, Christina M., Paul P. Freddolino, and Erin E. Mullen. 2009. "Ageing and Technology : A Review of the Research Literature." *British Journal of Social Work* 39 (4) : 641~656. doi:10.1093/bjsw/bcp025.
Capodieci, Antonio, Luca Mainetti, and Paolo Panarese. 2018. "Ambient Assisted Living for Elderly People Using Smart Personal Assistants." *2018 International Conference on Computational Science and Computational Intelligence (CSCI)*. IEEE. doi:10.1109/CSCI46756.2018.00183.
Christman, John. 2004. "Relational Autonomy, Liberal Individualism, and the Social Constitution of Selves." *Philosophical Studies* 117 (1/2) : 143~164.
Gherardi, Silvia, and Giulia Rodeschini. 2016. "Caring as a Collective Knowledgeable Doing : About Concern and Being Concerned." *Management Learning* 47 (3) : 266~284. doi:10.1177/1350507615610030.
Grosen, Sidsel Lond, and Agnete Meldgaard Hansen. 2021. "Sensor-floors : Changing Work and Values in Care for Frail Older Persons." *Science, Technology & Human Values* 46 (2) : 254~274. doi:10.1177/0162243920911959.
Liu, Lili, Christine Daum, Antonio Miguel Cruz, Noelannah Neubauer, Hector Perez, and Adriana Ríos Rincón. 2022. "Ageing, Technol-

ogy, and Health : Advancing the Concepts of Autonomy and Independence." *Healthcare Management Forum* 35 (5). Sage Publications. doi:10.1177/08404704221110734.

Lorenz, Klara, Paul P. Freddolino, Adelina Comas-Herrera, Martin Knapp, and Jacqueline Damant. 2019. "Technology-based Tools and Services for People with Dementia and Carers : Mapping Technology onto the Dementia Care Pathway." *Dementia* 18 (2) : 725~741. doi:10.1177/1471301217691617.

Portacolone, Elena. 2011. "The Myth of Independence for Older Americans Living Alone in the Bay Area of San Francisco : A Critical Reflection." *Ageing and Society* 31 (5) : 803~828. doi:10.1017/S0144686X10001169.

Rodeschini, Giulia. 2011. "Gerotechnology : A New Kind of Care for Aging? An Analysis of the Relationship Between Older People and Technology." *Nursing & Health Sciences* 13 (4) : 521~528. doi:10.1111/j.1442-2018.2011.00634.x.

Sharkey, Amanda and Noel Sharkey. 2012. "Granny and the Robots : Ethical Issues in Robot Care for the Elderly." *Ethics and Information Technology* 14 : 27~40. doi:10.1007/s10676-010-9234-6.

Shin, Heesun, and Chihyung Jeon. 2024. "The Robotic Multi-Care Network : A Field Study of a 'Robot Grandchild' in South Korea." *East Asian Science, Technology and Society : An International Journal* 18 (2) : 177~195. doi:10.1080/18752160.2024.2348304.

Wright, James. 2023. *Robots Won't Save Japan : An Ethnography of Eldercare Automation*. Ithaca, NY : Cornell University Press.

:: 수록 글 출처

1장 디지털 대전환과 인간 경험의 변화 — 초연결과 디지털퍼스트, 그리고 스마트파워 (김재인)

이 글은 『도시인문학연구』 17-1호(2025년 봄호)에 실린 동일 제목의 논문을 수정한 것이다.

2장 디지털 도시화와 탈/재물질화 — 신유물론으로 읽는 관계적 공간 (이현재)

이 글은 한국철학사상연구회의 『시대와 철학』 2024년 35권 1호(통권 106호)에 실렸던 논문 「디지털 도시화와 탈/재물질화 — 하비의 '관계적 공간'과 버라드의 '신유물론'을 중심으로」의 제목과 본문을 소폭 수정한 것임을 밝혀둔다.

3장 다종 간 도시를 위한 정의의 모색과 실천 — 너스바움의 다종 공동체와 해러웨이의 테라폴리스에서의 다종 간 정의를 중심으로 (현남숙)

이 논문은 2024년 대한민국 교육부와 한국연구재단의 지원을 받아 수행된 연구이다(NRF-2024S1A5B5A16024559). 이 논문은 서울시립대학교 도시인문학연구소, 『도시인문학연구』 17-1호(2025년 봄호)에 게재된 바 있다.

4장 디지털폴리스와 포스트-정의 — 저월하는 비체들의 연대 (이현재)

이 논문은 『철학연구』 149집(2025.06.30.)에 게재된 동일 제목의 논문을 소폭 수정 보완한 것이다.

5장 얼굴-데이터-액티비즘 ― AI 시대 얼굴성과 젠더 정치 (홍남희)

이 원고는 서울시립대학교 제20회 도시인문학 국내학술대회 '디지털폴리스와 포스트-정의론 ― 생태, 돌봄, 인식의 정의를 위하여'에서 '얼굴-데이터-액티비즘'라는 제목으로 한 발표를 바탕으로 하였다. 또한 이 원고는 홍남희(2025), 「얼굴-데이터-액티비즘 ― AI 시대 얼굴성과 젠더 정치」, 『도시인문학연구』 17(1) : 41~64를 수정한 것이다.

6장 페미니즘 생태 정치와 급진적 타자성인 행성적인 것 (김은주)

이 글은 김은주, 「급진적 타자성인 행성적인 것 앞에서 ― 페미니즘 생태정치와 그에 관한 몇 가지 물음」, 『문화/과학』 119호(2024) : 43~59에 실린 글을 수정한 것이다.

7장 김초엽 SF에 나타난 자연과 파국의 상상력 ― 『지구 끝의 온실』, 『파견자들』을 중심으로 (이혜정)

이 글은 『도시인문학연구』 17권 1호에 실린 동명의 논문을 수정, 보완한 것이다.

8장 돌봄 윤리의 관점에서 본 기술 매개 노인 돌봄 (박여리)

이 글은 『도시인문학연구』 17권 1호에 실린 동명의 논문을 수정, 보완한 것이다.

:: 엮은이·글쓴이 소개

엮은이

이현재 Lee Hyun-Jae
2008년부터 HK사업 '글로벌폴리스의 인문적 비전'을 통해 도시인문학의 기초를 확립하는 일을 함께 해 왔으며 현재는 인문사회연구소 사업 '디지털폴리스의 인문적 비전'에 참여하는 등 도시인문학의 지평을 넓히고 있다. 특히 최근에는 몸, 섹슈얼리티, 젠더 등을 신유물론의 관점에서 재구성하는 일에 관심을 기울이고 있다. 저서로『여성혐오, 그 후 ― 우리가 만난 비체들』, 공저로는『공간에 대한 사회인문학적 이해』 등이 있다. 공역서로 에드워드 소자,『포스트메트로폴리스 2』, 낸시 프레이저 외,『불평등과 모욕을 넘어』, 로지 브라이도티,『포스트휴먼 페미니즘』 등이 있다.

글쓴이

김재인 Kim Jae-Yin
철학자. 경희대학교 비교문화연구소 학술연구교수. 서울대학교 미학과를 졸업하고 같은 대학교 철학과에서 박사 학위를 받았다. 서울대학교 철학사상연구소, 고등과학원 초학제 연구 프로그램 등에서 연구원으로 일했고, 포스텍 융합문명연구원『웹진X』편집위원장을 지냈다. 지은 책으로『인공지능의 시대, 인간을 다시 묻다』,『AI 빅뱅』,『인간은 아직 좌절하지 마』,『공동 뇌 프로젝트』 등이 있다.

현남숙 Hyun Namsook
현재 전북대학교 과학문화연구센터 전임연구원으로 있다. 이화여자대학교 철학과에서 문화적 헤게모니와 동의의 조건에 관한 연구로 박사학위를 받았다. 최근에는 신유물론적 맥락에서 다종 간 지식과 윤리에 관한 철학적 연구를 하고 있다. 저서로는 『철학의 눈으로 읽는 여성』, 『철학, 문화를 읽다』, 『페미니즘의 개념들』(이상 공저) 등이 있다. 최근 논문으로는 「비인간 존재자의 세계 경험 문제 ― 보고스트와 브라이언트의 입장을 중심으로」, 「생태적 응답과 타자현상학」, 「다종 간 지식과 체화된 공감」(이상 공저), 「D. 해러웨이의 다종적 생태정치 ― '함께-되기'와 '응답-능력'을 중심으로」, 「인류세의 위기와 다종 간 지식의 요청 ― 애나 칭, 쏨 반 두렌, 도나 해러웨이의 인간-너머 타자 이해를 중심으로」 등이 있다.

홍남희 Hong Namhee
연세대학교 매체와예술연구소에 소속되어 있다. 서울시립대학교 인문학연구소에서 연구교수로 재직했다. 디지털 미디어와 문화, 인공지능 인프라에 관심을 갖고 있다. 논문으로는 「얼굴-데이터-액티비즘」, 「자동화 테크놀로지와 유령노동」, 「소셜 미디어 시대 여론 극화와 상품으로서의 젠더 뉴스」, 「넷플릭스 체제와 로컬 트루 크라임 다큐멘터리」, 「디지털 플랫폼 시대 자동화 거버넌스와 '나쁜 말'의 규제」 등이 있다. 저서는 『편향된 기술문화는 어떻게 작동해 왔는가』, 『SNS 검열』, 『AI와 더불어 살기』(공저), 『디지털 미디어 소비와 젠더』(공저), 『디지털 미디어 문해력 ― 이해와 실천』(공저), 『디지털 폴리스』(공저), 『디지털 포스트휴먼의 조건』(공저) 등이 있다.

김은주 Kim Eun-Joo
철학연구자. 서울시립대학교 인문학연구소에 연구교수로 있다.

저서: 『디지털 폴리스』(2024, 공저), 『에코테크네 도시』(2022, 공저), 『페미니즘 철학 입문』(2021), 『디지털 포스트휴먼의 조건』(2021, 공저), 『21세기 사상의 최전선』(2020, 공저), 『여성-되기 — 들뢰즈의 행동학과 페미니즘』(2019), 『생각하는 여자는 괴물과 함께 잠을 잔다』(2017), 『공간에 대한 사회인문학적 이해』(2017) 등.

역서: 『죽음정치』(2025 출간 예정, 공역), 『변신 — 되기의 유물론을 향해』(2020), 『페미니즘을 퀴어링! — 지금 우리에게 필요한 페미니즘 이론, 실천, 행동』(2018, 공역), 『트랜스포지션 — 유목적 윤리학』(2011, 공역) 등.

이혜정 Lee Hye-Jeong
서울시립대학교 인문학연구소 연구교수. 서울대학교 대학원에서 1970년대 도시소설의 서울 재현 양상에 관한 연구로 박사학위를 받았다. 주요 논문으로 「최인호 소설에 나타나는 작가의식 연구 — 『지구인』의 개작과정을 중심으로」, 「비인간 존재에 대한 탈인지적 사유 — 김초엽의 『파견자들』을 중심으로」가 있다.

박여리 Park Yeori
미시간대학교에서 인류학 박사학위를 취득하였으며, 현재 서울시립대학교 인문학연구소에서 연구교수로 재직 중이다. 중국의 시장화된 노인 돌봄 체계와 노인의 계급 정체성에 관한 연구를 수행해 왔으며, 의료인류학적 관점에서 노인 돌봄의 현황을 분석해 왔다. 논문으로 「독립적인 삶에 대한 갈망 — 중국 양로원 중산층 여성 노인의 지식인 계급 정체성」, 「불안한 노년 — 중국 사립 양로원의 위기로 보는 시장화된 돌봄 체계의 한계」 등이 있다.